华夏传统政治文明书系

（第二辑）

Huaxia Chuantong
Zhengzhi Wenming
Shuxi

国学经典与领导智慧

马平安 著

团结出版社

图书在版编目（ＣＩＰ）数据

国学经典与领导智慧 / 马平安著. -- 北京 ： 团结
出版社，2021.1
　　ISBN 978-7-5126-8396-9

　　Ⅰ．①国… Ⅱ．①马… Ⅲ．①国学－应用－领导学－
研究 Ⅳ．①C933

中国版本图书馆 CIP 数据核字(2020)第 211820 号

出　版：团结出版社
　　　　（北京市东城区东皇城根南街 84 号　邮编：100006）
电　话：（010）65228880　65244790　（出版社）
　　　　（010）65238766　85113874　65133603（发行部）
　　　　（010）65133603（邮购）
网　址：http://www.tjpress.com
E-mail：zb65244790@vip.163.com
　　　　fx65133603@163.com（发行部邮购）
经　销：全国新华书店
印　装：天津盛辉印刷有限公司

开　本：145mm×210mm　　32 开
印　张：16.75
字　数：316 千字
版　次：2021 年 1 月　第 1 版
印　次：2021 年 1 月　第 1 次印刷

书　号：978-7-5126-8396-9
定　价：59.00 元

序　言

我写这部书，起因很简单，数十年来，眼见耳闻，书店、市场、校园大量充斥着西方各色人等写的、各种版本关于领导力的诸多书籍，先不管这些书内容与翻译的质量如何，单就中西方的文化、语言、人文环境的差异而言，读这些书总给人感觉到与中国的事情以及国人的思维有着一种说不出道不明的"隔"的感觉。西方人讲领导力重在运用的层面，中国人讲领导力则聚焦于修身齐家治国平天下，境界与目的都相差较远。

记得1993年春节后不久我来京办事，到中国社会科学院研究生院看望一位正在宗教所读博的好友，刚到研究生院宿舍楼大门前，一副对联立刻映入了我的眼帘。上联是：为天地立心，为生民立命；下联是：为往圣继绝学，为万世开太平。横批：当仁不让。当时我想，好大的格局与气魄呀，用北宋大哲学家张载的心语为春联，还真是严丝合缝，不愧是代表中国社会科学学术与思想力的最高殿堂。羡慕之心一起，再也压抑不住自己，我也被这种巨大的文化磁场裹挟着于1998年进入中国社会科学院近代史研究所的博士后流动站学习，毕业后留近代史研究所工作至今。现在想来，这不就是一种活生生的文化领导力在起作用吗？中华文化，博大精深，独具特色，国学经典中蕴含着丰富的领导力元素，尽终生之力未必能够穷尽，我又何必远求呢？

《国学经典与领导智慧》，选用了《史记》《论语》《老子》《韩非子》《管子》五部经典国学作品作为代表，来尝试发掘其领导力元素。

《史记》是汉代大史学家司马迁所著。司马谈、司马迁父子长期负责大汉帝国国家档案与图书的管理工作，近水楼台先得月，在"究天人之际，通古今之变，成一家之言"的理想驱使下，司马迁完成了对汉代以前中华文明史的筛选与写作的工作，《史记》成为历代公认的国家正史之首史。《史记》可谓是一部百科全书，记载了上至黄帝时代，下到汉武帝中期的数千年历史。太史公用人物传记的方式，娓娓道出了早期中国精英人物的悲欢离合及其成败得失，是一部不可多得的领导学教材。

《论语》是记载孔子及其主要弟子谈话的语录。"克己复礼""重建东周""政者，正也。子帅以正，孰敢不正""修己以安百姓""修己以安天下"等，无不贯穿着中国式的领导智慧。学习《论语》，就是向孔子师徒取经，向他们讨教成人之事：如何学习，怎样交友，如何处世，怎样修炼自身，如何树立远大理想，怎样让自己习得尧舜之道，快乐、充实地生活、工作，最终让自己成为一个高尚的人、一个纯粹的人、一个对社会对朋友有益的人、一个不虚度此生的人。如此而已，岂有他哉！

《老子》为春秋时期李耳所著。两千多年前，老子就很关注领导者个人素质和政治修养。他认为，领导者个人素质和修养的好坏，不但关系到个人事业和工作的成败，而且关系到国家的强衰和民众利益的好坏。他希望领导者在实际工作中能够致虚极，守静笃，努力修养自己的品行，为身、为家、为乡、为邦、为天下而去甚、去奢、去泰，不断加强修养境界，提高个人素质，为君主分忧，为天下百姓造福。作为周王朝藏室之史，老子能够从早期华夏文明变迁中观历代兴亡成败得失，发现其中政治变化之规律，于其所熟悉的炎凉与颓败的世态中把历代帝王兴亡的经验教训予以概括和总结，发掘出其政治治理的根本规律，在某种意义上为后世领导者开出了多副治国理政之良方，从而使其五千言成了千古绝唱。研究老子的治国之道与领导艺术，汲取其中的精华，可为更新领导观念、开拓领导思维、创新领导方法、强化执政意识、提高治国理政能力提供借鉴。

《韩非子》是后人根据韩非的著述编辑、增述而成的一部东方式的领导学宝典。全书共55篇，成书于战国末年。作为中国古代最重要的君主政治学文献，《韩非子》的主题是讲君主政治，讲统治术，讲治吏之策。该书从不同角度记述了韩非关于君臣关系、"治吏""治民"举措以及对法术势的具体内涵及其在现实政治实践中的灵活运用等问题的认识。自大秦帝国将韩非学说作为治国思想的理论基础和指导方针，建立了完整的君主政治制度后，其后两千多年的帝制中，韩非的"君主论"就始终为历代统治者所奉行，成为他们枕边常翻常新的红宝书。可以说，《韩非子》一书是理解和研究中国古代政治学的必由门径。

《管子》则是集先秦诸子百家智慧之长的一部领导学宝典。在先秦诸子著述中，《管子》一书自成一家、别具特色。它虽然"简篇错乱，文字夺误"，"号称难读"，但确为天下之奇文；它虽然丛集诸说，涉及百家，庞杂重复，但确是包罗宏富的思想宝库。《管子》涵盖政治、经济、军事、哲学、文化、法律、伦理、科技等领域，内容包罗万象，涉及面极广，尤其是以经世致用为核心，切合实际，论述精细，包含着大量的治国理政思想与智慧。作为一部反映春秋战国时期"齐文化"的皇皇巨著，《管子》所蕴含的政治思想与治国理念异常丰富，远非先秦时期其他一些政治思想家的著作所能及，可谓是春秋战国乃至秦汉时期的学术之宝藏。尽管班固将《管子》归入道家，刘歆在《七略》中将其列入法家，但都略嫌牵强。

事实上，一书很难恰当地将《管子》归于某一个政治学派，原因就在于《管子》兼有道、法两家之长而无其短，此外还掺以兵、农、阴阳、儒家等诸子的学说，可谓是中国历史上最大的杂家，其所包含的内容远非杂家的代表作《吕氏春秋》所能望其项背。在先秦诸子中，《管子》首先提出立国的根本在于有礼义廉耻四维维系的教化主张。同时提出"以法治国"和"以德治国"的双重治理理念，认为法出乎道，为治国的根本，具有至高无上性，强调"令尊于君"，主张"君臣上下贵贱皆从法"，执法者必须公正无私等。这些主张和认识在当时无疑是进步的，影响中国历史甚巨甚大，至今仍具有一定的借鉴意义，非常值得领导干部认真阅读与学习。

孔子的高徒曾参曾在《大学》一文中对其师的政治追求与学说做有高度的总结与概括，这就是：（1）三达德：明明德，亲（新）民，止于至善；（2）八正见：格物、至知、诚意、正心、修身、齐家、治国、平天下。《大学》把个人的品质与修养作为政治成败之本："一家仁，一国兴仁；一家让，一国兴让；一人贪戾，一国作乱，其机如此。此谓一言偾事，一人定国。"把政治治理视为领导者个人品质与修身的扩大，把政治过程看成是一个由己及人的过程，把国家和政治问题归结为个人的修养，这就是《大学》中的"领导力"之道，从某种程度上而言，也可以说是代表所有中华经典中的"领导力"

之道。

天行健，君子以自强不息；地势坤，君子以厚德载物。

居高以谦，泰山气象；有容乃大，东海胸怀。

五千年中华文化中孕育了博大精深的领导力元素，这对于我们今天的治国理政来说无疑是一笔极其宝贵的精神财富。中华民族的伟大复兴，首先应该是中国文化的伟大复兴。在今日建设中国特色社会主义的新时代，深入发掘传统文化中的中国元素，实现中国传统优秀文化的现代化，无疑是当代每一位中国人肩上的神圣使命。

目　录

第一章
你属于哪种领导者类型

——《史记》：刘邦君臣的最佳搭档

在权力角逐场上，因为人的天性禀赋不同，所处环境不同，所得到的机缘不同，接受家庭、学校、社会教育与熏陶等也不同，所以领导者的类型必然是千姿百态，各有短长的。从领导学的角度来看，领导者的类型是有迹可循的。纵览古今历史，领导者主要分为五种类型：第一种类型是决策型领导。决策型领导，或者说是拍板型领导。这种类型的领导，是团体的核心灵魂，对团体的发展方向、路线、格局、高度起着决定性的作用，因其历史地位与重要性，别人往往一时无法替代。如周公、秦始皇、刘邦、曹操等人。第二种类型是智囊型领导。智囊型领导，或者说是智库型领导。这种类型的领导，是核心领导的智库，负责为核心领导调研各种情况，收集各种信息，提供多种可供决策型领导充分选择的决策方案，并为决策型领导做好预警工作。如姜子牙、张良、诸葛亮、刘伯温等人。第三种类型是管理型领导。管理型领导，或者说是执行型领导。这种类型的领导，多是些执行力极强，在实际生活中或者说江湖实践中游刃有余的人。他们的开拓能力、组织能力、社会活动能力、贯彻执行能力都很强。这种类型的领导一旦遇到一个富有远见、战略正确、敢于放权的老板，往往就能够将他们的才华超水平地发挥。如管仲、商鞅、萧何等人。第四种类型是执行型领导。执行型领导，或者说是做事型领导，往往是那些特别愿意做事情并且能够把事情做得比较完满的领导型人物。他们有能力、有干劲、有魄力、有激情，只要运用得法，完全可以独当一面。这种类型领导的缺陷是在总体战略方向的把握以及运筹帷幄等战略方面，需要决策型领导与智囊型领导的指导，往往只能在战术方面取得成绩。如韩信、张飞、关羽等人。第五种类型是综合型领导。综合型领导，或者说是复合型领导。其实在现实生活中，很多领导的身上都表现出了多种才能。尤其是那些草根出身、从基层做起者，他们的素质中往往多多少少都会有一些复合型的东西，否则，在竞争淘汰的残酷环境中，也成长不起来。但现实中能扮演多种角色的领导者并不多见，而且这种人因为多重人格往往不能成就太大太高的事业，毕竟，人的能力总是有限的。综合型领导如果遇到高层面、大格局的老板，就都能充分发挥其才干。如曹参、范仲淹、张居正等人。

本章，我们就以《史记》中的刘邦君臣为个案逐步展开，以此作典型来说明领导者类型的个性与共性及其对事业与人生所产生的影响。

一、决策型领导：以刘邦为典型

决策型领导，或者说是拍板型领导，是团体及其众多子团体的"大哥"。这种类型的领导，是团体存在与发展的核心灵魂，对团体的发展方向、路线、格局、高度及其前景有决定性的作用，因其地位与重要性，别人往往无法替代。汉帝国的创始人刘邦就是这种决策型领导者的典型代表。从他的身上，我们多少可以总结到决策型领导的一些特质及其成功背后的原因。

（一）目标远大

秦朝末年有三个叱咤风云的人物：陈胜、项羽和刘邦。

这三个人的出身背景和个人情况相去甚远，但早年都胸怀大志，或者说都有自己的伟大理想。

据《史记》记载，陈胜原来给人做过佣工，有一次正在田间劳作，忽然心有所感，停下来与同伴相约："苟富贵，勿相忘！"同伴觉得彼此都是靠出苦力谋生的农夫，能吃饱饭就不错了，还能有什么富贵可言！陈胜则英气勃发地说："王侯将相，宁有种乎？"同伴们还是不以为然。陈胜于是又感慨地仰天长叹："燕雀安知鸿鹄之志哉！"出语确实不同凡响。秦末刘邦只是沛县一个小小的亭长，社会地位也不高，但基层岁月并没有耗尽这位天生"大哥"在人生境界上不断超越的好奇心。三人之中只有项羽是楚国贵族的后裔，血统比较高贵。刘邦和项羽在起事之前都曾见过秦始皇。刘邦当即表现出了羡慕的神情。项羽则说得直截了当："彼可取而代也！"气概之雄，真是前无古人。事实上，他们三人后来都基本实现了自己的抱负。

据司马迁说，刘邦为布衣时，曾在咸阳服徭役，恰逢秦始皇出游，见秦始皇仪仗车队前呼后拥，冠盖相连，甚是威风排场，遂生羡慕之情，"喟然太息曰：'嗟乎，大丈夫当如此也！'"[1] 语虽委婉，却胸臆直露。一个从小地方来到大首都出苦力的农民工，手头没有任何权力为攀升资源，竟然敢触景生情，生出如此雄心大愿，说出来还真要吓死一批人。"当如此"三个字，看似随便一说，其实此理想壮志已经在这位贫贱亭长的心田中扎下根来。其位如此之卑，其志如此之高，这在刘邦的身上形成了极大的反差。不过，或许正是因为这极大反差，我们正好可以窥探出一点刘邦当时这位"小人物"身上所与生俱来的非凡与卓异。

美国前足联主席戴伟克·杜根曾说过："你认为自己被打倒了，

---

[1] 《史记·高祖本纪》。

那么你就是被打倒了。你认为自己屹立不倒，那你就屹立不倒。你想胜利，又认为自己不能，那你就不会胜利。你认为你会失败，你就会失败。因为，环顾这个世界的成功例子，我发现一切胜利，皆始于个人求胜的意志与信心。一切胜利皆唯于心。你认为自己比对手优越，你就是比他们优越。你认为自己比对手低劣，你就是比他们低劣。因此，你必须往好处想，你必须对自己有信心，才能获取胜利。生活中，强者不一定是胜利者；但是，胜利迟早属于有信心的人。"[1]

戴伟克·杜根的这段话在一些人看来或许有点绝对，但就强调以一种什么样的态度来面对人生、面对挑战而言，无疑是值得肯定的。因为，对于人们而言，信念是迈向成功的开端。拿破仑说："我成功，因为我志在成功。"此话信然。俗话说，好的开端是成功的一半。而自信与发展的动机则无疑是好的开端的一半。"天生我材必有用，千金散尽还复来。"只有相信自己，你才能鼓起巨大的拼搏勇气，你才能激发无限的探索潜能，你才敢于克服前进道路上所面临的一个又一个的困难，超越一个又一个起伏不定的外界环境，实现自我价值并最终获得成功。汉高祖刘邦在平民时就敢于做"帝王梦"，敢于仰望星空，这是不平凡者的躁动，如果没有这一点自信与动力，或许是走不到他人生最辉煌的巅峰

---

[1]　王德宠、陈慧、车宏生等编著：《领导兵书》，北京邮电大学出版社 2005 年版，第 138 页。

——大汉天子这一步的。

据《史记·高祖本纪》记载，刘邦对于"王天下"十分在意。

秦末自陈胜首义，天下大乱，秦二世三年，秦将章邯、王离攻赵，赵请救，楚怀王乃以宋义为上将军，项羽为副将，向北救赵。因为宋义害怕秦军裹足不前，项羽杀了宋义，亲自率兵马在河北巨鹿与秦军主力破釜沉舟地进行了一场惊天动地的决战，而刘邦则直接西进入关。按照当时楚怀王之约，先至咸阳者封王关中。刘邦走了捷径，项羽向北救赵绕了个弯，所以刘邦幸运，最先到达咸阳灭亡了秦朝。此后，项羽携大军入关迫使刘邦低头，项羽自封西楚霸王。刘邦被项羽封为汉王，入蜀。韩信先属项梁，项梁死后归属项羽，因得不到重用故逃离项羽归汉。未得封官之前，恰逢一事犯法连坐，共涉及 14 人。已斩 13 人，最后一个轮到韩信。韩信对监斩官夏侯婴说："汉王不想得天下了吗？为何要杀壮士！"夏侯婴看韩信长相、口气都不一般，就留下韩信，并报告了汉王。刘邦听后就放了韩信并拜他为治粟都尉。实际上，刘邦之所以不杀韩信，并不是他觉得韩信有多大才能，而是他对"得天下"三个字极为敏感，韩信的话说到了他的心窝里，这才幸免一死。

韩信虽被封为治粟都尉，然并不满足这一官职，认为自己并没有被重用，因此又逃离刘邦，于是萧何月下追韩信，把他追了回来。刘邦责备萧何说："逃跑那么多将士你不追，为什么偏要追一个韩信，让他走吧！"萧何说："王必欲长王汉中，无所事信，必欲争天下，非信无所与计事者。"汉王说："吾亦欲东耳，安能郁郁久居此乎？"遂拜韩信为大将。

从上面的事例中足以看出，刘邦其志在天下。他的一言一语、一个事件、一个细节，甚至不经意间表现出的一种姿态，都无不流露出他有霸天下、位至尊的宏图远志，昭示出他个人的信心、决心与野心，而这恰恰是决策型领导最珍贵的品质，是刘邦成就大业、领袖群伦的个性气质的基本特征。

（二）为人大度

依附强者以自存，如韩信那样梦想着封侯拜将，这不是刘邦这位"大哥"性格所追求的目标。但在一个以复辟六国为口号的战乱年代，刘邦没有王侯贵胄的高贵血统，冲锋陷阵不能与项羽、韩信比肩，定谋划策又不能比肩张良、范增，那么，他凭什么能够赢得各方"小弟"拥戴，从逐鹿的群雄中脱颖而出呢？司马迁道出了其中的奥秘，这就是：刘邦给自己找到一个十分特别但却很有效的面具——"宽大长者"。

刘邦实际上是与秦始皇同时代的人，只比秦始皇小 3 岁，按照当时的年龄已经算是进入了老者的行列，这是 20 多岁的青年项羽、韩信所无法具有的岁月沧桑优势，且刘邦为人历来"大度""能施"，给人留下的印象确实是有长者之风。因此当楚怀王要从项羽和刘邦两人中选择一位带兵西进入关时，诸老将说："项羽为人僄悍滑贼……不如更遣长者扶义而西，告谕秦父兄。秦父兄苦其主久矣，今诚得长者往，毋侵暴，宜可下。今项羽僄悍，今不可遣。独沛公素宽大长者，可遣。"刘邦之所以能被称为"宽大长者"，除了他性格中与生俱来的"豁如"和"大度"，另一个方面，就应该是他悟出的生存之道了。战乱年代，安全感十分珍稀，即使在楚国内部，面对着项羽的僄悍滑贼、目无他人、暴殄人命，楚怀王和"诸老将"能从刘邦的"大度"中感受到安全感，这就是"宽大长者"的真正含义吧。①

《史记·高祖本纪》说：高祖"仁而爱人，喜施，意豁如也。常有大度"。秦末天下大乱，群雄并起。项羽上弑怀王、下杀无辜，城破之时不留遗类，坑杀士卒，残暴无比。刘邦先于诸侯至咸阳，秦王子婴素车白马，系颈受降。众人想杀掉他，刘邦不肯，纳降后又招关中父老约法三章以抚百姓，这充分显示出了刘邦作为决策型领导所给人的"安全感"一面。刘邦初为亭长，当差押送劳工，因雨误期，于大泽中将众人释放，自己却无法回去交差，把风险留给了自己，方便让给了乡亲；楚汉战争中，楚怀王被杀，刘邦以原来天下共立缘故，昭告天下，素衣发丧，号令天下共击

---

① 参见过常宝：《被面具所遮掩和辉映的人生——〈史记〉人物形象之刘邦》，《文史知识》编辑部编：《名家讲〈史记〉》，中华书局 2016 年版，第 165 页。

凶手霸王项羽，不能算不义。刘邦虽为人不拘小节，然却能做到大礼不失。韩信初归汉，未显其能，然而刘邦能采纳萧何的建议，让其将兵，并择良日斋戒设坛行拜将大礼；义帝死，刘邦袒胸大哭，为义帝发丧，祭奠 3 日；就连项羽自刎乌江边后，刘邦也前去祭吊，"泣之而去"。项羽死后"诸项氏枝属，汉王皆不诛"。刘邦身上的这种为人"大度""豁如""喜施"不吝啬的秉性，大概就是他能够广揽英雄、挫败群豪，最终统一天下的一个重要魅力所在吧。

（三）知人善任

刘邦在用人、驭人方面颇具自信，而且视此为他能得天下的根本原因。

据《史记·高祖本纪》记载，天下初定后，刘邦问王陵等人，项羽失天下、自己得天下的原因，王陵等人说："陛下使人攻城略地，所降下者因以予之，与天下同利也。项羽妒贤嫉能，有功者害之，贤者疑之，战胜而不予人功，得地而不予人利，此所以失天下也。"高祖曰："公知其一，未知其二。夫运筹帷幄之中，决胜千里之外，吾不如子房。镇国家，抚百姓，给馈饷，不绝粮道，吾不如萧何；连百万之军，战必胜，攻必取，吾不如韩信。此三者，皆人杰也，吾能用之，此吾所以取天下也。项羽有一范增而不能用，此其所以为吾擒也。"

事实也的确如此。刘邦能用人、善用人，天下豪杰乐为其用，这是他的大智慧。淮阴侯韩信有才、有能，更有傲气，刘邦曾与韩信论及诸将才能。刘邦问："我能带多少兵？"韩信回答说："陛下不过能将十万。"刘邦又问："那么你能带多少？"韩信说："臣多多而益善耳。"刘邦笑着说："多多益善，何为我擒？"信曰："陛下不能将兵，而善将将，此乃信所以为陛下擒也。"这一段风趣而又滑稽的君臣对话，一方面流露出刘邦对自己用人、驭人智能的自信与自豪，同时也反映出像韩信这种不与樊哙、周勃为伍的狂傲之徒对刘邦的臣服。

确实，刘邦用人，不拘一格。

上至王公贵族，如张良之流；下至班差小吏，如萧何、曹参之辈；隐士、游侠者，如季布、郦生；市井末流、游手好闲者，如陈平、韩信；前朝旧臣，如章邯、叔孙通；实力叛将，如彭越、英布等。不论出身，不论卑贱，不计前嫌，只要能为刘邦定天下出力者，来者不拒，留者善用，形成了一个足以争霸天下的庞大的刘氏实力集团。在这些人中，有的终生追随刘邦，为刘氏争夺天下、治国安邦立下了汗马功劳，成为奠定汉家基业的功臣元勋，如萧何、张良、陈平、曹参、周勃、叔孙通等；也有中途叛逆，被刘氏淘汰者，但他们也在一定历史时期为刘邦的帝王大业输入了一定的正能量，如韩信、英布、彭越等人。

刘邦用人，用人不疑。

刘邦入关中称王4年，这4年中，多是领兵在外打仗，关中一应诸事全部托付萧何。正是在刘邦充分信任与大力放权下，萧何才得以施展才华，镇国家，抚百姓，保障前线军队供给与兵源上的源源不断。

韩信由楚投汉，刘邦对他的才能并不了解，不过当他最信任的萧何向他举荐韩信，他便毫不犹豫设坛拜将，将带兵大权交予这位初识之人，表现出刘邦用人不疑的良好品行。后来，韩信攻城略地，斩将搴旗，垓下一战，彻底消灭项氏集团，为刘邦平定天下扫除了最大的障碍。

陈平，乡里游手好闲之辈，人说其盗嫂，品质也有问题。先从魏王豹，又投项羽，项羽不能用，又从刘邦。刘邦力排众议，封陈平为都尉，使之参乘，这使陈平极为感动。陈平多次献奇计，为刘邦打天下、安天下不遗余力，作用甚巨。

刘邦用人，知人善任。

刘邦善于观察总结臣属的基本品质，如能力、素养，尤其是忠诚程度。对于每个人的优缺点都能够做到了如指掌，用其长，避其短，这在其临终之时与吕后的一席对话中就可窥见一斑。"吕后问：'陛下百岁后，萧相国即死，令谁代之？'上曰：'曹参可。'问其次，上曰：'王陵可。然王陵少戆，陈平可以助之。陈平智有余，然难以独任。周勃厚重少文，然安刘氏者，必勃也，可令为太尉。'吕后复问其次，上曰：'此后亦非而所知也。'"①从这段对话，可以看出刘邦对诸大臣的性格、才能、资历等掌握得十分清楚。推荐曹参，不仅在资历，更是因为曹参为人稳重踏实，文武双全。曹参是武将，资历深，曾在定天下后论功排次时，与萧何不相上下；同时，曹参也通达政治治理，在齐国相国位置上能以黄老之术治理政事，足以镇抚天下。王陵才能可胜任丞相，但王陵的缺点是憨，不会变通，不灵活，陈平辅之，可称万全。这个判断后来在是否封吕氏为王问题上得到充分验证。高祖十二年春三月，为保刘氏江山永固，特别警惕吕氏弄权，刘邦在太庙与群臣杀白马盟誓，包括吕后，非刘氏不得封王，非有功不得封侯，如违此约，天下共击之。《史记·吕太后本纪》载："太后称制，议欲立诸吕为王，问右丞相王陵。王陵曰：'高帝刑白马曰非刘氏而王，天下共击之。今王吕氏，非约也。'太后不悦。问左丞相陈平，绛侯周勃。勃等对曰：'高帝定天下，王子弟，今太后称制王昆弟诸吕，无所不可。'太后喜，罢朝。王陵让陈平，周勃曰：'始于高帝喋血盟，诸君不在邪？今高帝崩，太后女主，欲王吕氏，诸君从欲阿意背约，何面目见高帝地下？'陈平、绛侯曰：'于今面折廷争，臣不如君，夫全社稷定刘氏之后，君亦不如臣。'王陵无以应之。"由此可见刘邦识人之准确深刻。周勃厚道果断，但文

---

① 参见《史记·高祖本纪》。

化程度不高，可为太尉管军事，并可安刘氏，这些预言在以后西汉统治者高层政治斗争中都得到了验证。

（四）从善如流

司马迁写《史记·高祖本纪》，用 1.2 万多字的较长篇幅记述了汉高祖刘邦那叱咤风云、夷灭群雄、起于布衣、终于至尊的传奇一生。阅读《史记·高祖本纪》，除了感受到汉高祖的宏图大志、性格恢宏外，印象最深的就是他善于接纳别人的意见了。

有人粗略统计，仅在《史记·高祖本纪》中就记载有 20 次纳谏。[①]

而阅读《史记》中的其他篇章，如描写汉初将相的《世家》及《列传》，多有与刘邦建言献策的场面，我们看到刘邦表态用得最多的一个字就是"善"字。《史记·高祖本纪》中每 500 字就有谋士献策、刘邦纳谏的片段。在西汉初年历史的其他传记中，刘邦语"善"字者比比皆是。刘邦善于吸纳接受别人的正确建议，从善如流，不论贵贱、尊卑，只要是有利于夺天下、治天下的话他都听，上至文臣武将、智囊谋士，下至布衣百姓、内侍家奴，他都一以视之，这种大海不择细流的胸怀，能够领会谏议者意见的高超能力，对他定国安邦起到了决定性作用。如张良是刘邦的

---

① 窦玉玺著：《读〈史记〉说智慧》，中国社会科学出版社 2016 年版，第 22 页。

智囊谋士，运筹帷幄，决胜千里，刘邦言听计从。查《史记》中凡张良为刘邦谋划一生，唯有一次不听，那就是刘邦晚年易太子之事。刘邦嫌孝惠不似自己性格，又加上宠爱戚姬，一直想废孝惠立赵隐王如意，张良进谏，不听。因为这是家事，同时掺杂着刘邦当时浓厚的个人感情因素，刘邦在这个问题上表现得非常固执，刘邦不听，张良也不便苦谏，这样的情况，《史记》记载的只有一次。然而，太子孝惠最终还是依张良计策，安排四隐士东园公角、甪里先生、绮里季、夏黄公与自己一起饮酒，刘邦见后大惊，遂认为孝惠有威望以天下，不敢再提易太子事。再比如与儒生郦食其第一次相见。刘邦对这位无名之士不抱希望，一面洗脚，一面接见，何其无礼。等到郦生说，足下如欲想诛灭暴秦，怎么能对贤士这样无礼？于是刘邦赶忙穿上衣服道歉，并请郦生上座，何等尴尬！但就因为他不怕丢这个面子，郦生才献奇计袭陈留，刘邦采纳其建议，遂得大批军粮。再比如萧何荐韩信，刘邦就很恼火，然而，一旦萧何说出争天下必须此人不可时，刘邦就以大礼拜将。又如刘、项鸿沟划界后，汉军疲敝已极，刘邦欲罢兵休息，而张良等出主意，这正是消灭项羽的大好机会，于是刘邦则又不顾疲劳率兵东进，结果形成垓下决战的战略态势。

有这么一个故事：公元前 203 年韩信在齐地歼灭了龙且大军之后，派人到荥阳前线请求刘邦封他为假齐王（即代理齐王），当时刘邦正在同项羽艰苦作战，处境十分困难。看了韩信的信使向他递交的书信，大怒，说："我困顿在荥阳前线，日夜盼望你韩信前来帮助我，你却要自立为王！"张良、陈平一听这话，都急忙踩刘邦的脚，向刘邦耳语道："现在我们这里有困难，能禁止韩信自立为王吗？不如索性立他为王，以免发生变故。"刘邦立刻就觉悟，马上改口骂道："大丈夫平定诸侯，即可为真王，为什么要当假王呢？"于是派张良亲自前去立韩信为齐王，并征调他的军队来前线助战。其实，当时韩信实力骤增，已经形成为除刘邦、项羽外的第三种势力，偏袒项则项胜，偏袒刘则刘胜，要不是刘邦能认真听取张良、陈平的意见以抑制自己的冲动，他就要犯下影响大局的严重错误。刘邦打天下，正是关键的几步都采纳了萧何、张良、陈平等人的正确建议，才最终得以以弱胜强，由小到大，直至称帝天下。由此，我们领略到决策型领导具有虚怀大度、海纳百川的胸襟是多么的重要。

（五）汉承秦制

尽管刘邦是推翻了秦始皇的大秦帝国而称帝，尽管从此之后汉代的史书、官牍把秦帝国描绘得一片黑暗，但是，汉帝国君臣却毫不犹豫地承袭了秦帝国的全部政治遗产。这正是刘邦的政治大智慧。

从总结历史经验教训的角度而言，秦帝国对中国政治的最大影响，莫过于它创立了一套以大一统为标志的政治模式。这套政

治模式包括政治观念、政治制度、法制体系以及与之配套的社会
经济、文化体系。大秦帝国建立者的知识水平和理论水平明显高
于起事于草莽布衣的汉帝国的创建者们。换句话说，秦始皇草创
的政治制度和治国模式具有开辟性的特点及优势，继秦而起的任
何新朝都不可能再在一个短时间内创造出比之更加完备的系统制
度。大秦帝国虽然因秦二世施政不当而短命夭亡，但秦始皇创建
的政体却有着强大的生命力，它不仅不会随着秦帝国的消亡而消
亡，而且仍然以新的形式继续决定与影响着继秦而后的新王朝的
政治运作。历史发展的事实也无可辩驳地证明了这一点，这就是：
"汉之法制，大抵因秦。"① 根据云梦秦简提供的资料表明，许多原
来以为是汉帝国创建的制度及其有关称谓，原来都是由前朝秦帝
国那里传承下来的。"汉承秦制"，确凿无疑。

1. 全盘接受了秦始皇创造的皇帝尊号及其相应的一整套皇帝
制度与帝王观念

皇帝制度与帝王观念是大秦帝国统治模式的基础框架和核心
内容。只要这个基础框架与核心内容不改变，新王朝的一切损益、
更始、变制，都不具有变革统治模式的实际意义。这就是说，只
要汉帝国的创始人继续实行帝制，汉代的政治制度与治国模式就
不会与秦朝差异太大。

----

① 《容斋随笔》卷九。

2. 承袭了秦王朝以中央集权为核心的皇帝制度

汉代基本上沿用了秦朝的职官制度。东汉史学家班固说："汉迪于秦，有革有因，举僚职，并列其人。"[①]事实也正是这样，秦帝国确立中央集权制度，皇权至高无上，全国的政治、经济、军事、立法、司法、监察等各种权力皆决于皇帝，从中央政府的丞相、太尉、御史大夫一直到地方上的郡守、县令及各种军事长官，其任免权最终决定在皇帝的手中，或由皇帝直接任免，或由皇帝授权上级官员任免。汉帝国建立后，基本上沿用了秦帝国的这一套政治体制。

3. 承袭了秦帝国的郡县制度

郡县制是维护中央集权的基本行政区划制度。汉初，刘邦基本上沿用了秦帝国的行政区划。

据《汉书·百官公卿表》中记载：郡守是沿袭秦代的官职，他的职责是掌管一个郡的事务。俸禄是两千石。县的最高行政长官是县令、县长。县令和县长都是沿袭秦代的官职，其职责是掌管一个县的事务。人口在万户以上的称县令，俸禄一千石至六百石不等。万户以下的称县长，俸禄是五百石至三百石不等。汉代的县大约方圆百里，民众人口多，则地减；人口少，则地增。乡和亭的设置也是如此。这都是沿袭秦代的制度。

---

① 《汉书·叙传下》。

4. 继承发展了秦帝国的官吏选任制度

秦国官吏的选任通常主要有荐举与征召两种方式。所谓荐举，主要是中央与各郡长官定期或不定期地向国君推荐人才。所谓征召，即是对全国特别有名望的人才，由皇帝派专人去聘任。

《史记》中说，叔孙通"秦时以文学征待诏博士"。叔孙通因为文章和学问，被征召为待诏博士。汉初，统治者完全沿袭了秦帝国的人才选拔方式。刘邦曾于汉十一年下诏："贤士大夫，有肯从我游者，我能尊显之。"文帝时，下诏举贤良方正。武帝以后，又有秀才、孝廉之选。但是，由于西汉至武帝时儒家思想开始成为统治阶级的重要的意识形态，选官制度因为受儒家思想的影响而缺乏了像秦帝国时期那样的法制化，任人唯亲、任人唯私的现象开始抬头，其结果如何不再像秦朝那样要受到法律严格的追究。

5. 沿袭了秦帝国的监察制度

秦帝国建立了中央监察机关——御史府，亦称御史大夫府、御史大夫寺。御史府的主管是御史大夫，其职位相当于副丞相，具有皇帝秘书性质，并有监察百官之责。秦始皇时代，御史大夫还拥有司法审判之权。秦御史府中还设有御史中丞，直接辅助御史大夫监察百官。《初学记·职官下》说："御史中丞，秦官也，掌贰大夫。"

秦统一后，在郡一级普遍设置了监郡御史，监郡御史隶属于御史大夫。他的主要任务是代表皇权监察地方官吏。由此可见，秦朝已从中央到地方普遍设置御史司监察，并置御史大夫府为中央监察机构，这标志着秦朝以御史制度为主体的监察制度已经确立。《汉书·百官公卿表》说："御史大夫，秦官，位上卿，银印青绶，掌副丞相。"

汉代的监察制度与秦朝一脉相承。

但在地方，汉高祖刘邦放弃了对地方的监察。《后汉书·百官志》："秦有监御史，监诸郡，汉兴省之。"然而这一废置，导致了地方吏治的日趋腐败。鉴于这样的教训，惠帝三年（公元前192年），汉帝国又部分地恢复了地区御史监郡的制度。

总之，帝国的监察制度始于秦始皇，经过汉代的承袭和完善，趋于成熟。其后，虽经两千多年各朝代的损益，并没有发生实质性的变化，很多合理的东西甚至一直沿用至今。

6. 承袭了秦朝的赋税制度

秦始皇统一后，对赋税制度进行了统一和改革。公元前216年，命全国各地自报占有田亩数目，即文献记载的"令黔首自实田"制度。这是中国历史上在全国范围内实行土地登记制度的开始。民众有纳税和服徭役、兵役的义务。

汉代承袭秦朝这一制度，并发展成一套完整的封建管理制度和赋税制度。秦帝国的《田律》《仓律》和《徭律》，主要征收田赋、户赋和口赋。汉高祖刘邦在这三律的基础上又增加了《田租税律》和《盐铁税律》等税收法规。另外汉代实行了编户齐民制度，登记人口，加强对全国各地的人口管理。这种制度，更加有利于国家对农民征收赋税和徭役。

7. 基本沿袭了秦帝国的礼仪制度，

在中国古代社会，礼仪制度是区别上下、贵贱、尊卑的等级制度的一项重要内容。在行政权力支配社会的历史条件下，用礼仪制度来区别和规范官员之间的身份与交往的方式往往显得十分重要。因为，在人们看来，享受不同的礼仪是一个人的权力、地位、尊严以及富贵荣华的特殊象征。

历史的事实是最好的答案。

汉代的礼仪制度基本上沿袭了秦朝制度，即使有所损益，其基本原则也毫无变动。

大秦帝国建立后，为了显示气派，区别尊贵，秦始皇为上至皇帝，下至百姓，制定了一整套规模宏大的礼仪制度。汉代秦后，对于秦帝国的礼仪制度在艳羡的同时，统治者基本上采取了照单全收的政策。"高祖时，叔孙通因秦乐人制宗庙乐。"又说："汉兴，拨乱反正，日不暇给，犹命叔孙通制礼仪，以正君臣之位。高祖说而叹曰：'吾乃今日知为天子之贵也'。"[1] 可见，汉帝国建立后，君臣尊卑的朝堂礼仪、宗庙礼仪，宫室制度以及宫廷内部的烦琐礼仪等皆沿袭秦朝。司马迁为此在《史记·礼书》中总结道："自

———————

[1] 《汉书·礼乐志》。

天子称号下至佐僚及宫室官名，少所变更。"

8. 对秦帝国的德运、历法、风俗等也都加以承继

据史料记载：汉丞相张苍好律历，专门遵用秦朝的《颛顼历》。他"以为汉乃水德之时，河决金堤，其符也。年始冬十月，色外黑内赤，与德相应"①。

汉朝的风俗也沿袭了大秦帝国。西汉思想家贾谊、董仲舒等人都认为：秦朝的"遗风余俗"，在汉朝皆"犹尚未改"。其实，大汉帝国本来就是从大秦帝国脱胎而来，时间距离又不太长，生活习俗、风俗习惯沿袭秦朝也是一件自然而然的事情。

事实证明，大秦帝国虽然灭亡了，但它的开拓精神与开创的政治制度和治国模式却为汉帝国刘邦君臣所改造并且继续加以运用。大汉帝国正是在明确借鉴秦帝国的政治得失的情况下才取得巨大成功的，所谓"汉承秦制"就是这个道理。

（六）用"黄老"治国

西汉王朝建立之初，由于长期的战乱，经济凋敝，民力困乏。皇帝乘车，甚至不能找到同一种毛色的四匹马，将相们有的只能乘牛车。汉初君臣们多起自社会中下层，他们熟知民间疾苦，为顺应百姓的要求，采取宽松的政策治理社会，黄老之术于是顺理

---

① 《汉书·郊祀志上》。

成章走上了历史舞台。刘邦在建立汉帝国后，认真汲取了秦王朝迅速灭亡的历史教训，顺应当时的政治形势和民心所向，采取与秦政权严法苛刑政策相反的治国方略，用黄老之策休养生息，宽刑薄赋，还利于民，以法治国，安定社会，从而开启了继之而来的"文景之治"，奠定了汉代数百年长治久安的基础。

黄老思想是战国时期一批名士假托黄老之言，以老子道家学说为主旨，同时兼采儒、法、名、墨众家之长而形成的一套颇具特色的治国理论体系。无为而治是黄老思想最根本的特点。黄老思想形成于战国时期，盛行于秦汉之际，对西汉初年的统治者的治国理政产生了重大而深刻的影响。

作为大汉帝国的开国者，刘邦是汉代黄老之学的首推者，他的治国实践见证了黄老思想在汉初如何走向官方意识形态，并逐步发挥作用的全部过程。

张衡说："黄者，黄帝也，老者，老子也。黄老之操，身临其境恬淡，其治无为。"刘向在《列子新书目录》中也言："列子者，……其学本于黄帝老子，号曰道家。道家者，秉要执本，清虚无为，及其治身接物，务崇不竞。"秦汉时期黄老思想或称黄老，或曰道家，其实为一。它渊源于帝王、老庄、法家诸学，以道为本，以"无为"为思想内核，"无为而治"构成其基本的政治主张。但是，"其为术也，因阴阳大顺，采儒墨之善，撮名法之要，与时迁移，应物变化"，经过战国、秦、汉三代的不断完善，黄老思想的

"无为而治"较之老庄之本义已经有了很大的发展和变化。其基本要点主要包括：

1. 清静无为

清静无为是黄老无为而治思想的核心。《新语·无为》中说："夫道莫大于无为，行莫若无忧民之心，则天下治。"不干涉主义成为黄老思想最基本的治国和处世原则，但是，此种不干涉主义并不等于传统道家的"道法自然"。黄老思想的清静无为，其最终目的是因势利导下的无所不为。最终落脚点还是在"有为"上面。

2. 任性当分

任性当分是黄老思想最根本的政治理想，是奉行清静无为原则的必然结果。关于任性当分的理想境界，汉初黄老思想的代表人物陆贾曾有过完整的勾勒："是以君子之为治也，块然若无事，寂然若无声，官府若无吏，亭落若无民，闾里不讼于巷，老幼不愁于庭；近者无所议，远者无所听；邮无夜行之卒，乡无夜召之征，犬不夜吠，鸡不夜鸣；耆老甘味于堂，丁男耕耘于野，在朝者忠于君，在家者孝于亲；于是赏善罚恶而润色之，兴辟雍庠序而教诲之；然后贤愚异议，廉鄙异科，长幼异节；上下有差，强弱相扶，大小相怀，尊卑相承，雁行相随；不言而信，不怒而威，岂待坚甲利兵，深牢刻令，朝夕切切而后行哉？"[1] 这是对老子

---

[1] 《新语·至德》。

"小国寡民"理想社会和庄子"至德之世"的进一步补充与发展，是对传统道家无为而治思想的重大突破。

3. 德法并举

黄老道家将"无为之治"直接建构于德和法的基础之上，并在此基础上形成了一套相对完整的德、法治理论。就法治而言，黄老思想认为，"道生法。法者，引得失以绳，而有曲直世。故执道者生法而弗敢犯世，法立而弗敢废也"，"故执道者之观于天下也，无执也，无处也，无为也，无私也。是故天下有事，无不自为刑名声号矣。刑名已立、声号已建，则无所逃匿正矣"。法由道所生，它的功能在于明是非曲直。有了法，就可以立刑名，建声号，也就容易达到"无为""无私""无执""无处"的境界。就德治而言，黄老思想肯定了道家"失道而德，失德而后仁，失仁而后义，失义而后礼"的基本主张，但也提出"仁者道之纪，义者圣之学"，"谋事不并仁义者后必败"。陆贾认为，"是以君子握道而治，据德而行，席仁而立，杖义而强，虚无寂寞，通动无量"，符合自然无为原则的仁义德化也是必需的。由此可见，以"无为而治"为核心的黄老思想虽脱胎于老庄，但又超越于老庄。它以道为本，但又儒法兼具。然而，正是这种思想特质，使黄老思想契合了汉初社会、政治、经济以及统治者的个人需要，在西汉初年走到了历史的前台。

首先，黄老之术适应了汉初"天下初定"时改变贫弱经济的客观需要。经过秦末农民战争和楚汉战争后建立起来的汉政权，人口锐减，土地荒芜，民生凋敝。当时，统治者是"天子不能具醇驷，而将相或乘牛车"。普通民众的生活更是艰难，"民失作业，而大饥谨（馑）"。面对此种"天下匈匈，劳苦数岁，成败未可知"的局面，统治者实不敢妄为。"君臣俱欲休息无为"在当时既属必然，又属明智。

其次，黄老之术成为秦朝以法治国失败的反拨。汉帝国建立在秦王朝的废墟之上。汉初统治者为避免重蹈覆辙，曾再三对秦亡汉兴的原因进行反思。他们无一不认为，事愈烦而天下愈乱，法愈滋而奸愈炽，兵马益设而敌人愈多，秦亡的原因在于举措暴众和用刑太极。因此，秦代以法治国的失败要求汉初统治者对黄老的无为而治给予更多的关注。

再次，黄老之术契合了汉初统治集团的文化传统。黄老思想贯通道、儒、法，"指约而易操"，是一套开放而灵活的思想体系。这容易为刘邦之流等无教养的军功之人所接受。

刘邦对黄老政治的认可始于陆贾与刘邦关于夺、守之异的著名论争。

据《史记·郦生陆贾列传》记载："陆生时时前称《诗》《书》。高帝骂之曰：'乃公居马上而得之，安事《诗》《书》？'陆生曰：'居马上得之，宁可以马上治之乎？且汤武逆取而顺守之，文武并用，长久之术也。昔者吴王夫差、智伯极武而亡，秦任刑法不变，卒灭赵氏。向使秦已并天下，行仁义，法先圣，陛下安得而有之？'高帝不怿而有惭色，乃谓陆生曰：'诚为我著秦所以失天下，吾所以得之者何，及古成败之国。'陆生乃粗述存亡之征，凡著十二篇。每奏一篇，高帝未尝不称善，左右呼万岁，号其书曰《新语》。"自此，刘邦君臣开始采用黄老无为而治的国策，从而在治理上取得了明显的效果。

在政治管理方面：

第一，君佚臣劳，分任责成。"人主之术，处无为之事，而行不言之教。清静而不动，一度而摇，因循而任下，责成而不劳。"君佚臣劳、分任责成是黄老思想基本的执政观。刘邦深谙此道，他先后提出"功人"和"功狗"的概念。据《史记·萧相国世家》记载："汉五年，既杀项羽，定天下，论功行封……高祖以萧何功最盛……功臣皆曰：'臣等身被坚执锐，多者百余战，少者数十合，攻城略地，大小各有差。今萧何未尝有汗马之劳，徒持文墨议论，不战，顾反居臣等上，何也？'高帝曰：'诸君知猎乎？……夫猎，追杀兽兔者狗也，而发踪指示兽处者人也。今诸君徒能得走兽耳，功狗也。至如萧何，发踪指示，功人也。'"刘邦此处所言涉及的虽是众臣之间的关系，但他揭示的却是领导与被领导的关系。泛化开来，无疑与黄老道家"君无为而臣有为"的理论有着极大的相通之处。

第二，重申纲纪，去苛以宽。"无为"是"道"的应用，是指在制度法律已备的情况下，君王"垂拱而治"。刘邦对此了然于胸。早在其西入咸阳时，就"召诸县父老豪杰曰：父老苦秦苛法久矣，诽谤者族，偶语者弃市……与父老约法三章：杀人者死，伤人及盗抵罪。余悉除去秦法"。一统天下后，又因"四夷未时，兵革未息，三章之法不足以御奸"，而令萧何"捃摭秦法，取其宜于时者，作律九章"，同时命"韩信申军法，张苍定章程，叔孙通制礼仪"，加强制度建设。

第三,一承秦旧，巧施分封。为保持政权稳定，在行政建制方面，刘邦"一承秦旧"。从中央到地方郡、县、乡、亭各级组织基本上保持了秦代旧貌，而未对中央集权的本质做丝毫的改变，但是在具体的管理方式上他却做了相当大的调整。他大封功臣、兄弟、子侄，让他们分赴各地为王，实行郡县制与分封制并存的行政体制，以收"屏障王室"的功效。

在经济发展方面，在黄老无为而治思想的指导下，刘邦也推行了一系列休养生息的改革措施：

第一，崇俭禁奢。为防止过分地掠民、扰民，刘邦从适欲开始，提出要崇俭禁奢，量入为出。早在西汉建国之初，萧何兴造未央宫，刘邦就狠狠批评道："天下匈匈苦战数岁，成败未可知，是何治宫室过度也。"① 减少不必要的开支。对于必要的财政支出，刘邦也严格财政管理，"量吏禄，度官用，以赋予民"，尽量减轻

---

① 《史记·高祖本纪》。

百姓负担。

第二，轻徭薄赋。汉初"民失作业，而大饥馑……人相食，死者过半"。面对此种民生凋零的局面，为恢复生产，刘邦轻徭薄赋，放宽政策。在其未入咸阳而驻军霸上之时，关中父老以酒食劳军，他辞谢不受，以示与民更始。建国伊始，他便决定"轻田赋""什伍而税一"，同时对新开垦的田地在头几年给予完全免赋的优待。这种轻徭薄赋政策在我国历史上是少见的。

第三，"驱民而归之农"。农业繁荣是封建经济发展的基础。为发展农业改善百姓的生存状况，刘邦把"重本抑末"作为发展经济的基本国策，强调农业为"天下一步之本"，并采取了一系列"驱民而归之农"的具体措施。据《汉书·高帝纪》记载，高帝五年，刘邦下诏："民以饥饿自卖为人奴婢者，皆免庶人。"并根据法令每人还可受田 20—30 亩，使之成为政府的"编户齐民"，从而使自卖为奴的这部分人获得人身解放。同时，对逃亡的"聚保山泽"的农民也给予优惠政策，分给土地和房屋，使之回归故里，安心生产。诸如此类政策的推行不仅提高了农民的生产积极性，而且也有利于消除"流民"等不稳定因素的影响，这对巩固汉政权起到了很好的作用。

综上所述，在黄老无为而治的思想的指导下，刘邦实行清静无为和与民休息的治国方针，在政治、经济和社会治理方面均取得显著成就。刘邦在西汉初期，一方面以文治礼仪理顺朝政，一方面根据前朝得失制定法律，以法治国，使汉初社会逐步走上了稳定繁荣的道路。作为历史上著名的政治家，汉高祖刘邦在汉初时期为巩固国家政权而采取的治理转型，采取儒、法、黄老兼治、与民休息的方略，为大汉帝国的兴盛作出了极大贡献。汉初的政治体制和经济制度为后世历代封建统治者所沿用，从传承历史文化角度来看，对当今国家治理思想和治理能力的现代化建设亦具有一定的启迪意义。在实现从马上打天下到马下治天下的转型过程中，刘邦显示出了其独具魅力的治理能力与领导能力。这笔宝贵财富，值得认真汲取与深入研究。

最后，让我们再来回顾一下秦末汉初那些急速旋转的几个关键的历史镜头吧！那个在咸阳街头对秦始皇的仪仗队直吐"涎水"的农民工，那个在"鸿门宴"上向项羽赔情谢罪、后来又吓得离席而逃的胆小鬼，那个在彭城之战中连儿子、女儿都不要了的慌不择路的逃命者，那个在广武阵上向烹煮他父亲的敌手要求分一杯羹的撒泼者，曾几何时，他竟然成为这一场历史性大决战中的最后胜利者，登上了皇帝的宝座，开创了大汉帝国，实现了秦果汉收；而那个在反秦的战场上破釜沉舟、九战九胜、叱咤风云、横行天下的上将军，那个"将五诸侯，灭秦，分裂天下"[①]的西楚霸王，竟然在这场战争中失败了，最后落得个四面楚歌、乌

---

① 《史记·项羽本纪》。

江自刎的下场。这一场恶作剧似的历史变故，其根据是什么呢？汉胜楚败的根本原因是什么？答案就是毛泽东评点《史记·高祖本纪》留下的一句话："项王非政治家，汉王则为一位高明的政治家。"

二、智囊型领导：以张良为典型

智囊型领导，或者说是智库型领导，是核心领导的智库与思想源，负责为核心领导调研各种情况，收集各种信息，提供多种可供核心型领导充分选择的最大利益化的方案，并为核心型领导做好预警工作。如姜子牙、张良、诸葛亮、刘伯温等就属于这一种领导类型。

张良是秦末汉初刘邦集团的主要谋士之一，他与萧何、韩信并称"汉初三杰"。两千多年来，世人对张良的评价微词无几，而褒扬敬仰之言代代颇多。

司马光在《资治通鉴·汉纪》中说："夫生之有死，譬犹夜旦之必然；自古及今，固未尝有超然独存者也。以子房之明辩达理，足以知神仙之虚诡矣；然其欲从赤松子游者，其智可知。夫功名之际，人臣之所难过。如高帝所称者，三杰而已。淮阴诛夷，萧何系狱，非以履盛满而不止耶！故子房托于神仙，遗弃人间，等功名于外物，置荣利而不顾，所谓明哲保身者，子房有焉。"

　　清初思想家王夫之在《读通鉴论》卷十五中说："汉高祖疑于所立，乃进而谋者，张良、叔孙通耳。良虽多智，而心固无私；通虽诡合，而缘饰儒术；且皆从容讽议之臣，未尝握兵而持国柄者也。"看来后世之所以对张良赞崇有加，主要是因为张良"等功名于物外，置名利而不顾"，"虽多智，而心固无私"的缘故，正像司马光所说，功名利禄是一大隘口，很多人难过此关，并最终因此而身死名陨，而张良却做到了"等功名于外物，置荣利而不顾，所谓明哲保身者，子房有焉"，真可谓智之大者。

　　那么，历史上的张良究竟是怎样的一个智慧型的领导呢？

（一）给自己以正确定位

　　《史记·留侯世家》说："留侯张良者，其先韩人也。大父（祖父）开地，相韩昭侯、宣惠王、襄哀王。父平，相釐王、悼惠王。"如此说来，张良的祖父、父亲两代共辅佐韩国五世国王，堪称世宦之家。

　　张良的人生定位大致可以划分为三个时期。

　　第一个时期——报仇复国时期。

　　张良的身上颇具有侠气之风，他绝不是一个"膏粱子弟"式的贵族，青年时期，他以报仇复国为己任。

　　《史记·留侯世家》说："悼惠王二十三年，平（张良的父亲）卒。卒二十岁，秦灭韩。良年少，未宦事韩。韩破，良家僮三百人，弟死不葬，悉以家财求客刺秦王，为韩报仇，以大父、父五世相韩故。"因为张良的祖父、父亲为韩国五世宰相，因此，张良家族的命运也就和韩国王室紧密地联系在了一起。当韩国被秦国灭掉后，张良首先想到的就是报仇复国。他散尽家财，广求勇士刺杀秦王。公元前218年（秦始皇二十九年），终"得力士，为铁椎重百二十斤。秦皇帝东游，良与客狙击秦皇帝博浪沙中，误中副车。秦皇帝大怒，大索天下，求贼甚急，为张良故也。良乃更名姓，亡匿下邳"①。这次刺杀虽然没有成功，但对秦王朝的统治却是一个不小的震动，这个事件开了各地反秦斗争的先河。这时的张良年仅20余岁。由于秦始皇捉拿刺客风声紧急，张良只得藏匿下邳（今江苏睢宁县）以待时机。10年后，即公元前209年，二世元年，陈胜揭竿发难，群雄四起，又一次燃起了张良复国的火焰。张良招募青少年百余人，准备投奔高举反秦大旗、又自立为楚假王的景驹，恰好在路上遇见沛公刘邦，就跟随刘邦反秦。张良为刘邦讲解兵书，沛公不但悟得真意，还用于实践。这使张良对刘邦很有好感，遂有感叹："沛公殆天授！"不过，即便他对沛公产生敬佩之心，但仍未忘掉复国的目标。于是等到沛公见到项梁，项梁立楚王之后为怀王，张良乘机向项梁建议"君已立楚后，而韩诸公子横阳君成贤，可立为王，益树党"。项梁就答应了张良

---

① 《史记·留侯世家》。

的请求，"使良求韩成，立以为韩王。以良为韩申徒，与韩王将千余人西略韩地，得数城，秦辄复取之，往来为游兵颍川"①。张良复国目标初步实现后，韩王成留守韩地，张良则从沛公继续南下、西进。终于公元前206年攻入咸阳，俘获秦王子婴，秦朝灭亡。至此，张良报仇复国的目标基本实现。

第二个时期——倾力辅佐刘邦争夺天下时期。

秦亡后，张良开始由一个单纯而执著的复国主义者，开始向平天下的战略家转变，从此他紧紧追随刘邦，成为刘氏集团"运筹帷幄之中，决胜千里之外"的战略策划家。

秦王朝灭亡后，刘邦被封汉王。项羽挟韩王成向东作战，在彭城把韩王成杀掉。这使张良意识到，战国割据局面已经结束，韩国不可恢复，于是张良从一个狭隘的复仇、复国主义者，开始转变为一个要统一天下、为苍生谋太平的战略家和政治家。他的思想、他看问题的角度，都有了一个质的飞跃，从此坚定奉刘邦为主公，做了汉王谋士，给自己作了一个准确的定位。此后他跟随汉王东进击楚。其间，他为汉王推荐了黥布与彭越；又以"八不可"快论，力阻汉王分封；促成垓下之战的战役态势；等等，都充分显示了他高瞻远瞩的政治家的敏锐目光。高帝曰："运筹策

_____

① 《史记·留侯世家》。

帷帐中，决胜千里外，子房功也。"①给了张良以高度的评价。

第三个时期——退隐时期。

在帮助刘邦平定天下后，张良急流勇退，逐渐淡出高层政治舞台。

汉帝国建立后，天下初定，张良"即道引不食谷，杜门不出岁余"，开始自动淡出高层政坛，明智地由"帝者师，逐渐变为帝者宾"。汉十一年，黥布反，高祖自将兵而东击黥布，"留侯病，自强起，至曲邮，见上曰：'臣宜从，病甚。楚人剽疾，愿上无与楚人争锋。'因说上曰：'令太子为将军，监关中兵。'上曰：'子房虽病，强卧而傅太子。'是时叔孙通为太傅，留侯行少傅事"。汉十二年，高祖"欲易太子，留侯谏，不听，因疾不视事"。由此可见，此时的张良与刘邦的关系已经不是过去高祖争天下时形影不离的"帝者师"，而是可有可无、时现时隐的"帝者宾"了。此后，张良"'愿弃人间事，欲从赤松子游耳。'乃学辟谷，道引轻身"。"后八年卒，谥为文成侯。"②

（二）当之无愧的帝王师

司马迁说："高祖离困者数矣，而留侯常有功力焉，岂可谓非

---

① 《史记·留侯世家》。
② 《史记·留侯世家》。

天乎？"① 张良在中国历史上是一位充满传奇色彩的人物，似乎也成了中国人智慧的化身，这些文化符号的形成，与他辅佐刘邦常出奇策、力挽狂澜有着重要的关系。从某种程度上说，张良可谓就是秦末汉初楚汉风云的幕后总导演。

当初，刘邦与项羽同受怀王之命西进咸阳灭秦。项羽绕道河北解赵之围，而刘邦先入咸阳灭掉了秦国。《史记·留侯世家》载："沛公入秦宫，宫室帷帐狗马重宝妇女以千数，意欲留居之。樊哙谏沛公出舍，沛公不听。良曰：'夫秦为无道，故沛公得至此。夫为天下除残贼，以缟素为资，今始入秦，即安其乐，此所谓助桀为虐。且忠言逆耳利于行，毒药苦口利于病，愿沛公听樊哙言。'沛公乃还军霸上。"刘邦刚入秦宫，就像《红楼梦》中的刘姥姥进大观园一样，充满好奇和新鲜，享乐腐败思想顿生，在天下未定、胜负难料，甚至生死未卜的形势下，刘邦竟然沉溺于妇人财宝之中，实在是可怕之极。因此，张良分析当时天下形势，晓之以利弊得失，并指出在这样严峻的形势下，刘邦应该"以缟素为资"，继续艰苦奋斗，同时约法三章"杀人者死，伤人及盗抵罪，悉除秦法"，以稳定局势，抚慰民心。在张良运筹下，刘邦初步获得了天下人心。应该说，刘邦发展的政治路径就是由此在张良劝告与策划下初步得到清晰、明朗与确定下来的。

---

① 《史记·留侯世家》。

汉元年二月，项羽率大军进抵函谷关（灵宝县北），刘邦命紧闭关门以拒项羽。时有刘邦部下曹无伤告密，说刘邦已破咸阳，要在关中称王。项羽大怒，十二月攻破函谷关，要与刘邦决战，刘邦大惊。在这种情况下，张良认真分析当前形势，指出刘邦拥10万大军，项羽拥40万大军，一强一弱，对比鲜明，实力悬殊，决不能打。在此危急环生之际，张良冷静筹划对策，一方面利用项羽的叔叔项伯从中周旋，说明曹无伤的报告有误，刘邦无意与项羽为敌，入关后秋毫无犯，吏民造册，府库封存，只等项王到来；一方面果敢答应赴项羽鸿门之宴，与项羽、范曾斗智斗勇，最后化解了这场即将灭顶的危机。

如果说刘邦入关灭秦时得到了张良的正确战略指导，避免了一个又一个风险的话，那么下邑之谋则是张良为汉王制定的对楚斗争的总方针。

汉王二年春，"汉王部五诸侯兵（即塞、雍、翟、殷、韩），凡五十六万人，东伐楚。项王闻之，即令诸将击齐，而自以精兵三万人南从鲁出胡陵。四月，汉皆已入彭城，收其货宝美人，日置酒高会。项王乃西从萧，晨击汉军而东，至彭城，日中，大破汉军。汉军皆走，相随入谷、泗水，杀汉卒十余万人。汉卒皆南走山，楚又追击至灵璧东睢水上。汉军却，为楚所挤，多杀，汉卒十余万人皆入睢水，睢水为之不流。围汉王三匝。于是大风从西北而起，折木发屋，扬沙石，窈冥昼晦，逢迎楚军。楚军大乱，坏散，而汉王乃得与数十骑遁去。欲过沛，收家室而西；楚亦使人追之沛，取汉王家；家皆亡，不与汉王相见。汉王道逢得孝惠、鲁元，乃载行。楚骑追汉王，汉王急，推堕孝惠、鲁元车下，滕公常下收载之。如是者三。曰：'虽急不可以驱，奈何弃之！'于是遂得脱。求太公、吕后不相遇。审食其从太公、吕后间行，求汉王，反遇楚军。楚军遂与归，报项王，项王常置军中。"汉王率 56 万大军击彭城，城破之后，忘乎所以，纵情享乐，以至于被项羽的 3 万兵力打得落花流水。这一仗败得一塌糊涂，56 万大军，战死的、淹死的、投降的、倒戈的，几乎全军覆没。这一仗败得惨不忍睹，夫妻失散，父子难顾，狼狈不堪。因为天气原因幸免被俘，逃至下邑，汉王万念俱灰，与楚争天下的斗志丧失殆尽。在这种情况下，"汉王下马踞鞍而问曰：'吾欲捐关以东等弃之，谁可与共功者？'良进曰：'九江王黥布，楚枭将，与项王有郤；彭越与齐王田荣反梁地；此两人可急使。而汉王之将独韩信可属大事，当一面。即欲捐之，捐之此三人，则楚可破也'"①。这就是著名的下邑之谋。下邑之谋是在军事上极为被动的情况下，张良为汉王制定的对楚斗争的宏观策略。这个策略的核心就是分化楚军，借势打势，以弱制强。此后 3 年，汉王基本上是围绕这一斗争方针与楚国周旋的。在策反黥布，联合彭越，利用韩信与

---

① 《史记·留侯世家》。

项羽斗争中，虽然也出现了一些波折，比如，在促成垓下战役态势时，韩信、彭越不听指挥，与汉王讲条件，拥兵自重等，但汉王的斗争方针没有变，一切矛盾都在这一大政方针的指导下得以一一化解。

汉三年，项羽围汉王于荥阳，郦食其为分化楚之力量，向汉王进谏复立六国后世，汉王采纳了他的建议，并刻玺准备送给六国之后。恰逢张良谒见汉王，汉王一面吃饭，一面将此事讲给张良听，张良听后问："是谁为您出此下策，这要坏您的大事。"汉王惊问为什么，张良拿着一根筷子给汉王比画讲解："'昔者汤伐桀而封其后于杞者，度能制桀之死命也。今陛下能制项籍之死命乎？'曰：'未能也。''其不可一也。武王伐纣封其后于宋者，度能得纣之头也。今陛下能得项籍之头乎？'曰：'未能也。''其不可二也。武王入殷，表商容之闾，释箕子之拘，封比干之墓。今陛下能封圣人之墓，表贤者之闾，式智者之门乎？'曰：'未能也。''其不可三也。发钜桥之粟，散鹿台之钱，以赐贫穷。今陛下能散府库以赐贫穷乎？'曰：'未能也。''其不可四矣。殷事已毕，偃革为轩，倒置干戈，覆以虎皮，以示天下不复用兵。今陛下能偃武行文，不复用兵乎？'曰：'未能也。''其不可五矣。休马华山之阳，示以无所为。今陛下能休马无所用乎？'曰：'未能也。''其不可六矣。放牛桃林之阴，以示不复输积。今陛下能放牛不复输积乎？'曰：'未能也。''其不可七矣。且天下游士离其亲戚，弃坟墓，去故旧，从陛下游者，徒欲日夜望咫尺之地。今复六国，立韩、魏、燕、赵、齐、楚之后，天下游士各归事其主，从其亲戚，反其故旧坟墓，陛下与谁取天下乎？其不可八矣。且夫楚唯无强，六国立者复桡而从之，陛下焉得而臣之？诚用客之谋，陛下事去矣。'"① 分封六国是与刘邦统一天下的目标背道而驰的。在汉王已采纳分封建议，并将付诸行动的情况下，能否阻止复立六国，关系到能否顺利实现大汉统一的问题。因此张良显得有些激动，边比画，边以反问的口气一连说出了八个不可。"八不可"之论精辟地分析了当时的形势，鞭辟入里，字字珠玑，掷地有声，句句中的，直击要害，充分显示了张良的胆量、勇气与智慧。刘邦听了张良的一番分析，"辍食吐哺，骂曰：'竖儒，几败而公事！'令趣销印"②。

在《史记·留侯世家》中，司马迁记载张良辅佐刘邦争天下的时间并不长，从留县和沛公相遇，到劝都关中，也就是六七年时间。在这短短的几年中，除了上面列举的几个典型例子外，还有如智取武关。武关是南阳通往关中的必经之路，刘邦用张良计，顺利夺关，为提前进入咸阳争得了时间。再比如，明烧栈道。汉王用张良计，烧毁栈道，以示无东去之意，以此麻痹项羽，为后

---

① 《史记·留侯世家》。
② 《史记·留侯世家》。

来韩信暗度陈仓作了铺垫。明烧栈道，暗度陈仓，后人称誉张、韩之间珠联璧合式的默契。还比如，智抚韩、彭。在汉王固陵被困，韩、彭负约的情况下，张良出谋，促成垓下战役态势的完成，劝都关中、智封雍齿、阻易太子等，无一不充满了智慧的光芒。太史公说：汉高祖曾多次陷入困境，而张良常常能使他转危为安，这能够说不是一种天意吗？

（三）功成身退，天之道

老子说："持而盈之，不如其已。揣而锐之，不可常保。金玉满堂，莫之能守。富贵而骄，自遗其咎。功成身退，天之道。"[1] 又说："名与身孰亲？身与货孰多？得与亡孰病？是故甚爱必大费，多藏必厚亡。知足不辱，知止不殆，可以长久。"[2] 从春秋时期的范蠡到汉初的张良，"鸟尽弓藏，兔死狗烹"的道理上下相传，似乎成了历史的宿命。就汉初功臣的结局而言，似乎也印证了这一说法，被后人称为汉初三大名将，为刘邦打天下立有重大功勋的韩信、彭越、黥布，无一善终。被刘邦称道的汉初三杰，韩信被诛灭三族，萧何系狱，只有张良因为及时退出权力是非之地才得以保住荣誉，全身远祸。然而，仔细分析，结论又不是这样的简单。

---

[1] 《老子·第九章》。

[2] 《老子·第四十四章》。

范蠡、文种为勾践的同殿之臣，但因为选择不同，命运也就有了天壤之别。

据《史记·留侯世家》记载："汉六年正月，封功臣。良未尝有战斗功，高帝曰：'运筹策帷帐中，决胜千里外，子房功也。自择齐三万户。'良曰：'始臣起下邳，与上会留，此天以臣授陛下。陛下用臣计，幸而时中，臣愿封留足矣，不敢当三万户。'乃封张良为留侯。"天下初定，分封功臣，刘邦亲自下令让张良在齐这片膏腴之地上食3万户，那可是一笔巨大的财富，是对张良这位"帝王师"的回报。然而，张良的思维却异于常人。他一面感谢汉高祖的恩典，心领这份浓情厚意，同时不为这笔财富动心。因为他深知，一旦接受了这份报偿，他与刘邦之间的合作关系就会因为利益的交换从而发生感情上的质变。然而，如不受封也不合时宜，于是，张良明智地选择了留地。留是张良与刘邦初次遇合的地方，对二人来说，具有重要的纪念意义。留属于沛的一个行政辖区。秦时沛是县级行政单位，留属沛管辖，那么留充其量只是一个镇。后来汉高祖建汉后把家乡沛县升级为郡，那么留就成为一个小县。按此推测，留地很可能不上万户，而和山东的膏腴之地3万户比，当然不能同日而语。那么，张良为什么要舍弃巨额财富而要选择弹丸留地呢？第一，张良说得明白，留地是他与刘邦初次会面的地方。本来是张良当初为反秦复国想去投楚假王景驹，道路上却遇到了刘邦，因为奋斗目标一致，所以就跟随了刘邦。明主良臣巧遇留地，这是上天的安排，是一个值得纪念的地方。第二，正是这次的巧遇，为大汉君臣的战略规划奠定了基础。此后在十多年争天下治天下的斗争中，君臣无猜，琴瑟相和，精诚合作，从一个胜利走向另一个胜利。留，这一地方不管是对刘邦或是对张良来说在感情意义上都是非同小可，蕴含的是一个"义"字，选择留地，可以进一步加深刘邦、张良二人之间的感情，同时表明张良不忘旧恩。山东3万户封地虽好，但蕴含的是一个"利"字，在张良看来，留县之"义"要远重于山东之"利"，从战略家的智慧眼光来看，舍利求义，谁能说张良不是君子？谁又能说张良不是个智者？①

　　司马迁在《史记·太史公自序》引其父司马谈的《论六家要旨》说"道家无为，又曰无不为"，其实说的就是黄老之学的核心思想。在司马迁看来，黄老之学的为与不为都是积极的。张良正是秉持这种积极的无为观，不贪名，不贪财，主动地、有计划地从"帝者师"变为"帝者宾"，再从"帝者宾"彻底淡出政坛，由一位举足轻重、炙手可热的政治家、军事家、战略家，平静地过上了远离尘世的修道归隐生活。此举非一般人能做到，只有大智大勇者，才能不恋名利，不恋权位，张良就是这样一位充满进退

---

① 　参见窦玉玺著：《读〈史记〉说智慧》，中国社会科学出版社2016年版，第64页。

智慧、打破名缰利锁的人。

三、管理型领导：以萧何为典型

管理型领导，或者说是经理型领导，多是些执行力极强，在实际生活中或者说在实践中游刃有余的人。他们的开拓能力、组织能力、社会活动能力、贯彻领导意图能力都很强。这种类型的领导一旦遇到一个方向明确、富有远见、战略正确、敢于放权的成大事型老板，往往就能够将他们的才华超水平地发挥，从而建立不世之功，如萧何等人。

（一）慧眼识"君"

萧何的真正杰出之处，并不在于他慧眼"追韩信"，而是在于他能正确地为自己选择到一位足以托身终生的君王。

司马迁说：

> 萧相国何者，沛丰人也。以文无害为沛主吏掾。
>
> 高祖为布衣时，何数以吏事护高祖。高祖为亭长，常左右之。高祖以吏繇咸阳，吏皆送奉钱三，何独以五。
>
> 秦御史监郡者与从事，常辨之。何乃给泗水卒史事，第一。秦御史欲入言征何，何固请，得毋行。

　　及高祖起为沛公，何常为丞督事。沛公至咸阳，诸将皆
争走金帛财物之府分之，何独先入收秦丞相御史律令图书藏
之。沛公为汉王，以何为丞相。项王与诸侯屠烧咸阳而去。
汉王所以具知天下厄塞，户口多少，强弱之处，民所疾苦者，
以何具得秦图书也。何进言韩信，汉王以信为大将军。语在
《淮阴侯》事中。①

　　根据上述史料，我们可以知道：萧何是沛县丰邑人。因为他
精通法令条文而不刻毒，做了沛县的功曹。当刘邦还是平民时，
萧何就曾多次在刘邦触犯了公家的法律科条时袒护过他。后来刘
邦做了亭长，萧何更是经常帮助他。有一次刘邦因公出差去咸
阳，县里的官员们给他凑盘缠，别人都给刘邦三百钱，唯独萧何
给刘邦五百钱。秦朝中央派到泗水郡来监督工作的御史在与萧何
多次共事中，见萧何办事精明，于是把他提到郡里充当管理文书
的卒史，在工作考评中萧何得了第一。中央来的御史想把萧何推
荐到中央政府工作，但遭到萧何坚决推辞。等到刘邦起兵当了沛
公后，萧何担任县丞，帮助刘邦处理各种事务。刘邦进入咸阳后，
将领们都争先恐后地跑到有钱有势的人家府库中瓜分金银布帛，
唯独萧何奔入丞相府把法律规章以及各种档案资料收藏了起来。

---

① 《史记·萧相国世家》。

正因为这样，在以后楚汉战争的岁月里，刘邦才能够具体地知道全国的军事布防、户籍多少、哪个地方穷、哪个地区富，以及民众的疾苦等，这都是从萧何获得的秦朝的档案资料上得来的。出蜀之前，萧何还向刘邦推荐了重要军事首领韩信，让刘邦任命韩信为大将军。这些事情的详细经过，都记述在《史记·淮阴侯列传》中。

在上述这段史料中，我们可以捕捉到萧何的这样几个关键点：

（1）精通法令条文。

（2）为人通达，"不刻毒"。

（3）是刘邦的老乡，在刘邦还是平民时，就发现了他的不平凡处，并且时时处处加以照顾。

（4）办事精明，很能得上司领导的欢心。

（5）较别人更有管理的眼光，当刘邦大军进入咸阳后，将领们都争先恐后地跑到府库中瓜分金银布帛，唯独萧何直奔丞相府把秦王朝法律规章以及各种档案资料都收藏了起来。

（6）向刘邦推荐韩信，此事下面还要细说，此不赘言。

上述六条，足可看出萧何是一位杰出的管理型领导。他没有刘邦那样"大度""豁如""好施""无赖"等性格，但他心细如发、办事精明、对君忠诚等优点却是常人无法企及的。

陈胜揭竿首义后，各地群雄纷纷起来响应。"当此时，诸郡县苦秦吏者，皆刑其长吏，杀之以应陈涉。"[1]刘邦家乡沛县的县令见大势已去，也想归附陈胜。当时，萧何任沛县主吏，位置举足轻重。他向县令说："你是秦朝的官吏，沛县子弟不会听你的，不如把刘邦找来。"于是，县令派樊哙出城找刘邦。刘邦原是泗水亭长，秦始皇死后，负责向骊山输送役夫修墓，役夫中途逃亡，刘邦交不了差，索性把剩下的人放了，自己躲进芒砀山（在沛县附近）中，当时有许多逃亡的人跟从他。当樊哙把刘邦和跟从他的人领回来时，沛县县令又反悔了，他关了城门不让刘邦进来。结果城里的人杀了县令，迎进刘邦。于是，萧何率众人推举刘邦为沛县义军首领，称"沛公"，萧何做他的丞督事，即第二把手。正是萧何帮助刘邦坐上了"沛公"的位置，刘邦从此才能名正言顺地指挥子弟兵东征西讨，然后出任砀郡长，与鲁公项羽平起平坐，最后率领数以万计的西征大军，进取咸阳，推翻了秦王朝的统治。

　　刘邦为布衣时，即有一种不同寻常的气度，他虽然是一个识字不多的大老粗，但知大略，大度豪放，为人"好施"。当时能看出刘邦有前途的人除了他的老丈人吕公，就是萧何了。刘邦之为泗水亭长，萧何也是出了力的。刘邦常出差咸阳，别人"皆送奉钱三"，萧何独送五百钱。为这多送的二百钱，在刘邦当了皇帝后分封功臣时还特意增封了萧何封邑 2000 户。刘邦虽为成功大事

―――――――――

① 《史记·陈涉世家》。

的决策型领导，但如果不是萧何慧眼识英雄，并坚定地追随刘邦，那么，他在中国历史上的地位，很可能就是另外一番景象了。所以，萧何的"选君"较之后来为刘邦的"选将"，对刘邦集团的贡献更为重大。

（二）慧眼选"将"

据《史记·淮阴侯列传》记载：

> 及项梁渡淮，信杖剑从之，居麾下，无所知名。项梁败，又属项羽，羽以为郎中。数以策干项羽，羽不用。汉王之入蜀，信亡楚归汉，未得知名，为连敖。坐法当斩，其辈十三人皆已斩，次至信，信乃仰视，适见滕公，曰："上不欲就天下乎？何为斩壮士！"滕公奇其言，壮其貌，释而不斩。与语，大说之。言于上，上拜以为治粟都尉，上未之奇也。
>
> 信数与萧何语，何奇之。至南郑，诸将行道亡者数十人，信度何等已数言上，上不我用，即亡。何闻信亡，不及以闻，自追之。人有言上曰："丞相何亡。"上大怒，如失左右手。居一二日，何来谒上，上且怒且喜，骂何曰："若亡，何也？"何曰："臣不敢亡也，臣追亡者。"上曰："若所追者谁何？"曰："韩信也。"上复骂曰："诸将亡者以十数，公无所追；追信，诈也。"何曰："诸将易得耳。至如信者，国士无

双。王必欲长王汉中，无所事信；必欲争天下，非信无所与计事者。顾王策安所决耳。"王曰："吾亦欲东耳，安能郁郁久居此乎？"何曰："王计必欲东，能用信，信即留；不能用，信终亡耳。"王曰："吾为公以为将。"何曰："虽为将，信必不留。"王曰："以为大将。"何曰："幸甚。"于是王欲召信拜之。何曰："王素慢无礼，今拜大将如呼小儿耳，此乃信所以去也。王必欲拜之，择良日，斋戒，设坛场，具礼，乃可耳。"王许之。诸将皆喜，人人各自以为得大将。至拜大将，乃韩信也，一军皆惊。

刘邦西入封地蜀，韩信因为得不到项羽的重用，从楚军中逃跑归了刘邦。但刘邦并没有怎样看重这位狂傲之才。刘邦任命他为治粟都尉，但并不觉得他有什么与众不同的地方。当时，刘邦已称汉王，萧何已为汉王的宰相，张良为军师，对于韩信，刘邦并没有多借重的意思。韩信被任命为治粟都尉，得以有机会和大总管萧何接触，这是他的幸运。"信数与萧何语，何奇之。"谈的次数多了，萧何觉得韩信有奇才，但还未来得及推荐韩信，韩信就性急灰心逃跑了。萧何知道后，来不及告诉刘邦，就急急忙忙地月下追回韩信，并劝说刘邦坚决重用韩信，这才为刘邦逐鹿天下培植齐了最重要的班底。这个班底的基本情况是：刘邦是负责全面的领袖，韩信负责军事、萧何负责行政管理、张良负责计谋策划。

萧何追韩信一事说明:

萧何识人。他坚信自己对韩信的判断,悔恨自己在韩信问题上的疏忽,所以时间仓促,来不及跟别人说,不顾自己的丞相身份,亲自追韩信。

对于能否追回,和追回来汉王用与不用,好像萧何都已经成竹在胸,他相信自己的眼光,相信自己对刘邦与韩信的正确判断。

楚汉相争,打的都是呆仗、硬仗。大将军的人选是关系战争成败的全局性大问题。可以说,没有萧何的正确"选将",也就没有后来韩信的进军三秦和破赵、平齐以及垓下决战的一系列战役胜利。那样一来,楚汉战争的历史进程很可能就会改写。如果说,没有张良的谋划,就没有刘邦"鸿门宴"的化险为夷的话,那么,没有萧何给刘邦的"选将",也就没有楚汉战争中刘邦集团许多战役的胜利。在历史发展的转折关头,要在成千上万的人群中选出对全局斗争至关紧要的大将之材,它所需要的不只是识别一般人才的慧眼,而是能识别特殊人才的巨眼。萧何就是这种有巨眼的巨擘大匠。①

(三)做好人生定位

作为杰出的历史人物,萧何的可贵之处还在于他作出了拥立

---

① 参见戚文、陈宁宁著:《两汉人物论》,东方出版中心2013年版,第53页。

刘邦的抉择以后，就从此甘于做"二把手"，为刘邦打江山竭尽全力。萧何知道自己缺乏雄才大略、缺乏果断勇毅，他也知道自己长于组织规划、长于对政事的细致管理和安排。他用自己所长，来补刘邦集团所短，从而和刘邦成为历史上少有的最佳的互补型拍档。

正因为萧何给自己人生的准确定位，甘居辅弼地位，全心全力为刘邦集团作出了巨大的成就，因而天下初定，刘邦论功行赏时，将萧何居于汉功臣之首。

请看下列史料：

> 汉五年，既杀项羽，定天下，论功行封。群臣争功，岁余功不决。高祖以萧何功最盛，封为酂侯，所食邑多。功臣皆曰："臣等身被坚执锐，多者百余战，少者数十合，攻城略地，大小各有差。今萧何未尝有汗马之劳，徒持文墨议论，不战，顾反居臣等上，何也？"高帝曰："诸君知猎乎？"曰："知之。""知猎狗乎？"曰："知之。"高帝曰："夫猎，追杀兽兔者狗也，而发踪指示兽处者人也。今诸君徒能得走兽耳，功狗也。至如萧何，发踪指示，功人也。且诸君独以身随我，多者两三人。今萧何举宗数十人皆随我，功不可忘也。"群臣皆莫敢言。
>
> 列侯毕已受封，及奏位次，皆曰："平阳侯曹参身被七十

创，攻城略地，功最多，宜第一。"上已桡功臣，多封萧何，至位次未有以复难之，然心欲何第一。关内侯鄂君进曰："群臣议皆误。夫曹参虽有野战略地之功，此特一时之事。夫上与楚相距五岁，常失军亡众，逃身遁者数矣。然萧何常从关中遣军补其处，非上所诏令召，而数万众会上之乏绝者数矣。夫汉与楚相守荥阳数年，军无见粮，萧何转漕关中，给食不乏。陛下虽数亡山东，萧何常全关中以待陛下，此万世之功也。今虽亡曹参等百数，何缺于汉？汉得之不必待以全。奈何欲以一旦之功而加万世之功哉！萧何第一，曹参次之。"高祖曰："善。"于是乃令萧何第一，赐带剑履上殿，入朝不趋。

上曰："吾闻进贤受上赏。萧何功虽高，得鄂君乃益明。"于是因鄂君故所食关内侯邑封为安平侯。是日，悉封何父子兄弟十余人，皆有食邑。乃益封何二千户，以帝尝繇咸阳时何送我独赢奉钱二也。①

汉高祖五年，刘邦平定了全国，论功行赏大封群臣。刘邦认为萧何的功劳最大，于是封他为酂侯，给他的领地也最多。功臣们都不服，说："我们一个个身披铠甲，手执刀枪，多的经过一百

① 《史记·萧相国世家》。

多次战斗，少的也有几十次，功劳尽管有大小的不同，但全都得过城、占过地，而萧何没有一点汗马功劳，就靠着舞文弄墨耍嘴皮子，没有上过一回战场，今天他的功劳反而比我们都高，这是为什么？"

刘邦说："你们知道打猎吗？"功臣们说："知道。"刘邦又说："你们知道猎狗吗？"功臣们说："知道。"刘邦说："在猎场上，亲自追杀野兽兔子的是猎狗，发现野兽兔子，并指挥猎狗往哪里追的却是人。你们也就是能够追野兽，所以你们所做的也就是猎狗的事情；而萧何是发现野兽踪迹，是指挥猎狗去追，他做的是猎人的事情。而且你们多数只有一个人追随我，多的也不过两三个人，而萧何整个家族全都跟着我，这种功劳是永远也不能忘的。"于是大家才不敢再说什么了。

受封完毕，在评定列侯位次时，大家又都是意见各异。关内侯鄂千秋说："曹参虽然有南征北战开拓疆土的功劳，但还不能与萧何的功劳相比。楚汉战争，萧何将关中建设成为坚固的根据地，及时给皇上弥补亏缺解决燃眉之急，把粮草与新兵从关中源源不断地送上前线，解除了皇上的后顾之忧，论功排次萧何应该第一，曹参可以排第二。"刘邦说："好。"于是就把萧何排在了第一位，让萧何上殿时可以穿着鞋子，佩着宝剑，进朝时可以免掉"趋"的礼节。同一天，萧何的父子兄弟十来个人也都受了封，得到了领地。除此之外汉高祖又给萧何增加了食邑 2000 户，因为当年刘邦到咸阳出差时萧何比别人多给了他二百钱。

（四）安守本分，鞠躬尽瘁

历史上传统王朝中，有两对矛盾伴随其中，如影相随，阴影始终挥之不去。一是中央与地方之间的矛盾；二是君权与相权之间的矛盾。在中央与地方之间的矛盾中，当中央政府强大时，往往就会固本弱枝；而当地方崛起之日，又往往会破坏秩序，问鼎中央，造成更大的政治动荡与破坏。在君权与相权这对天生的矛盾中，君弱则相强，权臣左右朝政，此类事件历史上比比皆是。但毕竟天下大事太繁太多，即使皇帝天纵英才，也不能日理万机，一手解决。这就需要皇帝适当将自己手中的权力分出一部分给丞相，让他替自己服好务。较好的办法是：皇帝管帽子，掌握定法赏罚大权；丞相管票子，做好行政管理工作。丞相的工作好坏由皇帝监督评价。如此，二者互不干涉，权事分工，各负其责，才能保证国家与政权长治久安。

权势令人猜忌。即使最亲的人，或是多年的老友，在权力利益面前如果不小心谨慎，也会发生猜忌、争斗甚至你死我活的事情。刘邦与萧何虽是经过历史考验、战火造就的最佳拍档，但因为君臣天生的矛盾，他们之间不可避免地存在冲突，有时这种矛盾、冲突还很尖锐。这种矛盾在天下未定时还不明显，但到了天下太平的时节，君臣猜忌的成分就增多了起来。

　　楚汉战争期间，刘邦长期率领大军在外作战，把关中根据地和广大后方交给萧何，他难免有所顾忌。尤其萧何并非平庸之辈，他有文化，有能力，既会团结人，又能得民心，实为人中之杰。一旦他出了问题，则根本就会动摇。所以刘邦常常从前线派人回来慰问萧何。萧何的参谋鲍生说："王暴衣露盖，数使使劳苦君者，有疑君心也。为君计，莫若遣君子孙昆弟能胜兵者，悉诣军所，上必益信君。"①萧何采纳鲍生的建议，把家族中所有能参军作战的人都派往前线，刘邦果然大喜，暂时放下心来。

　　大汉帝国建立后，陈豨叛乱，刘邦领兵亲征。他仍不放心萧何，从前线派人回来增封萧何5000户封邑，并派了一个500人的警卫部队保卫萧何的安全。一个种瓜的老头提醒萧何，说这是皇帝对你有疑心，"愿君让封勿受，悉以家私财佐军，则上心悦"。萧何遵计而行，刘邦果然非常高兴。英布反叛，刘邦再次率军亲征。萧何仍任留守，刘邦还是疑忌萧何，几次从前线派人慰问萧何。有人向萧何说："君灭族不久矣！夫君位为相国，功第一，可复加哉！然君初入关中，得百姓心，十余年矣，皆附君，常复孳孳得民和。上所为数问君者，畏君倾动关中。今君胡不多买田地，贱贳贷以自污？上心乃安。"②为了避祸，萧何听从此人建议，不惜

---

① 《史记·萧相国世家》。
② 《史记·萧相国世家》。

以"自污"即往自己身上泼脏水的手法来受柄于刘邦,故意低价强买民间田宅数千万,弄得怨声载道。刘邦回师长安,百姓遮道上书控告萧何强占民田,刘邦见状大笑,讽刺萧何,"贵为相国,还与民争利!"要他好自为之。可这个萧何到底还是书生,本性难改,他以为刘邦真的关心民间田宅,就乘机要求刘邦开放皇家苑林,让百姓耕种。刘邦最忌讳的就是萧何为民请命,这让他本就根植于心的猜忌之火再也无法控制地爆发了出来,乃以"相国多受贾人财物,乃为请吾苑"的罪名,把萧何逮捕入狱,还上了刑具枷锁。君臣数十年的亲密情谊还是最终被撕破。萧何十几年矢忠为国的劳绩是天下共见的,刘邦把他下狱,引起了政治风波,连刘邦的御林军都持反对态度。一次,御林军一名值勤军官问刘邦:"相国何大罪,陛下系之暴也?"刘邦答:"今相国多受贾竖金而为民请吾苑,以自媚于民,故系治之。"军官说:"夫职事苟有便于民而请之,真宰相事,陛下奈何乃疑相国受贾人钱乎!且陛下距楚数岁,陈豨、英布反,陛下自将而往,当是时,相国守关中,摇足则关以西非陛下有也。相国不以此为利,今乃利贾人之金乎?……陛下何疑宰相之浅也。"[1] 刘邦听了这些话,非常不高兴,但他到底是一个不世之枭雄之主,从警卫军官的话中,听出了将萧何下狱之不得人心,只好把萧何放了,而且还给萧何道

---

[1] 《史记·萧相国世家》。

歉说："相国休矣！相国为民请苑，吾不许，我不过为桀纣主，而相国为贤相。吾故系相国，欲令百姓闻吾过也。"① 从以上情节看，刘、萧君臣的矛盾、冲突多是起因于刘邦对萧何位高权重的疑忌，又大都因萧何的低调智慧处理而一一化解。由于统治集团权力配置的矛盾本性，刘邦与其多年生死与共的部下冲突不断，陈豨、卢绾的相继背叛，尤出刘邦意料。在这种情况下，刘邦对萧何的猜忌不可避免。所幸的是，由于萧何身正不移，政治审慎，生活审慎，加以其在统治集团内部的深厚基础，再有民间的威信，特别是他的行政管理和后勤管理才能刘邦还要借重，故最后终能逢凶化吉、遇难成祥，在政治险滩中得以善始善终。

司马迁说：

> 萧相国何于秦时为刀笔吏，录录未有奇节。及汉兴，依日月之末光，何谨守管籥，因民之疾秦法，顺流与之更始。淮阴、黥布等皆以诛灭，而何之勋烂焉。位冠群臣，声施后世，与闳夭、散宜生等争烈矣。②

信然！

萧何一生与同殿为臣的张良一样在政治生涯中能够长期保持

---

① 《史记·萧相国世家》。
② 《史记·萧相国世家》。

着"低姿态",清心寡欲,知进知退。萧何:"置田宅必居穷处,为家不治垣屋。曰:'后世贤,师吾俭;不贤,毋为势家所夺。'"①在萧何的身上,充分表现出了一位管理型领导所具有的一些优秀的品质:精明强干、对上司忠诚、贤明忍让、长于管理与协调、性格温和、极具耐心与执著、没有野心、善于听取部属意见等。以萧何的辅弼之功,确实可以与历史上周武王的开国之臣闳夭、散宜生等人并驾齐驱了。用鞠躬尽瘁、低调本分八字为萧何盖棺论定,想必不会相差太远吧。

四、执行型领导:以韩信为典型

执行型领导,或者说是做事型领导,往往是那些特别愿意做事情并且能够把事情做得比较完满的领导人物。他们有能力、有干劲、有魄力、有激情,只要运用得法,完全可以独当一面。这种类型领导的缺点是在总体方向的把握以及战略运筹帷幄等方面,如果没有决策型领导与智囊型领导的指导,往往只能在关键的战术方面发挥作用,取得成绩;另外,因为在一线实际部门工作,位高权重,此类领导最容易只看到自己取得的成绩,而忘记自己只是整个环节中的重要一环,动辄会狂傲自大,向上级领导讨价

① 《史记·萧相国世家》。

还价，从而最后自酿苦酒。下面以韩信为例加以说明：

（一）能征惯战的战神

韩信，秦末汉初淮阴（今江苏淮安淮阴西南）人，是中国历史上著名的军事家。

韩信青少年时期，并不被人看好。起先生活贫穷，名声不好，既不能被推选当官吏，又不能靠做买卖维持生活，经常到别人家去蹭吃蹭喝，很多人都很厌烦他。他曾到下乡的南昌亭亭长家里找饭吃，一连去了几个月，亭长的妻子为此大伤脑筋，于是她就故意改变了自己的吃饭时间，每天早晨在大家还没起床的时候，他们就把饭吃完了，等到正常的吃饭时间韩信来了，她就不再给他做饭吃。韩信也明白是怎么回事，心里很生气，以后他就不再去了。有一天，韩信在城外钓鱼，河边上有一些妇女在洗棉絮，一位老妇看见韩信那种饥饿的样子，就把自己的饭分给韩信吃，从此，一连几十天，天天如此，韩信很高兴，对那位老妇说："日后我一定要重重地报答你。"那位老妇生气地说："男子汉大丈夫连自己都养活不了，我是可怜你才给你饭吃，难道还指望你的报答吗？"一天，淮阴县市场上有个卖肉的年轻人拦住韩信说："别看你又高又壮，还带刀挎剑的，其实你是个胆小鬼。"于是他当众侮辱韩信说："你要是不怕死，你就拿刀捅了我；你要是怕死，你就从我这裤裆底下钻过去。"韩信两眼盯着他看了半天，最终还是趴在地上，从他胯下爬了过去。满街的人见到这情形，都笑话韩信，认为他怯懦。这就是成语"胯下之辱"的历史由来。等到天下大乱、项梁的兵马来到淮北时，韩信仗剑从军，这才开始了他的传奇一生。

韩信的事业，主要可以分为三个时期：初期，参加反秦农民战争时期（公元前208—前206年）。这个时期，他在项羽的部下只是个小军官，没有耀眼的成绩可言。中期，参加楚汉战争时期（公元前206—前202年）。这个时期，韩信背楚归汉，在刘邦集团拜大将军、左丞相，后来又被封为齐王、楚王。这是他在历史上大显身手、充分展现其卓越军事才能的时期。晚期，汉朝统一后的闲居时期（公元前202—前196年）。这是韩信遭贬斥，赋闲在家，生命之火逐渐黯淡，以至最后熄灭的时期。

韩信一生事业最辉煌的时期，是萧何劝说刘邦拜他为大将军以后的6年戎马倥偬岁月。

韩信拜将后，首先给刘邦分析天下形势，指出项羽有三大弱点：一是匹夫之勇；二是妇人之仁；三是失去民心。表面上看起来很强大，其实很容易变弱。接着献计让刘邦挥师东向扫荡群雄、逐鹿中原，鞭辟入里地对地域、人事等方面进行了深入分析，指出了其中的利弊得失，为刘邦提出了统一天下的政治、军事主张和宏远的战略思想，得到了刘邦的赞许与支持。

汉王元年（公元前206年8月），刘邦拜韩信为大将军，率兵出陈仓（今宝鸡市陈仓区），平定三秦。汉王二年（公元前205年）出函谷关（灵宝）继续东进，收复山西、河南，联合齐、赵，共56万军队击楚。四月兵败彭城（徐州），韩信收兵与刘邦会荥阳，楚不得西进。汉王二年八月，以韩信为左丞相袭魏安邑（运城），虏魏王豹。又率兵东进北袭，九月破代兵（现河北蔚县附近）。汉王三年（公元前204年）与赵军大战井陉口（山西太原附近，在并州东），破赵军，擒赵王歇；听广武君之计，发书燕王，燕王归汉。汉王四年（公元前203年），东击齐国，齐王田广与楚将龙且率20万大军救齐。韩信水淹楚军，杀龙且，楚全军覆没。汉四年平定齐国。汉五年正月用兵垓下（安徽灵璧县），一举灭楚，建立了不世之功，走上他人生的顶峰。

（二）没有远大志向的实行家

常言道：人无远虑，必有近忧。

韩信是被刘邦杀掉的，尽管直接下手干掉他的是吕后，背后的谋主是萧何。

韩信这个人十分有意思。他一半像刘邦，一半像项羽。与刘邦一样，他也是一个很能忍的人。当初困顿时，南昌亭长嫌弃他，他忍了。拍絮漂母可怜他、数落他，他忍了。后来，淮阴县城的市井无赖故意羞辱他，他也忍了。说实在的，一个血性男儿，能忍如此多辱，并不容易。就连韩信自己，也是几近忍无可忍。但最终，他还是忍了。毕竟，忍，不等于怕。韩信能忍，因为他"其志不小"，不想因为枝节小事影响到自己的发展。这一点很像刘邦。

然而不幸的是，韩信虽无匹夫之勇，却有妇人之仁。更要命的是，他没有自己直接坐龙廷的打算。因此，机会来了，对他而言，交臂失之，幸运女神也就永远离他而去了。

因为，在楚汉相争的最后关头，韩信的地位是十分特殊的。用项羽的说客武涉的话说，是"当今二王之事，权在足下。足下右投则汉王胜，左投则项王胜"。用齐国辩士蒯通的话说，是"当今两主之命悬于足下。足下为汉则汉胜，为楚则楚胜"。总之，这时韩信已经成为刘、项之外的第三种力量，完全可以自己定江山，最起码也可以坐山观虎斗，轻而易举地做到鹬蚌相争，渔翁得利，等到刘邦与项羽都遍体鳞伤、元气大损之时再下山摘桃子。因此，武涉和蒯通的意见是一致的，即韩信应该取中立态度，谁也不帮，与刘邦、项羽三分天下，鼎足而立。这个建议当时如果被韩信采纳，则后来楚汉相争的历史，甚至中国早期的历史就不知该如何改写了。可是，韩信到底是个没有远大志向的人，也不知道功大不赏，位高权重十分危险的道理。他犹豫来犹豫去，最后到底下不了背叛刘邦的决心，总以为自己有大功于汉王，终不至于真的兔死狗烹。说到底，还是"不忍"。不忍，正是这个眼界上的鼠目寸光与性格上的妇人之仁、妇人之贪及其犹豫不决，最后还是被那个不仁、大贪的妇人吕后给杀掉了。不但自己不得善终，牵连自己的族人也全部被斩草除根。

这一史实，司马迁在《史记·淮阴侯列传》中有比较详细的记载：

> 楚已亡龙且，项王恐，使盱眙人武涉往说齐王信曰："天下共苦秦久矣，相与戮力击秦。秦已破，计功割地，分土而王之，以休士卒。今汉王复兴兵而东，侵人之分，夺人之地，已破三秦，引兵出关，收诸侯之兵以东击楚，其意非尽吞天下者不休，其不知厌足如是甚也。且汉王不可必，身居项王掌握中数矣，项王怜而活之，然得脱，辄倍约，复击项王，其不可亲信如此。今足下虽自以与汉王为厚交，为之尽力用兵，终为之所禽矣。足下所以得须臾至今者，以项王尚存也。当今二王之事，权在足下。足下右投则汉王胜，左投则项王胜。项王今日亡，则次取足下。足下与项王有故，何不反汉与楚连和，参分天下王之？今释此时，而自必于汉以击楚，且为智者固若此乎！"韩信谢曰："臣事项王，官不过郎中，位不过执戟，言不听，画不用，故倍楚而归汉。汉王授我上将军印，予我数万众，解衣衣我，推食食我，言听计用，故吾得以至于此。夫人深亲信我，我倍之不祥，虽死不易。幸为信谢项王！"

武涉已去，齐人蒯通知天下权在韩信，欲为奇策而感动之，以相人说韩信曰："仆尝受相人之术。"韩信曰："先生相人何如？"对曰："贵贱在于骨法，忧喜在于容色，成败在于决断。以此参之，万不失一。"韩信曰："善。先生相寡人何如？"对曰："愿少间。"信曰："左右去矣。"通曰："相君之面，不过封侯，又危不安。相君之背，贵乃不可言。"韩信曰："何谓也？"蒯通曰："天下初发难也，俊雄豪杰建号壹呼，天下之士云合雾集，鱼鳞杂遝，熛至风起。当此之时，忧在亡秦而已。今楚汉分争，使天下无罪之人肝胆涂地，父子暴骸骨于中野，不可胜数。楚人起彭城，转斗逐北，至于荥阳，乘利席卷，威震天下。然兵困于京、索之间，迫西山而不能进者，三年于此矣。汉王将数十万之众，距巩、雒，阻山河之险，一日数战，无尺寸之功，折北不救，败荥阳，伤成皋，遂走宛、叶之间，此所谓智勇俱困者也。夫锐气挫于险塞，而粮食竭于内府，百姓罢极怨望，容容无所倚。以臣料之，其势非天下之贤圣固不能息天下之祸。当今两主之命悬于足下。足下为汉则汉胜，与楚则楚胜。臣愿披腹心，输肝胆，效愚计，恐足下不能用也。诚能听臣之计，莫若两利而俱存之，参分天下，鼎足而居，其势莫敢先动。夫以足下之贤圣，有甲兵之众，据强齐，从燕、赵，出空虚之地而制其后，因民之欲，西乡为百姓请命，则天下风走而响应矣，孰敢不听！割大弱强，以立诸侯，诸侯已立，天下服听而归德于齐。案齐之故，有胶、泗之地，怀诸侯以德，深拱揖让，则天下之君王相率而朝于齐矣。盖闻天与弗取，反受其咎；时至不行，反受其殃。愿足下孰虑之。"

韩信曰："汉王遇我甚厚，载我以其车，衣我以其衣，食我以其食。吾闻之，乘人之车者载人之患，衣人之衣者怀人之忧，食人之食者死人之事，吾岂可以向利倍义乎！"蒯生曰："足下自以为善汉王，欲建万世之业，臣窃以为误矣。始常山王、成安君为布衣时，相与为刎颈之交，后争张黡、陈泽之事，二人相怨。常山王背项王，奉项婴头而窜，逃归于汉王。汉王借兵而东下，杀成安君泜水之南，头足异处，卒为天下笑。此二人相与，天下至欢也。然而卒相禽者，何也？患生于多欲而人心难测也。今足下欲行忠信以交于汉王，必不能固于二君之相与也，而事多大于张黡、陈泽。故臣以为足下必汉王之不危己，亦误矣。大夫种、范蠡存亡越，霸句践，立功成名而身死亡。野兽已尽而猎狗烹。夫以交友言之，则不如张耳之与成安君者也；以忠信言之，则不过大夫种、范蠡之于句践也。此二人者，足以观矣。愿足下深虑之。且臣闻勇略震主者身危，而功盖天下者不赏。臣请言大王功略：足下涉西河，虏魏王，禽夏说，引兵下井陉，诛成安君，徇赵，协燕，定齐，南摧楚人之兵二十万，东杀龙且，西向以报，此所谓功无二于天下，而略不世出者也。今足下戴震主之威，挟不赏之功，归楚，楚人不信；归汉，汉人震恐。足下欲持是安归乎？夫势在人臣之位而有震主之威，名高天下，窃为足下危之。"韩信谢曰："先生且休矣，吾将念之。"

后数日，蒯通复说曰："夫听者事之候也，计者事之机也，听过计失而能久安者，鲜矣。听不失一二者，不可乱以言；计不失本末者，不可纷以辞。夫随厮养之役者，失万乘之权；守儋石之禄者，阙卿相之位。故知者决之断也，疑者事之害也，审豪牦之小计，遗天下之大数，智诚知之，决弗敢行者，百事之祸也。故曰'猛虎之犹豫，不若蜂虿之致螫；骐骥之踞躅，不如驽马之安步；孟贲之狐疑，不如庸夫之必至也；虽有舜禹之智，吟而不言，不如喑聋之指麾也'。此言贵能行之。夫功者难成而易败，时者难得而易失也。时乎时，不再来。愿足下详察之。"韩信犹豫不忍倍汉，又自以为功多，汉终不夺我齐，遂谢蒯通。蒯通说不听，已详狂为巫。

上述这段史料表述得十分详尽，可见在大是大非上，太史公还是非常不惜浪费笔墨的。

当项羽失掉了龙且、终于看到了韩信的强大时，心里有些发慌，于是就派了盱眙人武涉前去劝说韩信道："天下人由于受秦朝的苦害太久，所以大家联合起来把它推翻了。秦朝被推翻以后，项王评功论赏，分割土地，封立各路诸侯为王。大家已经解兵休息了，可是汉王不守本分又兴兵东进，侵入了他人的分地，掠夺了别国的疆土，灭掉了关中的三个国家后，又率兵出关，集合了各国的军队来攻打楚国。看他那意思不独吞了整个天下他是不会罢休的了，他的贪心也真够可以了。而且汉王这个人也不可信，他已经落到项王手中好几次了，项王每次都是可怜他，把他放了，然而他一旦脱身，就立即撕毁条约，调转头来打项王，他就是这么一个不可亲近、不可信任的家伙。您现在自以为与他有交情，为他卖力打仗，但最后您还是要被他收拾。他所以能留您到今天，就是因为项王现在还在。如今项王、汉王两个人的胜负，全操在您的手心里。您往右靠，刘邦就能胜；您往左靠，项王就能胜。项王今天如果被消灭，那么下一个就轮到您了。您和项王有旧交，为什么不离开刘邦与项王联合，给他来个三分天下，独立称王呢？放弃了今天这个良机，一个心眼儿跟着刘邦打项王，聪明人有这么干的吗？"韩信委婉地拒绝说："当初我为项王服务，官职不过是个充当侍卫的郎中，项王不听我的话，不用我的计谋，所以我才离开项王投奔了汉王。我一入汉，汉王授给了我上将军的大印，让我统领几万人马，他脱下自己的衣服给我穿，分出自己饭食给我吃，对我言听计从，所以我今天才能成就了这样的事业。人家对我这样信任，我要是再背叛人家，那是不会有好下场的，因此我到死也不会改变对汉王的忠心。请您把我的意思转告项王。"

武涉刚走，齐国的辩士蒯通又来了，他知道现在国家整个形势的关键掌握在韩信的手中，因此想用惊人的说辞来打动他，于是他以一个相面先生的口吻对韩信说："我曾经学过相面之术。"韩信说："您是怎么给人相面的呢？"蒯通说："要知人的贵贱，得看他骨骼长相；要知人的忧喜，得看他的气色好坏；要知人的成败，得看他能否当机立断。用这几条来参照着相人，保险万无一失。"韩信说："好，那就请您给我相相，看看我怎么样呢？"蒯通说："请您让左右的人先回避一下。"韩信回头对左右的人说："你们先出去。"蒯通说："从您的脸上看，您最大不过能封侯，而且还不大安稳。从您的后背看，您却是贵不可言。"韩信说："这是什么意思？"蒯通说："当初天下刚起来造秦朝反的时候，英雄豪杰们首先树起旗号，招兵买马，而成千上万的人也就一哄而起，像暴风骤雨，像燎原之火一样地干起来了。那个时候，大家所关注的就是怎样推翻秦朝。而现在则是楚汉分争，由于刘邦、项羽两个人争天下，从而使无辜的百姓惨遭杀戮，父子从军，尸骨遍野。项羽从彭城出发，一路上追击刘邦，把战线推进到荥阳，这个阶段项羽是势如破竹，摧枯拉朽，威震天下。然而他的人马从此也就被拦在了京、索之间，眼巴巴地望着西山再不能跨进一步，陷于这种局面已经三年了。刘邦率领几十万人马，在巩县、洛阳，凭借着那里大山黄河的天险，堵住楚军，每天都要与楚军进行几次恶战，但是费了这么大力气，也没能取得什么胜利，倒是被项羽打得到处奔逃，不能自救。他曾先后大败于荥阳，受伤于成皋，南逃过宛城与叶县，这真可以说是智慧勇敢全都用尽，而又无可奈何了。现在楚军的锐气已经被据险而守的汉军所挫尽，而据险固守的汉军粮食也已经用完。这时的百姓们疲惫不堪，怨声载道，昏沉沉地不知道应该归向谁。依我看来，这时要没有一个独一无二的大圣贤就不可能平息眼下这种天下的大祸乱。现在刘邦、项羽两个人的命运都攥在您的手心里，您要是帮助刘邦，刘邦就会胜利；您要是帮助项羽，项羽就会胜利。我愿意推心置腹、披肝沥胆地向您提出一条建议，就是怕您不能采纳。如果您真能听我的话，那就不如对楚、汉双方都不得罪，让他们都能存活，您与他们来个鼎足而立，三分天下。这样，刘邦、项羽谁也不敢首先挑起事端。凭着您的才能、智慧，又有这么多的军队，又占据着强大的齐国，还有燕国、赵国跟在您的后面，假如您派兵乘虚而入，控制住刘、项双方的后方，而后依照百姓们的和平愿望，向他们提出停战的要求，到那时，普天下的军民都将闻风响应，谁还敢不听呢！然后您再削弱那些强大的国家，割出他们的土地，用来另立一些该立的诸侯，当该立的诸侯获得封土后，天下人就都来服从您，感戴您的恩德了。到那时，您再重整昔日齐国全盛时的版图，把胶河、泗水都划入您的治下，您再以仁德来感召诸侯，对他们谦让恭谨，到那时，普天下的国君，就将来臣服、朝拜于您了。俗话说：老天爷赐予你的东西如果不要，那是要倒霉的，时机到了如果你还不赶紧采取行动，最后就要遭难。希望您仔细考虑考虑这件事。"韩信还是犹豫不决，继续用那句老套话打发蒯通："汉王待我非常好，把他的车子给我坐，把他的衣服给我穿，把他的饭食给我吃。俗话说，坐人家的车子，就得准备着给人家分担灾祸，穿人家的衣服就得时刻关心人家的忧愁，吃人家的饭食就得时刻准备着为人家效死，我怎么能够见利忘义呢！"蒯通说："您自以为与刘邦关系好，想通过为他效力给自己建立一份世代相传的家业，我认为您想错了。当初张耳、陈馀做百姓时，是生死与共的朋友，后来因为张黡、陈泽的事情发生了争执，两人结了仇，结果张耳背叛了项羽，带着项羽使者项婴的人头投奔了刘邦，后来刘邦让他带兵东进，打败了陈馀，把陈馀杀死在泜水南岸，身首分离，被天下人所耻笑。这两个人的交情可以说是最亲密的了，然而最后竟达到了互相仇杀的地步，为的是什么呢？问题就出在贪心不足、人心难测啊。现在您把刘邦看作朋友，想对他尽忠尽信，我看你们之间的交情绝对比不过张耳、陈馀，而你们之间的矛盾也远比张黡、陈泽那样的事情要严重得多。所以我认为您要是确信刘邦不会加害于您，那您就大错特错了。当初文种和范蠡帮着勾践重建了越国，又使勾践称霸于诸侯，结果大功告成之后，却一个被杀，一个被迫逃走了。野兽一经打完，猎狗是要被宰的。从朋友的交情上说，你和刘邦没有张耳与陈馀那么深的关系；从君臣的相互信任上说，你和刘邦比不上文种、范蠡与勾践。他们的这两组关系，足够您引为前车之鉴了。希望您慎重考虑。而且俗话说，一个人的勇猛、谋略，如果都到了功高震主的地步，那他自己的处境就很危险了；一个人的功劳如果到了普天下独一无二的境地，那他也就不可能再得到赏赐了。让我分析一下您的功劳：您一过西河，就俘虏了魏王豹，活捉了夏说；接着您引兵东出井陉，又杀了陈馀；随后又平定了赵地，收服了燕国，攻下了齐国，又摧垮了楚军二十多万，杀掉了龙且，而后回来向刘邦报捷。这就是前面我所说的军功天下无二，谋略举世无双啊。现在您带着这种使主子害怕的威名，带着这种让人无法赏赐的功劳，想靠拢项羽，项羽不信；想靠拢刘邦，刘邦怕您；您还能去靠拢谁呢？作为一个臣子而有着让主子害怕的权威，名望高出一切人之上，我真为您感到危险。"韩信说："您别再讲了，我得好好想想。"过了几天，蒯通又来对韩信说："能否听从劝告，可以看出事情成功或失败的苗头；能否很好地计划，是一件事情成败的关键。听得不对、算计得不对还想长治久安，那是很少可能的。能广泛听取而又能正确判断的人，就不会被花言巧语所迷惑；能周密算计而又能分清主次的人，就不会被七嘴八舌所扰乱。一个人如果安于奴仆的地位，那他就会失掉称帝称王的时机；一个人如果紧守着那点微薄的俸禄，他就会失去做卿相的可能。所以说当机立断是聪明人的作为，犹豫不决是成大事者的大害。只计较眼前的小事，就要失掉天下的大利，理智上虽然清楚，但如果仍不敢采取行动，那也是失败的祸根。所以俗话说：'猛虎的犹豫，还不如马蜂、蝎子的敢蜇敢刺；千里马的徘徊，还不如一匹驽马的缓缓而行；孟贲的主意不决，还不如懦夫的说干就干；即使你有舜、禹那样的智慧，可是你默然不语，那还不如一个聋哑人的指手画脚呢。'这些话的意思都是说可贵的是在于行动。一件事想做成功是很难的，要想失败却容易得很，时机是最难得到的，而且极其容易失去。机会一过去，就永远不会再回来了。希望您好好地掂量掂量。"韩信仍然是犹豫不决，他不忍心背叛刘邦。他认为自己功劳大，刘邦怎么着也不至于把他的齐国夺走，于是就拒绝了蒯通的劝告。蒯通见韩信不听自己的劝告，为了避祸，就只好装疯化作巫士隐迹而去了。

事情果然正如蒯通所料，等到刘邦消灭所有强敌，腾出手对付韩信，韩信临死前才后悔不已："吾悔不用蒯通之计，乃为儿女子所诈，岂非天哉！"可惜，晚啦！

司马迁说：

> 高祖已从豨军来，至，见信死，且喜且怜之，问："信死亦何言？"吕后曰："信言恨不用蒯通计。"高祖曰："是齐辩士也。"乃诏齐捕蒯通。蒯通至，上曰："若教淮阴侯反乎？"对曰："然，臣固教之。竖子不用臣之策，故令自夷于此。如

彼竖子用臣之计，陛下安得而夷之乎！"上怒曰："烹之。"
通曰："嗟乎，冤哉烹也！"上曰："若教韩信反，何冤？"
对曰："秦之纲绝而维弛，山东大扰，异姓并起，英俊乌集。
秦失其鹿，天下共逐之，于是高材疾足者先得焉。跖之狗吠
尧，尧非不仁，狗固吠非其主。当是时，臣唯独知韩信，非
知陛下也。且天下锐精持锋欲为陛下所为者甚众，顾力不能
耳。又可尽烹之邪？"高帝曰："置之。"乃释通之罪。[①]

刘邦究竟是个大政治家，当他听到韩信死去的消息时，心中
放下了一块大大的石头。司马迁说他"且喜且哀之"，把他的矛盾
心理刻画得入木三分。刘邦是和韩信在战争生死中共同患过难的
君臣，刘邦对韩信惺惺相惜是免不了的，但垂老的刘邦，更看重
的当然还是怎么保住自己身后的锦绣江山，对于韩信的死，他更
多的还是开心与放心。尽管痛恨蒯通对韩信的教唆，但他终于还
是没有秋后算账，到底是大度地饶了这个当初差一点就教唆韩信
走上叛逆之路、坏了他大事的辩士。

（三）致死之由

司马迁在《史记·淮阴侯列传》中这样评说韩信：

---

① 《史记·淮阴侯列传》。

假令韩信学道谦让，不伐己功，不矜其能，则庶几哉，于汉家勋可以比周、召、太公之徒，后世血食矣。不务出此，而天下已集，乃谋叛逆，夷灭宗族，不亦宜乎！

在这里，司马迁点出了韩信性格上的三大缺陷：一是不懂得谦让，为人狂傲；二是炫耀自己的功劳；三是矜夸自己的才能。这三点，虽然都属于性格方面的问题，也是执行型领导经常会犯的错误，但在传统的官场，尤其是统治集团的高层，这都是取祸之源，是骄傲自满、缺乏政治智慧的表现。人的智慧有不同的表现形式，或者说智慧蕴含在人的不同的处世方式中，司马迁说韩信狂傲不知道忍让，最终祸及其身家，就是不智的典型表现。

其实，韩信早就埋下了他败亡的祸根。

在刘邦危难之际要挟封王是韩信败亡的开始。

汉四年，韩信平定了齐国，并灭楚 20 万，杀楚将龙且，重创楚军。至此，他已横扫了大半北方中国，特别是平定齐国之后，他的居功自傲的思想极端膨胀，加之齐国地广粮足，所以，人一起贪心，韩信的脑子就不再那么清醒，"使人言汉王曰：'齐伪诈多变，反复之国也，南边楚，不为假王以镇之，其势不定，愿为假王便。'"韩信是在什么样的形势下要求称王的呢？是在汉王与项羽决战最困难的时候。当时，项羽因有彭越的后顾之忧，与汉王划鸿沟为界，中分天下。而刘邦表面应诺，实则用张良、陈平计继续东进击楚，在阳夏与韩信、彭越有约，围攻项羽。然而，韩信、彭越负约未至，致使楚军反过来攻击汉王，汉王被困于荥阳，而韩信恰在这时派人送来了要自封为齐王的书笺，可以想象汉王当时的心境。于是汉王见韩信书，大怒，骂曰："吾困于此，旦暮望若来佐我，乃欲自立为王！"张良、陈平蹑汉王足，汉王方悟，又大骂说："大丈夫定诸侯即为真王耳，何以假为！"[①]遂封韩信为齐王。虽然韩信得以封王，但看汉王的态度是"大骂"，《史记·高祖本纪》中说"欲攻之"，可见汉王对韩信自求封王之事怀恨于心，只是碍于当时的形势，诈作允许。韩信的爵位是提升了，但汉王对他的信任度却降低了，韩信岂有不败之理。因此，当项羽被灭不久，刘邦就袭夺韩信齐王印。徙韩信为楚王，将他剥夺实权架空起来。因此到汉六年，当有人告韩信谋反时，刘邦就不再容忍，用陈平计在陈州将其逮捕，押送长安，贬为淮阴侯。期间他郁郁不乐，一直对刘邦怀有抵触情绪，屡屡称病不上朝，和刘邦身边的猛将周勃、灌婴等人相处也颇不融洽，因为他看不起他们。按说周勃、灌婴是刘邦身边最能打的两员猛将了，他们一个掌管步卒，一个率领骑兵，常常是斩将夺旗，锐不可当，可在韩信眼里他们狗屁不是。有一次韩信去看樊哙，樊哙恭敬得像三孙子一样，说："大王竟然肯亲自光临臣的府邸。"樊哙是真心的，

———————————

① 《史记·淮阴侯列传》。

确实佩服韩信。但韩信出门却大笑："没想到这辈子还要和樊哙这样的人为伍。"非但如此，韩信甚至在刘邦面前也不知道收敛。有一次刘邦和他闲谈，说起诸将各能带多少兵马。刘邦问韩信："我能带多少？"韩信竟然说："陛下最多不过能带十万。"刘邦问："那你呢？"韩信道："臣多多益善。"意思是上不封顶。刘邦还算大度，笑着问："多多益善，那你怎么被我搞定了呢？"韩信只好缓和了语气："陛下不能带兵，却擅长带将。况且陛下乃天授，非人力也。"潜台词仍是：你能当上皇帝，也就是命好，上天眷顾你，论本事比我差远了。这样性格的人，无疑让大家都很愤慨，最后不得善终，估计没人会去哀怜他。

韩信的死，和一个叫陈豨的人有关。与陈豨合谋反汉，是韩信败亡的终点。

陈豨，宛朐（今山东菏泽）人，史书上没有记载他的出身来历，反正是汉高祖部下的一员骁将，因功官任赵相，将兵代地。韩信被捉，押到洛阳就被释放了，刘邦没想杀掉他，只是夺了他的兵权和王位，降为淮阴侯。然而韩信祸心不死。陈豨拜为赵相，向韩信辞行，韩信拉着陈豨的手说："你的属地是屯兵的好地方，你又是陛下的宠臣，如果有人说你反，陛下肯定不信，但有人说三次，陛下肯定大怒，亲自带兵讨伐。到那时，我从长安起事，里应外合，大事可成。"汉十年，陈豨果然在代地造反。刘邦亲率大军征讨。韩信又和陈豨勾结，打算来个里应外合。所以韩信就开始布置，与家臣一起以假诏释放一些徒奴、罪臣，准备袭击吕后、太子。事该败露，韩信的家奴曾被韩信囚禁，心怀怨恨，使其弟将此情况报告给吕后。吕后想捉拿韩信，恐怕他不就范，与萧何谋，萧何献计：就说有人从皇帝处来，说陈豨已被皇帝斩杀，让列侯都去祝贺。韩信接到通知后，推托身体不适，不想入宫祝贺。萧何劝韩信，就是身体欠佳，也要入贺。韩信入贺，吕后使武士将他捉拿，遂斩之于长乐宫钟室。可怜这样叱咤风云的一代名将，就这样死于吕后、萧何之手。

总之今天看来，韩信虽然是一位执行力极强的领导，但他的身上有着很多的弱点。他虽有军事天赋，但并不甚懂得政治，思维方式有点直线。韩信之死，死在他缺乏远大志向，死在他的居功自傲，死在他的极端自信，死在他的缺乏政治斗争智慧，死在他的严重缺乏自知之明，死在他的政治忠诚缺乏，死在他的功名利禄心太强等原因上面。

五、综合型领导：以曹参为典型

综合型领导，或者说是复合型领导，是一种十分宝贵稀缺的领导类型。在现实社会生活中，很多领导的身上都表现出了多种才能。尤其是那些草根出身、从基层做起者，他们的素质中往往多多少少都会有一些复合型的东西，否则，在激烈的竞争环境中，他们也成长不起来。但现实中能扮演多种角色的领导者并不多见，而且这种人因为多重人格与经验的束缚往往不能成就太大太高的事业，毕竟，人的能力总是有限的。综合型领导如果遇到高层面、大格局的领导垂青，这类人就多能充分发挥其才干。

下面以汉初的曹参为例进行说明：

1. 早年追随刘邦起家

曹参，沛县人，忠诚兼极能做事。秦朝时做沛县的监狱长，而萧何当时是沛县的功曹，在县里他俩都是有身份、有名望的大吏。

后来刘邦起兵造反当了沛县县令时，曹参就以侍从人员的身份跟随刘邦。他先是跟着刘邦一起进攻胡陵、方与二县，又攻击了秦朝监郡御史率领的部队，大获全胜。紧接着又向东攻下了薛县，在薛县城西打败了泗水郡郡守的军队。而后他们又回师攻胡陵，胡陵被攻克。接着他们又率军移往方与。这时方与人反叛，帮着魏国打刘邦，刘邦、曹参等只好移兵前往征讨。方与尚未打下，这时丰邑又叛变投靠了魏国，刘邦、曹参只好又移兵打丰邑。在刘邦起家最艰难的日子，曹参因为紧紧追随而被刘邦封为七大夫。接着，曹参夺取了砀县、狐父县和祁县的善置等地。之后北攻下邑，又移兵西进至虞县，与秦将章邯的车骑兵交锋。曹参又随刘邦等北攻爰戚、亢父，曹参都是最先冲上城楼，因此刘邦又提升他为五大夫。接着他们又北进增援东阿，在与章邯的军队作战中，曹参首先冲入敌阵，并乘胜追击到濮阳。随后他们又南攻定陶，占领临济。紧接着他们又南救雍丘，打败了秦将李由的军队，并且杀死了李由，俘虏了敌人的一个军侯。不久，秦将章邯打败了项梁的部队并杀死了项梁，刘邦同项羽只好领兵往东撤退。这时，楚怀王任命刘邦为砀郡的郡长，统领砀郡的全部军队，于是刘邦封曹参为执帛，号称"建成君"。后来又把他升为爰戚县县令，隶属于砀郡。此后，曹参又跟着刘邦在成武县南打败了东郡郡尉的军队，又在成阳县南打击了王离的军队，接着又在杠里与王离会战，大获全胜。后来乘胜追击，一直追到开封，又打败了秦将赵贲的军队，把赵贲包围在开封城内。接着他们又西进曲遇，打败了秦将杨熊，俘虏了秦军的一个司马、一个御史，因此曹参又被提升为执珪。接着曹参又跟随刘邦往攻阳武，夺取了轘辕、缑氏，又北上切断了黄河的平阴渡口，之后又回军在尸乡北打败了赵贲的军队。而后又跟着刘邦南下进攻犨县，与南阳郡的太守齮在阳城县城东会战，曹参首先攻入敌阵，占领了宛城，俘虏了太守齮，全部平定了南阳郡。接着曹参又跟随刘邦西下，夺取了武关、峣关，并乘胜进击秦军于蓝田南，紧跟着又在夜间袭击秦军于蓝田北，秦军彻底崩溃，于是曹参跟着刘邦进了咸阳，灭亡了秦王朝。刘邦封为汉王后，遂封曹参为建成侯，跟随刘邦到了汉中后，又进一步被提升为将军。

创业时期，是最考验人的时期，很多跟随刘邦打天下的同伴战死了、离散了、叛逃了。但是，曹参却在这最艰难的时期经受住了最严峻的考验，表现出了他的忠诚、能征惯战、身先士卒、不怕困难、敢于牺牲等综合型领导应该具备的优秀品质。最重要的是，在生死患难中，刘邦与曹参结下深厚的君臣友谊，从而使得曹参成为刘邦最为倚重的心腹干将之一。

2. 南征北战，在芟夷群雄的楚汉战争中立下了仅次于韩信的战功

刘邦拜韩信为大将，率军杀回关中，曹参被刘邦派往辅佐韩信，首先攻下辩、故道、雍县、蒙县等地。紧接着在好畤南打败了章平，包围了好畤，夺取了壤乡。随后又在壤乡以东和高栎一带击溃了三秦的军队并第二次把章平包围在城内，章平只身出好畤逃跑。曹参趁机进攻赵贲和内史保，三秦军大败。曹参乘胜东进，攻克了咸阳，刘邦改咸阳名为新城。后来曹参驻守在景陵县。在前后不到 20 天的时间里，三秦又派章平等围攻曹参，曹参英勇反击，章平等又被击溃。于是刘邦把宁秦县赐给曹参为食邑。接着曹参又以将军的身份领兵把章邯包围在废丘。接着又以中尉的身份跟随刘邦东出临晋关，打到了河内，攻下了修武，又在围津渡过黄河，在定陶打败了项羽的部将龙且、项他，进而往东夺取了砀县、萧县以及项羽的国都彭城。接着在和从齐国赶回的项羽正面交锋时，被项羽打得大败。后来曹参又以中尉的身份围困并最后攻克了章邯坚持多时的废丘。这时刘邦的部将王武在外黄、

程处在燕县反叛，曹参奉命前往讨伐，很快这两处都被曹参平定。接着柱天侯又在衍氏反叛，于是曹参又移兵平定了衍氏。其后又进击占据着昆阳的项羽部将羽婴，羽婴败走，曹参乘胜追到了叶县。接着又回师进攻武强，并辗转到达了荥阳。曹参从汉中开始先后以将军、中尉的身份跟着刘邦东进，征服了许多诸侯，并长驱直入攻进了彭城，后来又被项羽打败，又辗转回到了荥阳，这其间总共有两年的时间。

　　汉高祖二年，曹参被任命为代理左丞相，屯兵驻守关中。一个月后，魏王豹反叛，于是曹参以代理左丞相的身份随同韩信率领着另一支军队渡河东进在东张城打败了魏将孙遫。接着趁势进攻安邑，俘获了魏将王襄。接着又在曲阳打败魏豹，并乘胜追击到武垣，魏豹被活捉。随后曹参等又攻占了平阳，俘获了魏豹的母亲和妻子，最后平定了魏地全境，共得 52 座城池。于是刘邦又把平阳赐给了曹参作为食邑。紧接着曹参又跟随韩信在邬县城东打败了赵国的丞相夏说，夏说被杀。韩信与原来的常山王张耳就要东下井陉打陈馀了，他派曹参留下来继续围攻正在固守邬城的一个姓戚的赵将。戚将军后来弃城逃跑，被曹参等追获杀死。这以后，曹参就领着这支队伍来到了敖仓，归入了刘邦的大本营。韩信平定赵国后，以相国的身份率军东进击齐。这时刘邦又让曹参以右丞相的身份跟随韩信一同进军，一举击溃了驻守历下的齐国军队，乘胜攻克了临淄。接着曹参又奉命率军平定了济北郡，攻下了著县、漯阴、平原、鬲县、卢县等地。不久又跟随韩信在上假密打败了楚将龙且，龙且被杀，龙且的部将周兰被俘。整个齐国被平定，总共夺得了 70 多个县的地盘。俘获了齐王田广、丞相田光，以及他的代理丞相许章和胶东将军田既。不久韩信做了齐王，亲自率军去到陈郡与刘邦会兵围剿项羽，而曹参则被留下来继续平定齐国那些尚未平定的地方。

项羽兵败身死后，全国大局已定，刘邦做了皇帝，韩信被改封为楚王，齐国改为直属中央的一个郡。而曹参也向朝廷交回了当初授给他的右丞相印。后来，刘邦封他的长子刘肥为齐王，而任命曹参为齐国的相国。汉高祖六年大封功臣，曹参被封为侯爵，和其他被封侯的人一起与刘邦剖符为信，发誓世世代代永不断绝。刘邦赐给曹参平阳地区的 1.63 万户作他的食邑，称之为平阳侯，取消原先所封的那些地方。

后来，曹参又以齐国相国的身份打败了陈豨的将领张春。在黥布造反的时候，曹参以齐国相国的身份跟随悼惠王率车骑兵 12 万，协同刘邦往讨，大获全胜。曹参等曾率军南抵蕲县，又回师平定了竹邑、相县、萧县、留县等地。

曹参的战功是：总共攻下两个国家，共 122 县；俘虏了国王 2 人，丞相 3 人，将军 6 人，大莫敖、郡守、司马、侯、御史各 1 人。

在楚汉争雄之际，曹参因为受到刘邦极度信任，特意被派往辅佐韩信征战群雄，实际上是刘邦对韩信不放心而派曹参监督韩信。正是在与韩信共同战斗的岁月里，曹参的能征惯战，斩将拔城的军事能力进一步得到了释放和发挥，成为刘邦集团诸将中军功仅次于韩信的元勋。

3. 采用黄老思想治国，留下萧规曹随的千古佳话

孝惠帝元年，废除了诸侯国设立相国的办法，改封曹参为齐国丞相。曹参在齐国当丞相的时候，齐国是汉帝国最大的诸侯国，共有 70 多座城邑。当时天下刚刚安定，而悼惠王又很年轻，曹参把齐国最有声望的儒生们召集起来，向他们问询如何按着齐地固有的风俗使百姓安居乐业的办法。参加会议的儒生有几百人，一个人有一个人的说法，曹参听了无所适从。这时他听说胶西有个盖公，此人精通黄老之术，于是曹参派人带着厚礼把他请了来。曹参见到了盖公，盖公给他讲了清静无为民自治的道理，并具体地对此作了引申与发挥。曹参立即腾出了丞相府的正房让盖公居住，并具体按照盖公的意见治理齐国。

曹参治理齐国主要就是采用黄老的思想，在他当齐相的 9 年中，齐国经济恢复、社会秩序稳定而井然，呈现出一派安定繁荣的景象，因此，曹参在当时极受赞美，被人们称为贤相。

孝惠帝二年，汉帝国相国萧何去世。曹参一听到这个消息，立刻告诉家里人赶快为他准备行装，说"我马上就要到朝廷去做相国了"。没过多久，皇帝果然派人来叫曹参入朝。曹参临走时，嘱托他后任的齐国丞相："我把齐国的狱市委托给你了，你千万不

要去惊扰它。"他的后任问:"治理齐国难道没有比它更重要的问题吗?"曹参说:"不是的。我们之所以留着这个狱市,就是为了让它藏垢纳污,兼收并蓄,如果你去惊扰它,那么你叫那些为非作歹的人到哪里去容身呢?所以我首先提出这件事。"

曹参当初做小吏的时候,与萧何是好朋友;后来等到做了将相,彼此之间矛盾就多了起来。等到萧何临死的时候,他认为合适并向皇帝推荐的继承人选却又只有曹参。曹参接着萧何做了相国后,一切事情都遵照着萧何旧有的规章办,没有一点变更。

曹参专门从各郡、各国选拔那些不善于言辞的老实人来充当自己的丞相史。对于那些善于给人上纲上线而又沽名钓誉华而不实的人,则立即裁掉。曹参日夜饮酒,不问政事。有些大臣和宾客们看到这种情景,想来给他提点意见,可是不论谁一到,曹参立刻就拉着他喝酒。等过了一会儿,人家刚要说话,曹参就又赶紧劝着他喝,直到灌得大醉离去,不给他们一点说话的机会。每天总是如此。相国府的后花园离相府小吏们的宿舍很近,小吏们整天在宿舍里猜拳行令狂饮不休。曹参的随员非常厌恶他们,但又对他们毫无办法,于是他就引着曹参一同到后园游玩,意思是让他听到小吏们的这种声音,希望曹参能惩罚他们一下。不料想曹参立刻让人把酒拿到园子里来,他也狂呼乱叫和那些小吏们互相应和着喝起来了。

曹参见到别人有什么细小的过失,总是替人隐瞒遮盖,因此相府上下相安无事。

　　曹参的长子曹窋在朝中为中大夫。汉文帝不明白曹参为什么不过问国家大事，心想"他莫不是瞧不起我这个小皇帝"？于是对曹窋说："你回家后，找个合适的机会问问你父亲，你就说：'高皇帝刚刚去世，新皇帝还很年轻，你作为相国，整天饮酒，对什么都不过问，您是怎样关心天下大事的呢？'注意不要露出是我让你问的。"于是曹窋在一个休假日回到了家里，他趁着一个空闲无人的机会，用自己的口吻向曹参表达了上述意思。曹参一听很生气，他打了曹窋200板子，并说："你赶快给我进宫去侍候皇帝，国家大事不是你应当过问的。"到了第二天上朝时，孝惠帝责备曹参说："您为什么要打曹窋呢？他那些话都是我让他劝您的。"曹参一听赶紧摘掉帽子叩头请罪说："陛下自己认为与高皇帝比谁更圣明勇武？"孝惠帝说："我哪里敢同先帝比呢！"曹参又说："陛下您看我同萧何谁的才能更高一点？"汉文帝说："您似乎不及萧何。"曹参说："陛下说得很对。当初是高皇帝同萧何一起平定了天下，制定了各种规章法度，现在有明确的条文在那里放着，陛下您就尽管袖手清闲，我就只管亦步亦趋照章办事，按部就班，这不是很好吗？"汉文帝说："说得好。今天就到这里吧！"

　　曹参任汉朝的相国前后共3年，死后被谥为懿侯。他的儿子曹窋继承了平阳侯的爵位。当时百姓们唱道："萧何制定法度，严明而又公平；曹参继任相国，谨遵而无变更。国家清静无扰，百姓得以安宁。"

太史公说：相国曹参攻城野战的功劳之所以这么多，是因为他跟着淮阴侯韩信作战的缘故。等到韩信被杀以后，靠着战功封侯的人们，便只有曹参最出名了。后来曹参当了汉朝的相国，因为当时百姓们刚刚脱离秦朝的残酷统治，所以曹参便把清静无为当作治国安邦的准则，推行了一套和百姓们一道休养生息的政策，于是曹参的美德受到了当时人们普遍的称颂。

司马迁的上述这段话实际上告诉了我们这样一个事情，曹参是一个十分成功的综合型领导。在曹参的身上，我们可以看到他对国家的忠诚；对汉王的献身；能文能武，能大能小，武能夺攻城野战之功，文能以黄老清静治国；无论是在戎马倥偬的岁月，还是在太平秩序的年代，他都能够头脑清醒，不争名逐利，不沽名钓誉，不瞎折腾，遵照客观规律办事，真正对国家与民众的实际利益负责；等等。这些都是综合型领导十分难得的最杰出的品质，这也正是曹参事业成功与人格魅力的最佳利器。汉高祖能得到这样一位综合型领导，这是汉高祖之幸！这是汉帝国之幸！这是汉帝国初年的民众之幸！

第二章
自强不息厚德载物型的领导

——《论语》:"极高明而道中庸"

孔子的人生与事业历程，尽管别人无法复制，但就其对"学""立"和"不惑"的追求，则应是每一位中国人所必需的，而"知天命""耳顺"和"从心所欲，不逾矩"更应是领导者更高人生修养与自我管理的一个必修部分。在具体的每个人生时段上，我们往往会出现一些步调难以一致的、参差的、不吻合的现象，这是正常的；然而，客观上，于"学""立""不惑""知天命""耳顺""从心所欲，不逾矩"这些对于领导者的素质要求而言，却是至为珍贵的。因此，无论如何，沿着孔子人生修行与事业管理轨迹的顺序不懈地前行，严于律己，宽以待人，自强不息，厚德载物，中庸处世，修己以安百姓等，本身就是在打造我们自身的领导力。

一、孔子的文化自信

从炎黄二帝开启华夏文明之门开始，中经尧舜禹时期漫长远古的文明进程，再到夏商周时期的轴心时代，其间灿烂夺目的华夏早期文明，就是孔子建立儒家学说的文化来源。也就是说，这是孔子"为天地立心""为生民立命"的文化自信。

什么是文化？

在中国古代，所谓文化主要是"以文化人"之义。

《周易·贲卦》的《彖》辞说：

> 刚柔交错，天文也。文明以止，人文也。观乎天文，以察时变；观乎人文，以化成天下。

刚柔交错成文以构成天象；社会制度、风俗教化构成人们的社会生活基础。因此，观察天文，以判正四时；考察社会人文，以教化百姓。文化与人类的物质文明和精神文明的历史进程密切相关。

文化既是长期以来人们对自己精神面貌加以改变的成果，同时又是宇宙、自然对人类自身所产生影响的结果，这两方面因素共同形成了关于自然、社会、人伦、心性等的社会精神成果。

在西方，"文化"一词的拉丁文是"cultura"，是指农耕及对植物的培育。文化原本就是人类把自然、土地、环境化为人所用的粮食、植物之意。随着社会演变，文化逐渐变为与人类社会密不可分的一个概念，它是人类创造形成的各种凝结着精神与思想内容的产物。同时，人类的文明成果慢慢积累，具有了客观性，在时间的长河中具有了独立的形态，反过来作为生产生活的方式影响着物质世界。因此，文化是人类和物质世界共同作用的结果，是凝结在物质之中又游离于物质之外的，能够被传承的国家或民族的历史、地理、风土人情、传统习俗、生活方式、文学艺术、行为规范、思维方式、价值观念等等。它是人类相互之间进行交流的普遍认同的一种能够传承的意识形态，是客观世界感性上的经验知识，也是主观世界理性上的逻辑分析。基于这一点，每个民族都有自己经验的客观世界，产生的文化自然存在差别，所以文化往往具有民族特色。又因为，每一个民族的文化都是历史的传承，相对其他民族往往具有自己独特的文化精神，从这一点上说，文化往往又具有民族性。

文化一方面是人类从一定的环境中养育化成的物质文明与精神文明的结晶，另一方面又是不同民族的族群活动与其生存环境相互作用而生长培育积淀的成果。所以，文化总是具体的、特殊的、富有个性并且是千差万别、多彩多姿的。因此，文化只有与民族相关联，才可以真正彰显其含义。民族虽然是由一定族群形成的人类共同体，但是，凝结这个共同体的力量不是族群血缘，而是文化。确定一个种族的标志也不是这个种族的生物特征，而是信仰、生产方式、生活习惯、语言等内容。从这个意义上看，可以说，文化才是一个民族的灵魂，一个民族生活的全部历史都凝结在民族文化中，民族文化展现了民族生活的全部历史过程。民族与文化二者是不可分割的统一整体。[①] 作为中华民族文化核心与文化主流的儒家文化的产生与发展，也正是遵循了上述原理，是自然而然发展变化的结果。

中国文化起源于上古的黄帝时期。

华夏文明是在原始各部族一次又一次的搏击冲撞和交汇融通中逐渐产生、积淀、发展从而丰富起来的。从古史传说来看，盘古开天地、昆仑神山、轩辕古国、大洪水时代的生存空间之争等都构成了华夏早期政治文明史的开端。黄帝、炎帝与蚩尤是中华民族公认的三大始祖。他们的情况，构成了中华文明史的源头。

据学者考证，五帝时代，黄帝部落是活跃于北方的一支游牧部落。"昆仑山的原型在内蒙古阴山地区；轩辕古国在河北北部、内蒙古东南部、辽宁西部的森林、草原间。"[②] 炎帝部落是生活在黄

---

① 参见孔繁轲主编：《中国共产党文化创新史》，山东人民出版社 2017 年版，第 2 页。

② 逯宏著：《中国五帝时代——北方传说时代多元文化融合研究》，中国社会科学出版社 2017 年版，第 1 页。

河流域中游的一支从事农业生产的氏族部落。蚩尤部落则是东夷以狩猎为主的氏族部落。

距今 5000 年前后，气候骤变，生存环境恶化。迫于生存压力，黄帝部落挥师南下，在阪泉、涿鹿同炎帝、蚩尤等部落发生了争夺地盘为核心的大规模战争，炎帝战败、蚩尤被杀，炎黄从此组成新的婚姻与政治联盟，华夏政治文明史从此进入了一个新的发展阶段。

黄帝、炎帝与蚩尤之事，经司马迁"非好学深思，心知其意，固难为浅见寡闻道也"的认真严谨审视，载入《史记·五帝本纪》中。司马迁很重视轩辕、炎帝与蚩尤之间战争的意义，他认为，正是由于轩辕战胜了炎帝与蚩尤，才使轩辕氏成为黄帝，列于五帝之首，开创了华夏政治文明的先河。

司马迁说：

> 轩辕之时，神农氏世衰，诸侯相侵伐，暴虐百姓，而神农氏弗能征，于是轩辕乃习用干戈，以征不享，诸侯咸来宾从。而蚩尤最暴，莫能伐。炎帝欲侵陵诸侯。[①]

这说明，轩辕氏兴起之时，中原大地居统治地位的部落是神农氏，即炎帝部族，他在"诸侯相侵伐"之时，由于世衰而无能

---

① 《史记·五帝本纪》。

为力，中原地区各部族依凭所据的一方物质资源不断壮大实力，开始对于原本以农业文明较为发展的神农氏部落产生怠慢之心，各部族之间为争夺生存与发展权而战争不断。这时，北方实力较为强盛的轩辕氏部落，依仗武力"以征不享"者，起而取代炎帝部落在中原"诸侯"中的统治地位，并进而征服了其他众多不服从的部落，扩大了本部族统治的地域。

本来，在部落联盟形成的过程中，神农氏部落的统治地位遇到别的氏族部落的挑战与背叛，"炎帝欲侵陵诸侯"，即用武力征服不顺从的部落，这本是再正常不过的事情。

太史公从大一统的正统观点出发，尊黄帝，贬炎帝，其理由也同样无可挑剔。只不过，他没有明白说明这样一条政治发展的规律，即实力原理：

实力是决定成败的最基本条件。

成功者是靠拳头发言的。

政治成败，实力至尊。

当时，除神农氏外，蚩尤部族亦难以征服。

问题很清楚，在这华夏族诸部落进入英雄时代的当口，在中国广大地域中，存在着轩辕、炎帝和蚩尤三大氏族部落集团的鼎立对峙，一时难以出现一个统一的局面，逐鹿中原的战云笼罩在中原大地的上空。

面对这种长期对峙、战乱不断的局面，势力迅速发展的轩辕氏部族，为战胜炎帝、蚩尤部族，进行了充分的物质与军事准备。

黄帝决定先行征服炎帝势力集团。

"黄帝之谋炎帝也久矣。"①

"至黄帝时，生齿日繁，民族竞争之祸，乃不能不起。遂有炎帝、黄帝、蚩尤之战事，而中国文化，借以开焉。"②

此时，炎帝部族虽已经势力衰落，但要完全征服之也并非易事，对此，司马迁简要概括说："炎帝欲侵陵诸侯，诸侯咸归轩辕。轩辕乃修德振兵，治五气，艺五种，抚万民，度四方，教熊罴貔狓躯虎，以与炎帝战于阪泉之野。三战，然后得其志。"③

这个记载说明，轩辕氏与炎帝相比，"诸侯咸归轩辕"，说明其实力与人气盛旺，为与炎帝决战奠定了良好基础。同时，黄帝认真准备，对"艺五种"，即将黍、稷、菽、麦、稻主要食粮作为战备条件，以备战士战争中食用；他振兵修武，教士卒习战练武，以猛兽之名命名，显示军威；度四方部族，理顺人心，以支持他的统一战争。正是由于黄帝有组织有计划地进行了充分的准备，凭借其部落强大的力量，加上其他背叛炎帝的部落的支持，所以经过多次的交战，最终取得了对炎帝部落战争的胜利。贾谊

---

① 夏曾佑著：《夏曾佑集》下，上海古籍出版社 2011 年版，第 796—797 页。
② 夏曾佑著：《夏曾佑集》下，上海古籍出版社 2011 年版，第 796 页。
③ 《史记·五帝本纪》。

说："黄帝者，炎帝之兄也。炎帝无道，黄帝伐之涿鹿之野，血流漂杵，诛炎帝而兼其地，天下乃治。"①这说明黄帝、炎帝本为联姻的兄弟部族首领，由于利益发生严重冲突，自相残杀，且异常惨烈，由"血流漂杵"辞句即可想象当时战争的残酷程度。战争以人类鲜血和生命为代价，却同时又为文明开辟新的路径。

炎黄两个部族的大战，奠定了黄帝族在中原部族中的统治地位。更重要的是，从此炎黄两个部落氏族群合二为一，成为华夏族正式形成标志，亦为兼并蚩尤族群打下了基础。

接下来，黄帝又将征服蚩尤部落提上了日程。

蚩尤是一个怎样的人物？他与炎帝、黄帝之间究竟有着怎样的传奇故事？史籍中相关记载的资料少而纷乱。

《世本》言："蚩尤，神农臣也。"

《大戴礼记·用兵》说："蚩尤，庶人之贪者也。"

《尚书·吕刑》传文引马融之言云："蚩尤是少暤末九黎之君号。"

《韩非子·十过》说："昔者黄帝合鬼神于泰山之上，驾象车而六蛟龙，毕方并辖，蚩尤居前，风伯进扫，雨师洒道，虎狼在前，鬼神在后，腾蛇伏地，凤皇覆上，大合鬼神，作为清角。"

上述这些记载虽然众说纷纭，甚至具有神话色彩，但毕竟

---

① 《新书·益壤》。

还是可以理出一个头绪的。《世本》说蚩尤是神农之臣属；《逸周书·尝麦篇》亦言："蚩尤乃赤帝臣。"这说明蚩尤曾一度归顺神农。神农氏后来衰落，众部族相互侵伐，不听从神农，蚩尤自然也是如此。《韩非子》中说，黄帝曾集众部族于泰山之巅，奏着黄帝之琴，"蚩尤居前"，立于一个显著的地位，这说明在神农氏衰落、轩辕氏取而代之时，蚩尤曾一度归顺轩辕氏，在众部族中，因为持有强大的实力，而地位"居前"。

在《尚书》传注中言，蚩尤是九黎之君，三苗是九黎的后裔；又言少暤本是九黎之君，少暤是东夷部族首领，很可能原先蚩尤部族为东夷一支，后其势力因武器装备得以改进而迅速壮大。

关于蚩尤"作兵"，史籍记载说："葛卢之山发而出水，金从之，蚩尤受而制之，以为剑、铠、矛、戟，是岁相兼者诸侯九。雍孤之山发而出水，金从之，蚩尤受而制之，以为雍孤之戟、芮戈，是岁相兼者诸侯十二。故天下之君，顿戟一怒，伏尸满野，此见戈之本也。"①

崛起后的蚩尤部族在东夷、苗蛮地域兼并达"八十一兄弟"，即形成一个非常庞大的部落联盟集团，起先成为神农氏部落联盟中的一支，后来又归顺于轩辕氏，最后又叛轩辕氏形成三足鼎立，乃至势不两立的局面。

① 《管子·地数》。

　　由于蚩尤联合了东部及南部众多的部族，先对神农氏、后对轩辕氏构成威胁，同时又先归顺神农氏、后归顺轩辕氏，以致最后与其发生严重的冲突，进而与炎帝、与轩辕氏展开了争夺黄河中游的地盘。这是大洪水时代因海水上升东夷部族被迫内迁以期生存，从而同中原氏族部落发生冲突的真实写照。

　　司马迁说："蚩尤作乱，不用帝命。"①

　　按照司马迁的叙述顺序，轩辕氏是在征服了炎帝部落后，才同蚩尤进行决战的。司马迁在记述了轩辕战胜炎帝之后，接着说："黄帝乃征师诸侯，与蚩尤战于涿鹿之野，遂禽杀蚩尤。而诸侯咸尊轩辕为天子，代神农氏，是为黄帝。天下有不顺者，黄帝从而征之，平者去之，披山通道，未尝宁居。"②

　　关于黄帝战蚩尤之事，在《山海经》中有记载："蚩尤作兵伐黄帝，黄帝乃令应龙攻之冀州之野。应龙畜水，蚩尤请风伯、雨师，纵大风雨。黄帝乃下天女曰魃，雨止，遂杀蚩尤。"③

　　上述两则文献都记载了黄帝与蚩尤决战的简要经过，但又有略微不同，如《史记》言，由于蚩尤不听帝命，故黄帝举兵讨伐；而《山海经》则言蚩尤凭借自己有实力，主动发兵进攻黄帝，于

①　《史记·五帝本纪》。
②　《史记·五帝本纪》。
③　《山海经·大荒北经》。

是便展开大战。又，根据《归藏》中记载："蚩尤伐空桑，帝所居也。"①"空桑"不知其所指，但蚩尤主动进攻黄帝部族却是很清楚的。

根据史籍记载，轩辕与蚩尤两个部族的交战，很可能是经历了相当长的一段时间。

有文献记载说："黄帝与蚩尤，九战九不胜。"②"九"是一个最大的概数，说明黄帝与蚩尤的战争，是经过无数次的战斗，才最终取得胜利的。

还有文献记载说："昔蚩尤暴横。黄帝举贤用能，诛强伐叛，以佐神农之理，三年百战，而功用未成。"③

上述这些文献记载皆说明，黄帝征战蚩尤，经历了一个较为漫长的过程。

炎帝、蚩尤部族敢与黄帝部族角逐，凭借两个重要的条件，一是他们拥有众多部族强有力的支持；二是他们有自己部族传统宗教意念作为精神力量，致使黄帝一度对他们束手无策。如在与蚩尤部族的战争中，有史籍记载说："黄帝摄政前，有蚩尤兄弟八十一人，并兽身人语，铜头铁额，食沙石子，造五兵，仗兵戟

① 《全上古三代秦汉三国六朝文》第 15 辑。
② 《太平御览》卷 15。
③ 《太平广记》卷 13，骊山姥。

大弩，威振天下。诛杀无道，不慈不仁。万民欲令黄帝行天子事，黄帝以仁义不能禁止蚩尤，遂不敌，乃仰天而叹，天遣玄女下授黄帝兵信神符，制伏蚩尤，节因使之主兵，以制八方。"这段出于《龙鱼河图》的绘声绘色充满了神秘色彩的文字，实质上是反映了在黄帝部落与蚩尤部落的战争中，蚩尤一度在军事上占有强势，因此轩辕才会"仰天而叹"。

然而黄帝取得了最终胜利，蚩尤失败被杀，这说明黄帝比之蚩尤，具有更大的优势。

第一，黄帝与炎帝部族联合，这两大部族最先进入农耕文明，在物质文化与精神文化方面，均优于蚩尤一方，且已形成一定的社会管理形式，因此，他们所建构的社会组织，代表着上古历史发展的方向，这是其致胜的基础。

第二，黄帝善于学习应用一切有利的条件，全力对付蚩尤，使蚩尤的优势转化为劣势。如黄帝用"畜水"战法，因为农耕文化中，对水有深刻认识，水犹兵也，利用水的特性进攻敌方；又如在广阔的山川和平野之地，风云不测，黄帝"作指南车，以别四方"，在战争中清楚认识敌我情势并取得胜利。在《孙子兵法》中，孙武总结黄帝制胜在"处军、相敌"，即配置军队、判断敌情方面，值得重视的有四：一是在山岳作战，应择据高向川之处，此谓"绝山依谷"；二是在河流地作战，应取居高向阳之处，此谓"绝水必远水"；三是在沼泽盐碱之地作战，应依水草而背树木扎营，此谓"绝斥泽，惟亟去无留"；在平原地作战，应选背高而通达、面临天然障碍之处，此谓"平陆处易"。孙子认为："凡此四军之利，黄帝所以胜四帝也。"①孙武认为黄帝之所以战胜周围部族的进攻，说明他有种种兵法，其中最主要的就是实行了这四项原则。至于传说中黄帝的战法是得于神人所赐，不过是后世为歌颂黄帝取胜而制造出来的一种玄奥故事罢了，不可以之为依据。

蚩尤死后，黄帝与蚩尤两大部族的旷日持久之战，终以蚩尤部落氏族的失败而告结束。但蚩尤被杀后，天下只有相对的和平，历史遗留下来的问题还不可能在一日内化解，只能在社会前进中逐步整合与解决。

司马迁分析蚩尤死后的形势说："天下有不顺者，黄帝从而征之，平者去之，披山通道，未尝宁居。"②

这是符合历史实际的。

黄帝部族联合炎帝等部族的联盟，经过长期艰难的争斗，才最终战胜了强大的蚩尤"八十一兄弟"部落联盟。炎黄部族虽然胜利，但是蚩尤的显赫威名，也因此而传遍四方。当时，天下并不太平，形势仍然严重，作为一位大政治家，黄帝除了依仗自己的智慧和部族力量，巩固和发展已取得的胜利成果外，也不得不

---

① 《孙子兵法·行军》。
② 《史记·五帝本纪》。

借助蚩尤的名望，求得境内的绥靖平和。

唐人张守节在《史记正义》中记载：

> 蚩尤没后，天下复扰乱，黄帝遂画蚩尤形象以威天下，天下咸谓蚩尤不死，八方万邦，皆为弭服。

这只能说明两个问题：

（1）黄帝具有大政治家的胸怀和大气。他为了天下的统一与安定、社会的进步与发展、民众的幸福与安康，不以胜利者自居，敢于将强敌蚩尤形象布白于天下，以示和好与敬意，争取蚩尤部属以及与蚩尤部族有关联的人心，减少旧日的仇恨，化解长期形成的积怨。这一举措显然收到了良好的效果。

（2）蚩尤形象的再现，从客观上肯定了蚩尤刚强有为精神之可贵。画蚩尤的形象，即可弭服扰乱的"八方万邦"，由此可见蚩尤在民间的威望之高。"天下咸谓蚩尤不死"，蚩尤的英勇奋斗的精神，深深感染了当时各部族，既包括蚩尤的原部属，也包括炎黄部族的人们，成为后世天下公认的一笔精神财富。

这样，根据先秦诸子和两汉著述的评论，揭开那些云遮雾罩般神秘性的文字，我们多少可以理出一个比较清晰的头绪：黄帝、炎帝与蚩尤的部落氏族之间，解决冲突的办法是一方面用战争的方式，另一方面是在战争过程中逐步探索出政治协商的办法，主要凭借点还是各部落实力强弱等因素。除了军事方式外，政治智慧亦是相当的重要。部族联盟在炎帝、蚩尤与黄帝大战时得到迅速发展。黄帝部族兴起之时，众部族依赖其所拥有的一方资源优势，得到充分发展，然而在激烈的竞争中，为了部族的生存与发展，他们必须选择部族联合的组织结构。在征战过程中，黄帝部族以武力同炎帝部族联合起来，蚩尤部族同"八十一兄弟"也实行结盟。蚩尤与黄帝的大战，继续沿着这一发展趋势，最终实现了三大族群的统一。通过战争、和亲、协商等各种探索方法，黄帝将中原众多部族融合成为一个相对合作与共存的政治群体，这就是氏族部落联盟的出现。氏族部落联盟的出现，标志着上古社会的历史实现了跨越式的进步，为中华民族早期的政治文明形成与不断向前发展奠定了一个坚实的基础。

部族的融合与部落联盟政治的出现，必然导致早期华夏政治文明的迅速发展，加强了各部族自远古以来形成的不同文化的交流。

正是由于这种不同文化的长期并存，相互借鉴，使中华政治文化从一开始，就形成一种兼容并包、以"和""合"为主流的优良传统。而这种传统，正是从黄帝时代开始形成的。

黄帝战胜炎帝部落后，轩辕氏与神农氏两个部族相互妥协，逐渐合为一体。战胜蚩尤之后，由于蚩尤部族成员众多，又因为蚩尤乃为非凡之士，其人虽逝，但其声誉与功绩犹存，从而迫使黄帝及其部族郑重对待这一现实。一方面，黄帝为此智慧性地选择了一种在政治思想文化领域中持开放与宽容的态度；另一方面，他又真诚学习蚩尤部族的长处，如对天文地理的认识以及冶炼技术，以应用于发展社会生产方面；特别是黄帝命绘画蚩尤的形象，以威天下，求取社会安定，这种思想文化上的包容与开放，显示了黄帝的大气魄、大格局与政治家的胸怀。黄帝不以成败论英雄，保留了蚩尤及其部族积极进取的精神，从而形成了一种闪光的和而不同的文化模式，这种允许不同文化形态共同生存与相互交融的"和合"模式，促进了上古政治与文化的创新与发展，开创了中华民族的新纪元。正是在这个意义上，黄帝、炎帝与蚩尤三大部族共同开凿了中国远古政治文化的甘泉，奠定了中华政治文化整体发展的基础，为后来治理天下者树立了一个值得效法的标尺，成为周公、孔子创立以自强不息、厚德载物、和为贵、中庸等为原则的儒家学说的榜样。

黄帝之后，颛顼、帝喾、尧、舜、禹先后成为最有影响的部落联盟首领。

据《左传》昭公十七年记载："卫，颛顼之虚也，故为帝丘。其地当今河南濮阳，正处于古黄河之南。"

《吕氏春秋·古乐篇》言："颛顼生自若水，实处空桑，乃登为帝。"

若水，即今河南中部之汝水。空桑，就是濮阳。古黄河从今武陟折而北流，至浚县大丕山又折向东流，经内黄、濮阳间后再折而北流，在今天津南入渤海。黄河自古就是铜头、铁尾、豆腐腰，其腰身古代在今浚县至内黄段。所以，共工从上游"振滔洪水，以薄空桑"，直接威胁到颛顼氏族部落生命财产的安全。因此，双方发生了战争。结果，共工战败，颛顼称帝。

在早期神话传说中，帝颛顼的确是一位了不起的人物。这不仅由于他战胜共工而为帝，更重要的，是他还进行了一次"绝地天通"的社会改革。其说见《国语·楚语下》：

> 及少皋之衰也，九黎乱德，民神杂糅，不可方物。夫人作享，家为巫史，无有要质。民匮于祀，而不知其福。燕享无度，民神同位。民渎齐盟，无有严威。神狎民则，不蠲其为。嘉生不降，无物以享。祸灾荐臻，莫尽其气。颛顼受之，乃命南正重司天以属神，命火正黎司地以属民，使复旧常，无相侵渎，是谓绝地天通。

这里讲的"及少皋之衰也，九黎乱德"，不是氏族部落之间的纠纷和战争，而是氏族社会内部出了问题。其表现主要是："夫人作享，家为巫史"，即人人作享，祭祀天地鬼神。这样，每人都可以代表神灵，家家都成了巫史，人与神之间的界限完全消失了。结果是，人与人之间互相侵渎，什么盟约都不灵了，什么信物都无效了，社会秩序为之大乱。天时因此也不顺事，作物也长不好了。在这当儿，颛顼站了出来，"命南正重司天以属神，命火正黎司地以属民"，解救了社会的危机。所谓"司天以属神"，实际上是观察天象。在古人眼里，日月星辰、风雨雷电等，都是有神的，所以观察天象叫做"司天以属神"。例如，日食和月蚀在古人看来都是由神灵在作怪，所以都要祭祀。"司地以属民"，实际上是管理农事。古代有火历，以火星来纪时，故火正即历正。按照季节和气候进行农作，解决人们的衣食问题，也就是"司地以属民"了。当然，相应的祭祀也是少不了的。如播种时要祭祀，收获后要祭祀。按后世的历法说，播种大约在初夏，收获约当秋冬之际。总之，天上人间各有其司，专职的祭司出现了。所以，"绝地天通"是一次重大的社会改革，它预示着文明社会的进一步发展。正是这样一个雄踞于中原的部落群体，后来建立了许多国家。如："郑，祝融之虚也。"其地在今之新郑。且"祝融作市"，和四方是有交往的。再如，"卫侯梦于北宫，见人登昆吾之观"和"登此昆吾之虚"，其地在今濮阳。楚灵王说"昔我皇祖伯父昆吾，旧许是宅"，其地在今许昌。仅此亦可见帝颛顼当年之神威了。①

　　历史上诸多事例说明：共工和颛顼之争，反映的是黄河中上游和中下游的氏族部落群体之间的利害冲突关系。在黄、炎、蚩尤之间进行循环战争的时候，还是各不相同的相对分散氏族部落群体，到颛顼和共工大战之后，他们就开始逐渐走到一起来了。

---

① 　参见田昌五著：《华夏文明的起源》，中国书籍出版社 2015 年版，第 67—68 页。

在中原大地上，原来各不相同的氏族部落群体后来经过冲突而发生联系进而相互融合了。这表明，到了帝颛顼时期，部落之间的战争已往往不是你死我活，而是常常以和平结盟而告终，而和平联盟的结果一般又都会形成新的社会共同体。正因为如此，氏族部落能汲取不同的文化而形成一种新文化，脱出原有的氏族部落共同体而形成新的民族共同体，至少是从血缘部落联合体开始发展为地域部落联合体。也正因为如此，部落联盟共主制度才率先跨进文明社会的门槛，成为中国政治文明社会的滥觞。

帝尧舜时期，天下为公，选贤与能，政治文明进一步向更高程度迈进。

传说，帝尧是帝挚之弟，帝喾之子。史称他"其仁如天，其知如神。就之如日，望之如云。富而不骄，贵而不舒"。"能明驯德，以亲九族。九族既睦，便章百姓。百姓昭明，合和万国。"[1]尧在位共98年，在即位70年时得舜，最后28年便由舜实际执掌政事。据正史记载："尧知子丹朱之不肖，不足授天下，于是乃权授舜。授舜，则天下得其利而丹朱病；授丹朱，则天下病而丹朱得其利。尧曰：'终不以天下之病而利一人'，而卒授舜以天下。"[2]尧死之后，百姓非常悲痛。3年之内天下不举乐，以寄托对尧的哀

---

① 《史记·五帝本纪》。
② 《史记·五帝本纪》。

思。尧虽然让位于舜，舜却不肯即位，让位于尧子丹朱，自己避
于"南河之南"。但是，"诸侯朝觐者不之丹朱而之舜，狱讼者不
之丹朱而之舜，讴歌者不讴歌丹朱而讴歌舜"①。舜说："这是天意
啊！"于是即位为天子。由此看来，尧舜间领袖地位的继承过程
似乎是十分和平的。"后代的史家所以用'禅让'这一后代的政治
概念来说明尧舜禹之间的权力转移，是因为'禅让'的意义即在
于指'最高政治权力的和平交接'。"②

传统中国的政治体制一个突出的特征是高度的集权性。这种
集权性的表现形式即是政治上的大一统。从历史上看，中国政治
的这一集权传统是从大禹开始的。

禹在我国上古历史传说中，堪称是一位伟大的传奇式的英雄。

据说，他曾受尧之命，继父鲧之志，治理"浩浩怀山襄陵，
下民其忧"的滔天洪水，"劳身焦思，居外十三年，过家门不敢入。
薄衣食，致孝于鬼神。卑宫室，致费于沟淢。陆行乘车，水行乘
船，泥行乘橇，山行乘檋。左准绳，右规矩，载四时，以开九州，
通九道，陂九泽，度九山"。终于制服洪水，"众民乃定，万国为
治"。禹也因此而"声教讫于四海"③，在众部族中享有极高的威望。

---

① 《史记·五帝本纪》。
② 　齐涛主编，王和著：《中国政治通史——从邦国到帝国的先秦政治》，泰山
出版社 2003 年版，第 105 页。
③ 《史记·夏本纪》。

先秦与两汉文献典籍中，关于禹活动的记载甚多。

《墨子·非攻》说："禹亲把天之瑞令，以征有苗。""禹既已克三苗，焉磨为山川，别物上下，卿置大极，而神民不违，天下乃静。"

《国语·鲁语下》说："禹致群神于会稽之山。"

《左传·哀公七年》说："禹既会诸侯于涂山，执玉帛者万国。"

《山海经·海外北经》说："禹杀相柳……乃以为众帝之台。"

这里所谓的"诸侯""万国"，皆是指禹在治理洪水过程中加以征服或者争取过来的众多氏族部落。上述文献记载说明，除了禹所属部落联合体中的众多部落之外，还有原本并不属于禹部落联合体的众多其他部族。他们之所以前来对禹表示服从，有的是为禹的德行所感召，有的是被禹的威势所慑服。据《国语·鲁语》记载，禹在会稽大会诸侯的时候，防风氏部落的首领因为迟到，就被禹杀戮。由此不难看出，禹在当时的确具有很大的、远远超过尧舜的个人权威。

我们可以这样来认识，大禹治水过程中对国家政治统治模式的选择和实践，奠定了后来中国传统的国家集权模式的雏形。这种最早的国家集权模式可以称之为大洪水政治。

第一，治水要求国家的统一。在治水过程中，运用强有力的中央集权，来统一调配治水的人力物力资源，指挥和掌控全国性的大规模的治水行动。

第二，治水活动既是一种社会经济活动，也是一种国家治理的政治活动。在治水活动中，个人与集团、个人与国家的政治关系得以重新洗牌和调整。

第三，在政治关系的约定下，个人利益要服从于集体利益，个体要为整体服务，政策和决定的制定与下达，必须作通盘利益的考虑，在必要及关键的时刻，还应当以局部利益的牺牲换取整体及全局利益的完好无损。

第四，治水要讲求政治宣传作用和引导作用。在传统中国的意识形态中，个人实际是政治化的个人。要保持住个人身上的这种政治关系，或者说个体服从于整体的政治利益关系，就必须要树立起人的服从与牺牲的精神境界。大禹为公舍私、以身作则的精神由此而生。为什么中国历史上一直极力渲染大禹治水，歌颂其外出 19 年，其间三过家门而不入的动人事迹？这里面有一个政治性的宣传和精神引导作用，是要在人们的思想中植入一种敢于和肯于奉献的精神。①

大禹治水开创出了传统中国的政治集权模式——家天下的国家统治模式，这也是中国最早大一统模式的雏形。这种政治模式，对孔子的政治观的形成有着很大的影响。

---

① 参见唐帼丽著：《传统中国的文化精神》，中国社会科学出版社 2003 年版，第 124 页。

按照《礼记·礼运》篇的说法，从禹的时候开始，"大人世及以为礼，城郭沟池以为固"，"谋用是作而兵由此起"。禹欲结束带有原始民主色彩的禅让制度，但又顾虑传统观念的深远影响，便采取十分灵活的做法，使禅让制度向世袭制度转变。禹选择颇有威望的偃姓部落首领皋陶为继承人，以表示自己依然奉行禅让。可是皋陶的年龄与禹相仿，已至耄耋之年，等不到实行禅让便先禹而死。禹又荐举没有多少影响的益为继承人。禹死之后，益重演禅让故事，把权力让给禹之子启，自己躲避到箕山之阴，但各个部落并不拥护他，而拥戴启。于是启便继位而正式建立夏朝，开始了"家天下"的局面。《战国策·燕策》说"禹名传天下于益，其实令启自取之"，禹的举措在实际上为启掌握权力开辟了道路。在司马迁看来，在禹晚年时，曾经仿照尧、舜的故事，"以天下授益"，但是"虽授益，益之佐禹日浅"，故而威望明显不足；而禹子启则在禹的长期刻意培植下，早已执掌了部落联合体的实际最高权力，"故诸侯皆去益而朝启"①。最后，启杀益，开创了中国历史上的第一个王朝——夏王朝。

在大洪水政治形成与完善过程中，尧、舜、禹诸帝都是通过自我修身养性，以勤俭为本、身为天下先，进而使家、族兴旺，并最终获得整个天下统治权的。然而，在大禹的儿子启获得了权

---

① 《史记·夏本纪》。

力之后，通过"传子不传贤"的方式开启了世袭制的新时代。此后，王权的转移严格地限定在天子一系的血缘之中。

一般认为，夏启也是一个有德行的人，因而获得了权力，不过此次权力转移过程中所体现的传子状况还是引起了某些部族的不满，从而导致了战争。

按照《史记》中的记载，姒姓部族在当时的势力很大，包括"有夏氏、有扈氏、有男氏、斟寻氏、彤城氏、褒氏、费氏、杞氏、缯氏、辛氏、冥氏、斟戈氏"①等，禹属于其中的有夏氏。从文献中透露出的信息来看，有夏氏部族在姒姓部族中很可能本来并不是最强大的一个部族，或虽然曾经是最强大的部族但后来地位有所下降。特别是鲧的被杀，暗示着有夏氏和禹的家族在这场与以舜为代表的有虞氏的斗争中曾经大伤元气。由于禹治水而带来的个人威信，以及他后来继舜而成为部落联盟的最高首领，有夏氏部族也随之兴盛，成为姒姓部族中迅速崛起的一个强支。但这种迅速崛起的"暴发户"地位很可能并没有得到所有姒姓部族的政治认可。所以，在禹去世以后，当禹的儿子启"即天子之位"②时，姒姓部族中的另一强支有扈氏便出来挑战启的地位。

---

① 《史记·夏本纪》。
② 《史记·夏本纪》。

"有夏之方兴也，扈氏弱而不恭，身死国亡。"[1] 看来，这两个同姓强族之间曾在甘地（今陕西户县西南）为最高领导权而展开过激战。

据《尚书·甘誓》的记载，夏王启在与有扈氏大战于甘之前，曾经历数有扈氏的罪状，声称是"天用剿绝其命"，而自己则是"恭行天之罚"，即秉承神的意旨讨伐有扈氏。这说明启在当时地位并不稳定，亦未完全取得各部族的肯定，因而必须动用神的意旨来对抗同姓部族的反对，而这一事实恰恰说明虽然禹由于个人的巨大功绩和威望而获得代表姒姓部族出任部落联合体最高首领的权力，但是否应当由禹的家族继续垄断这一权力，却受到同姓的其他强宗大族的质疑。

启受到有扈氏的反对是同姓部族的反对，这一点以往多被学术界所忽视，而这恰恰是一个具有关键意义的信息。在前国家时期，血缘纽带是人们社会联系的基础。在一个大的部落联合体之内，具有血缘纽带的部族一般都是关系最为密切的部族。特别是在尧舜时期，已经存在由最强大的部落中的最显赫的家族世袭部落联合体最高首领的惯例，那么何以"启即禹位"并未被异姓部族所反对，相反却受到了来自同姓部族的激烈攻击呢？答案应当是明确的。启所受到的反对不是来自异姓部族，而是来自同姓部

---

[1] 《逸周书·史记解》。

族的这一事实告诉我们，这场斗争的性质并非所谓"僭取与反僭取"或"新的王权与旧的氏族制度"之争，而恰恰是由谁代表姒姓部族出任部落联合体最高首领之争。古人认为有扈氏是"为义而亡，知义而不知宜也"①；或今人认为有扈氏是逆历史潮流，维护过时的氏族制度，其实都不相干，都是后人的一种猜测。启的胜利使得夏王朝的世袭制度得以延续。同样，上古传说中认为夏代的最后一个统治者桀由于其残暴、无德失去了民心，并进而失去了权力，取而代之的是另一个拥有德行与威望的统治者——汤。

汤通过外在的武力征服，最终取代夏建立了新的世袭王朝——商。商朝初期，统治者为了解释夏商之际以武力获得政权的合法性问题，他们除了强调汤个人的"德行"之外，高于个人德行之上的能给王朝带来福音与惩罚的"上帝"这一"人格神"的观念开始起作用。人们被告知，夏的灭亡与商的兴起，并不仅仅是个人德行的问题，而是上天的意志，所谓"有夏多罪，天命殛之"②。从此时开始，"家国一体"的王朝开始具备了宗教意义上的"天命所归"的支持。可以想见，殷商是一个完全在武力征服的基础上建立起来的庞大帝国，需要同样强势的宗教予以维系，这就是超越于其他氏族神之上的"上帝"观念。这种将宗教与现实政

---

① 《淮南子·齐俗训》。
② 《尚书·汤誓》。

治权威之间进行结合的做法，无疑是"家国一体"更为宽泛的表述方式。也正是在这样的社会背景之下，商代对鬼神的崇拜与祭祀极其关注，巫在商代王室中占有重要地位。这种国家权力转移由统治者的个人德行转向更为宽泛的应对整个族群的"天命"，应当是夏商两代政权转移带给人们的反思的结果。在这种天命观念下，王个人的德行好坏已然不是最重要的事情了，与天之间的沟通才是关键所在，"殷人以为帝有全能，尊严至上，同它接近，只有人王才有可能……（人王）死后都能升天，可以配帝。因而上帝称帝，人王死后也可以称帝。"①商王朝这种以王配帝的观念，导致了后期"巫王合体"与"政教合一"体制的形成。

不过，如果按照政治运作的实际规律来看，"巫王合体"与"政教合一"的体制并不能保障殷商王朝的长治久安。事实上，决定这个王朝命运的，还是这个王朝的政治制度与统治者的执政水平。

从政治体制上看，所谓的殷王朝，实际上不过是以大邑商为领袖的、由众多方国组成的一个方国联合体，不但与秦汉以后的大一统王朝有着天壤之别，也与家国同构、"宗统与君统合一"的周王朝有着迥然的差别。周代的诸侯称呼周王为"天王""天子"，而决不会称"大邦周"，自己也绝不敢称"小邦齐""小邦晋""小邦鲁"，这恰恰体现了殷周国家体制的根本差异。简言之，周代

---

① 胡厚宣、胡振宇著：《殷商史》，上海人民出版社 2003 年版，第 516 页。

的人们已经有了"天下一体"的意识，诗人所吟唱的"溥天之下，莫非王土；率土之滨，莫非王臣"之所以产生于周代而非殷代，原因即在于此。在殷代，即使在"小邦周"与"大邦殷"之间关系最密切的时候，二者也并非是一个政治实体。殷王朝直接控制的地方被殷人称为"四土"，其地域并不广大。战国时吴起的说法是："殷纣之国，左孟门，右太行，常山在其北，大河经其南。"①即今天黄河中下游的冀南、豫中一带。其他的邦族方国，特别是那些重要的邦族方国，大多是基本独立、原来就有的，而不像周初的齐、鲁、卫、晋那样，是在周王分封之后才出现的。它们和"大邦殷"之间的关系，与部落联盟时代氏族部落之间的"递等"关系一脉相承，可视为一种首领邦国和从属邦国之间的关系。所以，尽管"大邦殷"在整个有商一代始终是实力最为强大的一个方国，但其他方国对商王国并不是一贯俯首帖耳，奉命唯谨，而是根据殷人和他们自己力量对比的消长而变化，或叛或附，或敌或友。例如，商王雍己在位的时候，朝政混乱，"殷道衰，诸侯或不至"，其他的方国就不再来朝表示服从。雍己死后，其弟太戊即位，修德理政，"殷道复兴"，于是其他方国又纷纷"归之"②，表示

---

① 转引自齐涛主编，王和著：《中国政治通史 ——从邦国到帝国的先秦政治》，泰山出版社 2003 年版，第 162 页。
② 《史记·殷本纪》。

恭顺。这种时即时离的政治关系，一直持续到殷亡。因此，倘若用后代大一统王朝实行的那种中央集权统治的标准来衡量，商代的王权实在是十分有限的。[1]

由此可见，在商代，众多诸侯国对于"大邑商"而言，亦是一个相对松散的政治合作实体，它们都拥有自己的领土，有自己独立的经济、军队和自己的政治组织，具有很大的独立性。它们对商王朝的归附要视"大邑商"的施政得失而定。商王施政不当，它们则采取独立而不向中央王朝履行职贡。所以在商朝历史上出现了几次"殷道衰"而诸侯"莫朝"或"不至"[2]的局面。诸侯的向背，是殷商中央王朝强弱的标志。中央王朝的强弱，又是与王朝最高统治者商王的施政得失密切相关的。所以，在商朝，诸侯的向背，在一定程度上，对中央王朝的施政，亦即王权的作用，有一定的影响。商王若滥用王权、暴虐，不仅诸侯不从，甚至还有亡国的危险。[3]

商初所发生的基于王朝更替而产生的对于国家与文化关系的反思，在弱小的西周战胜强大的殷商建立新政权之后，再一次出

---

[1] 参见齐涛主编，王和著：《中国政治通史——从邦国到帝国的先秦政治》，泰山出版社 2003 年版，第 161—163 页。

[2] 《史记·殷本纪》。

[3] 参见白钢主编，王宇信、杨升南著：《中国政治制度通史》第 2 卷，先秦，人民出版社 1996 年版，第 287 页。

现，这一意料不到的历史发展，刺激周人追寻历史性的解释。这种追寻的结果淡化了天命的宿命论色彩，强调"天命靡常"，因此，人主要"自求多福"①；并最终形成了"天下"观念，抟铸了一个文化的共同体。最为重要的是，在获得天下之后，周代的统治者们为了应对以小邦克大邦所带来的对于庞大地域的控制力减弱的问题，周王朝统治者在总结历代治理经验得失的基础上，彻底改变夏商时代主要依靠武力稳定统治秩序的国家治理模式，建立了完备的宗法制度、分封制度、礼乐制度，进一步强调了"家国一体"的重要性，以及强化了宗族内部的自我凝聚力与控制力，在此基础上大行封建制，将自己的子孙、嫡系、功臣分封到各个边疆地区，"以藩屏周"。嫡长子继承制的完善，进一步确保了宗族的稳定与秩序的延续。这是对中国政治文明的一大贡献。然而，这种制度也有其明显的弊端，这就是"一旦这种源自远古的温情脉脉的关系日益疏远并最终丧失掉之后，最初的稳定与秩序也将随之崩溃。周王室的统治与周王朝维持高度统一的关键，就在于其能否在这些方面保持优势与控制权"②。

综上可见，上古至三代时期中国政治共同体所出现的血缘、

① 《诗经·文王》。
② 黄勇军著：《儒家政治思维传统及其现代转化》，岳麓书社 2010 年版，第 38 页。

地缘政治，家国同构的思维模式，炎、黄、蚩尤时期各部族在战争与融合过程中形成的"和""合"观念；尧舜禹时期的部落联盟共主制度、天下为公、选贤与能、禅让制、大禹治水过程中形成的集权制度、夏商周时期的天命观念与国家制度、汤武革命、制礼作乐、天与人归等政治观念与治理经验，均构成了孔子文化自信的源泉，成为早期儒家批判现实、追求变革的主要源泉之所在。文化自信是领导力的重要组成部分，孔子为首的早期儒家对上古至夏商周三代文化的继承与总结，既是他们修齐治平的起点需要，也是他们修齐治平的终点目标。

二、孔子的文化选择

据《论语》记载，孔子的政治取向，很清楚地表现在他曾说过的下面三段话中。

孔子说：

> 文王既没，文不在兹乎？天之将丧斯文也，后死者不得与于斯文也；天之未丧斯文也，匡人其如予何？ [①]

---

① 《论语·子罕》。

周监于二代，郁郁乎文哉，吾从周。①

甚矣吾衰矣，久矣吾不复梦见周公。②

对于周文化，孔子是充满信心的，他自己也是当仁不让地以周文化的继承者和传播者自视。当孔子被匡地的人们围困时，众追随者感到恐慌时，他说："周文王死了以后，周代的礼乐文化不都体现在我的身上吗？上天如果想要消灭这种文化，那我就不可能掌握这种文化了；上天如果想要继续传承这种文化，那么匡人又能把我怎么样呢？"

"监"者，"鉴"也。孔子认为，夏商周三代文化，周文化成就最高，周代典章制度的借鉴与损益，含有借历史的经验教训，大有观今得失之意。

"从周""梦见周公"等信息均表明，这是孔子的文化选择，是孔子一生在文化理想追求上的最高目标。

孔子是一个热衷仕途，积极入世，欲求"达则兼济天下"的政治理想主义者。"重建东周"，恢复周公所制定的一系列政治文化制度，恢复宗周时期那样"溥天之下，莫非王土；率土之滨，莫非王臣"的大一统气象与社会秩序，是孔子一贯的政治主张和

---

① 《论语·八佾》。

② 《论语·述而》。

人生理想。

如果说，孔子"从周"是因为"郁郁乎文哉"，也因为"周虽旧邦，其命维新"①，那么，孔子又为什么总是会"梦见周公"？

周公，姬姓名旦，是周文王之子，周武王之弟，周成王的叔父，因受封于周，故称周公。

周公生活于殷周之际，历经文、武、成王三代，既是创建西周王朝的开国元勋，又是稳定西周王朝，促成"成康之治"的主要决策人和政治舵手。"周公集黄帝、尧、舜、禹、汤、文、武之大成，其道繁博奥衍。"②他深明天人关系，懂得社会变迁发展的原因，精通政治统治的管理策略，思想敏锐而勇于创新，博学多识而善于决断。西周初年的典章制度，多为周公损益前代政治文化而兴创制作。西周政权的稳固确立，实乃周公审时度势为之奠基。他一生辅佐武王和成王，在政治上有大作为，在国家制度创新上有大开拓。他创建以宗法制度为核心的一系列新的政治制度以及仁德政治范式，超过前人，足可如日月经天、江河行地般地垂范后世。

历史表明，封建制虽然并非从周公开始，但在他摄政期间，将分封制度推向了高潮，封建制也最终作为一项重大政治体制真

---

① 《诗经·大雅·文王》。
② 杨琥编：《夏曾佑集》下，上海古籍出版社2011年版，第808页。

正确立下来。

《荀子》一书记载：周公"立七十一国，姬姓独居五十三人"[1]。

《左传》记载：

> 昔周公吊二叔之不咸，故封建亲戚以蕃屏周。管、蔡、郕、霍、鲁、卫、毛、聃、郜、雍、曹、滕、毕、原、酆、郇，文之昭也。邘、晋、应、韩，武之穆也。凡、蒋、邢、茅、胙、祭，周公之胤也。[2]

可见，西周王朝的政治版图是在周公大分封后才最终奠定下来的，通过层层分封，扩大了西周的疆域，这是中华民族政治史上的一次巨大飞跃。

制礼作乐，也是世所公认的周公一生的主要功绩之一。

周公的制礼作乐，实际上就是建立周代一系列政治文化制度的规范，它涉及政治、经济、法律、宗法、礼仪、祭祀、文化教育等一系列典章制度，是对周人社会政治文化活动的各个方面进行的一次比较全面的规范。

后世儒家称周公"制礼作乐"，把周初一切制度，包括《周官》都说成周公一手制定，未免有武断、夸大之嫌。然而，先秦典籍

---

① 《荀子·儒效》。
② 《左传·僖公二十四年》。

多处确实记载了关于周公与礼乐的关系。如,"先君周公制周礼"①;
"晋侯使韩宣子来聘……观书于大史氏,见《易》《象》与《鲁春秋》
曰:'周礼尽在鲁矣。吾乃今知周公之德,与周之所以王也。'"②
此外,《逸周书·明堂位》《礼记·明堂位》《尚书大传》等文献都
直接称周公"制礼作乐"。可见,周公确实为制礼作乐作过重大的
贡献,当是毋庸置疑的。西周的典章制度非一时一人所作,从文、
武王开始创制,由周公总其成,后又经历代充实而不断得到完善,
应是比较符合实际的结论。

周公还开创了"以德治国"的政治新范式。

周公不愧是中国古代一位伟大的政治家,他清楚地看到了民
众在改造历史进程中的伟大作用。因而,他在总结夏、商两朝的
历史经验教训的基础上,认为要"祈天永命",必须"明德",实
行与殷末不同的政策,改革弊政,励精图治。周公重视以礼治国,
明德慎罚,提出了一系列颇具创造性的法律思想,在治国方面实
现了由神本文化向人本文化的法律思想与制度的转变。他在治国
理政的实践过程中,重视贯彻"明德""保民"。

第一,在中国政治史上,"明德"思想是周公第一个提
出的。

---

① 《左传·文公十八年》。
② 《左传·昭公二年》。

在《尚书·康浩》《尚书·多方》中周公提出"明德慎罚"的政治思想，在《尚书·无逸》《尚书·立政》中又反复讲"明德""敬德"的重要性。

"明德"是指与暴政对立的德政而言。

"明德"包括两方面的内容：

其一，重教化、感召。周公反复强调教化的重要性，要百官臣僚"其尔典听朕教"①，还指出"尚克用文王教，不腆于酒②，"古之人犹胥训告，胥保惠，胥教诲，民无或胥诪张为幻"③。教化人民不酗酒，不互相欺骗诈惑。

其二，慎罚。明德与慎罚是一个问题的两个方面，明德包括慎罚，做到慎罚就叫明德。周公认为处罚得当就是"秉德"的表现。

如何慎罚？

周公提出三点要求：一是行罚主要不看罪之大小，而要视其犯罪的动机，倘若是故意犯罪，罪行虽小也要施之重刑；若非故意犯罪，而又知道悔改，罪行虽大，也可以量刑处理。二是审查供词要慎重，要考虑五六天，甚至十天，以避免发生断案的错误。

---

① 《尚书·酒诰》。

② 《尚书·酒诰》。

③ 《尚书·无逸》。

三是对"不孝不友"的"元凶"巨恶，要"刑兹无赦"；对"乃别播敷，造民大誉"的贵族，也应施以极刑。做到以上三点就达到"义刑义杀"①，这就叫慎罚。慎罚的目的是为了更好地用刑，以维护国家与民众的利益。②

第二，"保民"思想首由周公提出。

周公反复讲"往敷求于殷先哲王用保乂民"，"若保赤子，惟民其康乂"，"明乃服命，高乃听，用康乂民"③。其内容都是劝告康叔要懂得"保民"的重要性。周公告诫统治者要"知稼穑之艰难"，"知小民之依"，"能保惠于庶民"，"怀保小民，惠鲜鳏寡"④。注重体察民众的艰难和疾苦，不过分剥削，给百姓安居乐业的空间。

中华民族素有"礼仪之邦"的美称，但很多人尚不知道，"礼仪之邦"是由周王朝奠基与开创的。"有周一代之事，其关系于中国者至深，中国若无周人，恐今日尚居草昧。盖中国一切宗教、典礼、政治、文艺，皆周人所创也。中国之有周人，犹泰西之有希腊。泰西文化，开自希腊，至基督教统一时，希腊之学中绝。洎贝根以后，希腊之学始复兴。中国亦有若此之象，文化虽沿自

---

① 《尚书·康诰》。
② 参见詹子庆：《周公——我国古代第一位大政治家、大思想家》，《东北师大学报》（哲学社会科学版）1984 年第 1 期。
③ 《尚书·康诰》。
④ 《尚书·无逸》。

周人，然至两汉之后，去周渐远，大约学界之范围，愈趋于隘，而事物之实验，愈即于虚，所以仅食周人之弊，而不能受周人之福也。"①

德政之始，始于周朝。

殷周王朝新旧政权的交替变革，开启了中国社会政治和文化思想的崭新发展历程。以周公为代表的西周初年的统治者，在创建巩固新兴政权的政治活动中，基于对历史与现实、政治与文化的理性反思，创立了宗法制度的社会结构体制，确立了礼乐文化的政治道德规范，推进了中国文化的道德精神特征的兴起与发展。特别是周公提出的"以德配天""敬德保民""明德慎罚"的德治主张，作为西周初年中国政治文化的道德精神特征的集中体现，不仅从政治策略上和文化意识上巩固了周初政权，而且具体展示了当时中国文化对于人的存在的自觉认识和主动构建的时代轨迹。它对于中国传统社会文化的更新递进，以及民族生存方式的抉择完善，无疑具有影响深远的政治意义与重要的文化价值。

周初统治者的德治思想与实践，是在创建巩固西周政权的特定历史条件下，通过周公等人对于社会文化的反思和总结阐发而形成的。它不仅概括了夏商以来中国政治思想的精华，而且开启了中国政治文化对于人的存在的自觉认识历程。

---

① 杨琥编：《夏曾佑集》下，上海古籍出版社 2011 年版，第 806—807 页。

从三代历史看，周族作为长期臣服于夏、商两代的一个地方政权，为了谋求自身的生存与发展，从公刘开始，历经古公亶父、季历、文王等首领，在其创业过程中，皆能积德行义，笃仁行孝，敬老慈少，礼贤下士，倡导道德，管理教化民众。特别是文王，尤能遵后稷、公刘之业，守古公亶父、季历之法，积善累德，诸侯皆向之。周公也是"自文王在时，旦为子孝，笃仁，异于群子"①。应该说，周王朝统治者的德政，应该是周人重德文化长期熏陶与发展的必然结果。

然而，具体而言，周王朝以德治国思想的升华与贯彻落实则是经周公之手完成的。

探讨政治策略与政权兴亡的内在关系，是周公德治思想形成的原因之一。

周初统治者在对夏、商、周三代政权变革的反思中，认识到了统治者自身行为得失是政权转移的关键因素。夏亡商兴，是由于夏朝统治者为政不行善德所致。夏朝"自孔甲以来而诸侯多畔夏，桀不务德而武伤百姓，百姓弗堪"②。商汤从夏代灭亡的教训中，认识到了为政要勤于民事，有功于民，才能持有天命，巩固政权，故他说"毋不有功于民，勤力乃事"，"古禹、皋陶久劳于

① 《史记·鲁周公世家》。
② 《史记·夏本纪》。

外，其有功乎民，民乃有安"，"后稷降播，农殖百谷。三公咸有功于民，故后有立。昔蚩尤与其大夫作乱百姓，帝乃弗予，有状。先王言不可不勉"①。由此可见，能否实行有德于民的政治策略，是一个政权兴亡的重要因素。周公在总结商亡周兴的原因时认识到，商朝的灭亡是由于其统治者实行残暴统治和腐败淫虐所致。商朝先王盘庚和武丁，由于为政不敢"自荒兹德""不敢动用非德"，注重"用德彰厥善"②，"式敷民德，永肩一心"③，所以商代政权得以稳固兴盛。但是，自商王祖甲以后，"不知稼穑之艰难，不闻小人之劳，惟耽乐之从"④，政权因以衰落。特别是商纣王，为政重用奸佞，残害贤人，滥施酷刑，不闻民苦，横征暴敛，荒淫无度，最终导致政权的覆灭。而周王朝的兴立，在于周人重视德治。特别是周朝的奠基者周文王，在其政治活动中，提倡惠和，选贤任能，注重民生，减轻税赋，奠定了灭商的基础。故周公说："文王卑服，即康功田功，徽柔懿恭，怀保小民，惠鲜鳏寡。自朝至于日中昃，不遑暇食，用咸和万民。文王不敢盘于游田，以庶邦惟正之供。"⑤ 由于文王为政"礼下贤者，日中不暇食以待士"，"积善累

---

① 《史记·殷本纪》。
② 《尚书·盘庚上》。
③ 《尚书·盘庚下》。
④ 《尚书·无逸》。
⑤ 《尚书·无逸》。

德，诸侯皆向之"①，最终武王得以推翻商朝政权。"纣作淫虐，文王惠和。殷是以陨，周是以兴。"②以周公为代表的周初统治者，在对历史的认识总结中，在亲身经历了殷周变革的社会活动中，深刻认识到了德治政策与政权兴亡的直接关系，这就决定了他为了巩固新兴的周朝政权，必然汲取历史与现实的经验教训，实施以德治国的大政方针。

周代以德治国的实践主要表现在以下几个方面。

1. 规范君德

在周人看来，王之德有多方面的要求，刘泽华将其归纳为10项内容：（1）敬天；（2）敬祖；（3）尊王命；（4）虚心地接受先哲的遗教；（5）怜小民；（6）慎行政，尽心治民；（7）无逸；（8）行教化；（9）做新民，即改造殷民，使其改邪归正；（10）慎刑罚。③这10项内容全面概括了周人之君"德"的内涵，从中可知，周人的王德主要在于处理好与天的关系、与民的关系、与祖先的关系以及处理好君主自身的修养。

2. 运用尊卑有序的政治道德原则，维护人们的社会等级关系地位

---

① 《史记·殷本纪》。
② 《左传·昭公四年》。
③ 参见刘泽华著：《中国古代政治思想史》，南开大学出版社1995年版，第9页。

宗法制度和礼乐文化的创建形成，确立了西周社会的政治道德原则，它将人们纳入了上下一统的尊卑有分、贵贱有等、长幼有序、轻重有别的社会存在关系之中。为了维护这一社会结构的巩固和运行，周政权依据人们的尊卑有分的地位关系，进行了制礼作乐的文化建构，确定了人们的社会职能和行为规范。

周代制礼作乐的文化建构，其内容主要有：畿服之制，规定了周朝中央与地方政权的等级关系；爵位之制，规定了贵族之间的等级关系；田赋之制，确定了西周的经济制度；礼仪之制，规范了人们的日常行为准则。礼乐制度的形成，不仅对人们的社会职能进行了严格的等级规定，而且对人们的行为准则进行了严格的规范。无论是在为国尽职的社会政治职能上，还是在祭祀、婚丧、服饰、宫室等生活行为上，不同的社会地位关系，皆有不同的等级规范准则，都贯穿体现了尊卑有分、贵贱有等的政治道德原则。礼乐文化制度的确立，是对人的存在的行为方式的主动设制，周代统治者智慧地运用了宗法制度和礼乐文化的尊卑有分的政治道德原则，明贵贱、辨等列、顺少长，巩固了西周政权，推进了中国早期社会和谐有序的发展。

3. 推行慈孝友恭的伦理道德规范，规正人们的社会行为准则

推行慈孝友恭的伦理道德规范，是周统治者德治思想的重要内容，它的目的在于维护宗法社会的和谐运行。由于西周初年天命神学的观念意识影响着人们对于社会的认识和行为，周政权的

德治思想并没能完全超越天命神学的束缚制约，依旧运用天命神学的观念意识来论证并规正由现实社会体制所决定的人的伦理道德规范至上的合理性和神圣权威性。在周初执政者看来，父慈、子孝、兄友、弟恭等伦理道德规范，是上天对人们行为准则的合理规范，具有不可违背的天赋神圣性和至上公正性。亦即人道来源于天道，天道决定了人道。周政权推行慈孝友恭的伦理道德规范，在于将人们的行为纳入统一的准则之内，人们只有绝对地遵循这些天赋的道德规范，规正自身的社会行为，才是合乎上天的意旨。不遵守慈孝友恭的天赋道德规范，就要受到代天行道的统治者"刑兹无赦"的严厉惩罚。

4. 实施敬德保民的政治统治策略，保证政权的稳固与发展

敬德保民的统治策略，是周代统治者德治思想的集中体现。作为社会政治和文化思想更新递进的时代精华，它的形成和实施，具体展示了周政权对于人的存在意义的积极追求。

周代以德治国思想与主张以周公为代表。他主张执政者治理百姓，应该恭敬谨慎，具有"徽柔懿恭，怀保小民，惠鲜鳏寡"[①]的仁德意识，在为政中要以慈仁宽厚、惠和恭义的道德来规范自身的行为。统治者要能够了解民众的困苦，保证民众的基本生存。周公指出："我有周既受。我不敢知曰：厥基永孚于休。若天棐

---

① 《尚书·无逸》。

忧，我亦不敢知曰：其终出于不祥。"①周公明智地意识到，天命的转移并不以统治者的意志为根据，而以是否合于民心为尺度。他说："弗永念天威越我民；罔尤违，惟人。"②如想稳固政权，执政者就要"克敬德，明我俊民"③，"王其德之用，祈天永命"④。由于民心向背决定政权的兴亡，所以执政者只有不贪图享乐，"往尽乃心，无康好逸豫，乃其乂民"⑤。故周公称赞商王祖甲"爰知小人之依，能保惠于庶民，不敢侮鳏寡"，告诫成王要"先知稼穑之艰难，乃逸，则知小民之依"，要求为政要"无淫于观、于逸、于游、于田"，不要过分贪图安逸享乐，而要学"殷王中宗，严恭寅畏，天命自度，治民祗惧，不敢荒宁"；要学"文王卑服，即康功田功"，与民众打成一片；对于臣民不可横征暴敛，而要减轻贡赋负担，"以庶邦惟正之供"⑥；只有勤于政事，体恤民情，才能拥有天命政权。更重要的是，官吏的选用，也要以是否有德为标准。尽管西周的宗法制度有着世禄世职的规定，但周公仍然指出要选用有德之人。周公在总结历史经验与教训中认识到，桀、纣政权

---

① 《尚书·君奭》。
② 《尚书·君奭》。
③ 《尚书·君奭》。
④ 《尚书·召诰》。
⑤ 《尚书·康诰》。
⑥ 《尚书·无逸》。

的覆灭，在于他们的统治集团多无德之吏，不能为政以德，"不克明保享于民，乃胥惟虐于民，至于百为，大不克开"①，因而"是惟暴德，罔后"②。而文王之所以能够创立灭殷根基，就在于"文王惟克厥宅心，乃克立兹常事司牧人，以克俊有德"③，所以散宜生、姜太公等一大批贤臣能够以德辅助周王朝的创建。因此，周公指出，从今以后，继位君王设立官员，必须任用贤能善良的人，"继自今后王立政，其惟克用常人"，凡是"克俊有德"的贵族贤明之人，都要"用劢相我国家"④。以德治国，统治者还要实施明德慎罚的策略。周公多次指出，文王之所以能够拥有天命，就在于他实行了"明德慎罚"的统治策略。周公强调，执政者要加强自身的道德修养，"王敬作，所不可不敬德"⑤；要多学习多思考，"惟圣罔念作狂，惟狂克念作圣"⑥，只有修养道德，有德于民，才能巩固政权。只有推行德教，民众才能认识到自身的行为规范，遵守伦理道德准则，社会才能和谐有序地运行发展。唯有明德慎罚、恩威并施、宽严并济的重德策略，民众才能服从管理，自觉规范自身的行为，国

---

① 《尚书·多方》。
② 《尚书·立政》。
③ 《尚书·立政》。
④ 《尚书·立政》。
⑤ 《尚书·召诰》。
⑥ 《尚书·多方》。

家才会得以稳固发展。

周政权德治思想及其实践，开启了中国政治以德治国的先河，开启了中国文化对于人的存在的自觉认识历程，表明了周朝统治者在对天、人、德、政的关系认识中，发现与运用了人的存在的道德特征，认识到了人的道德存在在国家政权兴衰存亡中的重要作用。

周政中的德治思想，在中国政治和文化的发展史上具有十分重要的价值。它推进了中国传统社会和文化的道德精神特征的形成，促成了中国政治体制与道德规范的融汇合一，构筑了中国社会的政治与伦理相结合的治理范式，形成了天下一家、社会一统的结构特征，这对于中华民族的融合和发展，无疑产生了深远的凝聚向心作用。①

综上可知，周公不愧是中国政治与文化史上一位极为重要的人物。"谈中国传统的礼乐文化，谈人文化成，都离不开周公。更为重要的是，周公对于中国传统文化价值体系的形成和发展，有着独特的贡献。"② 他一生辅佐武王和成王父子，在政治上有大作为，在文化上有大开拓。他尊重传统，注意以史为鉴。他所开创

---

① 参见孙聚友：《论周公的德治思想及其文化价值》，《天津社会科学》1997年第 6 期。

② 辜堪生、李学林著：《周公评传》序，四川大学出版社 2006 年版。

的西周人文主义精神，对后世中华文化传统产生了极为深远的影响，为后世中国留下了不可磨灭的重要印记。史学家钱穆因此感叹说："中国之有孔子，其影响之大且深，夫人而知之。然孔子之学术思想，亦本于中国固有之民族性，构成于历史的自然之发展，绝非无因而致者。孔子晚年，有'久矣！不复梦见周公'之叹，则其壮年以来之于周公，其思慕之忱为何如？孟子云'周公、仲尼之道'，后世亦每以周、孔并称，非无故也。"①

三、孔子的人生管理

对于自己的人生管理，晚年的孔子曾经做过这样的概括与总结。他说：

> 吾十有五而志于学，三十而立，四十而不惑，五十而知天命，六十而耳顺，七十而从心所欲，不逾矩。②

孔子说他自己每逢十年便会发生一次飞跃，晋升到一个新的人生境界，进入到某种心理状态。孔子说："我十五岁开始有志于做学问；三十岁立身处世站稳了脚跟；四十岁掌握了各种知识遇

---

① 钱穆著：《周公》弁言，九州出版社 2011 年版，第 1 页。
② 《论语·为政》。

事可以做到不迷惑；五十岁知道了上天赋予自己的使命；六十岁对别人的话能辨别是非曲直；七十岁即使随心所欲也不会出现越规的行为。"就孔子生平的资料来看，他对自己的评价与总结应该还是比较客观的。

细读《论语》，我们可以看到这样一个现象，他讲自己的事情不是很多。全书主要有三处：除了上述孔子说自己"吾十有五而志于学，三十而立，四十而不惑，五十而知天命，六十而耳顺，七十而从心所欲，不逾矩"外，他比较详细地讲述自己的事情还有两件。一件是当孔子听说叶公向子路问孔子是个什么样的人、子路回答不上来时，孔子对子路说："你为什么不这样说，他这个人，发愤用功学习，连吃饭都忘了，快乐得把一切忧虑都忘了，连自己快要老了都不知道，如此而已罢了。"这就是："叶公问孔子于子路，子路不对。子曰：'女奚不曰，其为人也，发愤忘食，乐以忘忧，不知老之将至云尔。'"① 另外一件是，当孔子与其弟子子贡探讨学问时，孔子一时高兴，主动告诉了子贡关于他学习的一些心得。孔子说："赐啊！你以为我是学习得多了才一一记住的吗？"子贡答道："是啊，老师，难道不是这样吗？"孔子说："不是的。我是用一个根本的东西将它们贯彻始终的。"这也就是："子曰：'赐也！女以予为多学而识之者与？'对曰：'然，非与？'曰：

---

① 《论语·述而》。

'非也。予一以贯之。'"

孔子不爱谈论自己的事情这也正常。抛开《论语》《史记·孔子世家》《孔子家语》等书中的记载不论，即便从《庄子》《吕氏春秋》《韩非子》等先秦经典中所述的关于孔子的事情，也很能看到这一点。或许，不愿意提及自己的事情是成熟人物的标志之一。他们或者出自谦虚而少说，或者觉得是自己私事，不愿意让人知道。孔子不多说自己的事情恐怕也是如此。不过，即便孔子不愿意多说自己，他道给学生关于他自己的人生管理、兴趣爱好、学习心得以及生活习惯等已经提供了足够丰富的信息，让我们对他的人生管理有了一个比较清晰的定位。

（1）看孔子的"十有五而志于学"。

孔子在晚年回顾自己的一生经历时，曾经说过这样一句话：

吾十有五而志于学。①

关于"志于学"，有人理解成"开始学习"，这显然不尽符合历史事实。

据司马迁在《史记·孔子世家》一文中记载：

---

① 《论语·为政》。

> 孔子母死，乃殡五父之衢，盖其慎也。郰人輓父之母诲
> 孔子父墓，然后往合葬于防焉。

孔子 17 岁失去母亲时就已经非常知书达理，这在他安葬自己母亲、其礼节仪式让周围人十分满意一事上就可以窥见端倪。

何况，孔母颜徵在含辛茹苦，其唯一希望即在于盼望儿子早日成才。

又据司马迁在《史记·孔子世家》中记载：

> 孔子为儿嬉戏，常陈俎豆，设礼容。

孔子儿时游戏，常常摆设俎豆等祭器，模仿祭祀的礼仪动作。

清代郑环在《孔子世家考》中写道：

> 圣母豫市礼器，以供嬉戏。

就是说，母亲颜徵在买来礼器，以供童年时代的孔子嬉戏与涵养。

不论是天生如此，还是由于后来母亲的引领，孔子自幼对礼乐文化产生了浓厚兴趣。当然，这也许跟他生活在礼仪之邦的鲁国有关。鲁国始祖正是周公旦，是周礼的制定者，周王朝礼乐文化的开创者。鲁国，可谓是周王朝礼乐文化的故乡，不但官府重学，民间也重视教育的开办。颜徵在培养孩子，让孔子很早就上

了当地的平民子弟学校，这是千百年来大家公认的事实。如果孔子到 15 岁才开始学习，那未免不太合乎逻辑，也不合孔母对孔子的感情寄托。无论怎样说，颜徵在虽然家境贫寒，但不能说她没有见识，除了家庭教育，她还是有能力让孔子进入到当时的平民子弟学校接受一点简单的教育的。

真实的情况可能是，15 岁前，孔子在乡校获得了启蒙式的教育，掌握了比较基础的知识，初步懂得了一点礼乐射御书数的基本常识，这为他以后自学深造奠定了基础。孔子后来有文化有能力自学成才，应该得益于此。

如此看来，孔子所谓的"吾十有五而志于学"，应该理解成：他从 15 岁开始真正认识到了学习对于他的人生的重要意义。或者说，从 15 岁开始，孔子对学习文化知识才真正地发生了浓厚兴趣，从此下决心走上自学成才的道路。如果将"吾十有五而志于学"理解成"孔子从 15 岁才开始学习"，这未免有点理解上的简单或者与孔子少年时的实际情况不符。因为孔子说他"十有五而志于学"，而不是"吾十有五而学"。"学"与"志于学"是大不相同的，"志于学"之前，一定有一个学的过程，学出了兴趣，悟出了道理，明确了志向，悟出了人生的奋斗目标，然后，才会"志于学"。"志于学"是主动的、明确的个人自主行为。所以，这句话的意思完全可以理解成：孔子从 15 岁开始，突然对学习发生了浓厚的兴趣，同时也认识到了学习对于改变他的人生的重要性，从此，他立志要通过学习改变自己卑微的处境，改变自己的命运，用学问去实现他复兴祖业的梦想，最终达到他的修身、齐家、治国、平天下的伟大目标。

《说文》："仕，学也；宦，仕也。"

汉朝以前，学与仕不分。孔子"志于学"，也可以理解为就是"立志"要走"学而优则仕"的道路。

"志"也可以这么理解：15岁这年，孔子突然领悟到学习对改变他人生的重要性，对学习发生了浓厚的兴趣，从此结束了无忧无虑"嬉戏"的阶段，从此在心理上进入了大人的世界。

孔子有志于学，很可能其中有"吾少也贱"[1]的因素在内，用现代的话来说，孔子少时生活贫困，希望通过学习来改变自己贫贱的命运。

孔子之"学"可以分为下列四个方面：

第一，启蒙之学——嬉戏中的礼乐文化。

这是家庭教育与社会教育的结果。孔子从小就喜欢用母亲买给他的祭器模型，模仿大人们祭祀的礼仪动作，这事并不显得突兀与奇怪。鲁人重祭祀，民间礼仪活动繁多，这对童年的孔子无疑是一种最好的启蒙教育。在这样耳濡目染的环境中，少年孔子的心灵最深处撒下了礼乐文化的火种，培育了对礼乐文化传统的

---

[1] 《论语·子罕》。

兴趣，完全是有可能的。

第二，谋生之学——下层人的谋生手段。

孤儿寡母，无依无靠，为了生存，孔子一定很早就学会了很多简单的谋生技能，如各种农活、养畜放牧、仓库管理，以及相礼助丧等职事。

第三，谋仕之学——传统儒业，即礼、乐、射、御、书、数。

为了生活，孔子不免从事一些仅仅为了养家糊口的行当。但是，他毕竟是个有想法的人，他要立足社会，只能通过传统的儒业——学好六艺，走上仕途。关于六艺，简单一点说："礼"，指周礼，是那个时代的人必须掌握的生活礼节，包括各种仪式上的礼仪以及人与人之间的礼数。"乐"，跟礼有关，有礼之处必然有乐，什么场合就用什么礼，并配以相应的乐。懂礼者必懂乐。"射"，射箭，是贵族士族保家卫国的必修课。"御"，驾车，古代打仗要驾战车，平时大夫出行，也乘马车，这是军事的需要，也是身份的标志。所以，"御"，在那时，既是交通工具，也是战争工具。"书"，相当于今人所说的听说读写。"数"，既包括算术，还包括术数等。以上六项，实际上就是当时"公务员"必须具备的六个方面的知识和技能。如果要进入国家政府机构谋职位，就必须具备这六个方面的知识和技能。

第四，修身治国平天下之学——孔子在整理礼乐文献的基础上所编纂的"新六艺"。

"新六艺"是指诗经、尚书、礼经、易经、乐经、春秋。诗经属于文学科；尚书属于政治学科；礼经属于法规律令学科；乐经属于艺术学科；春秋属于历史学科。

在人生追求上，孔子有更高的眼光。假如孔子所学，都是些谋生和谋仕的专业知识，他就不可能成为后来伟大的中华民族文化的代言人了。

孔子是一个开放型学习的人。从他对于中国古代文化的研究，如对诗、书、礼、乐、易的兴趣可以知道，只要是学问，他都总是充满好奇，持有兴趣的。

孔子曾说过："君子不器。"[1]

他认为有道德有学问有修养有本事的人不应是一个只有专门用途的器具。他不会把自己变成某一领域的专家，他不会为了谋取一官半职，去专门学习某一专业，成为某一专业人才。也就是说，他是许多学科领域的专家，但他不仅仅是专家，而更是一个旨在"修齐治平"理想下充满蓬勃生机的博学多才的通家。

孔子曾经严肃地告诫他的学生子夏说：

汝为君子儒，毋为小人儒。[2]

---

① 《论语·为政》。

② 《论语·雍也》。

什么是小人儒？就是专业儒、职业儒，就是学成某一专业，以此在某一领域谋生与发展的儒。

什么是君子儒？就是道义儒，就是铁肩担道义，妙手著文章，以治国平天下为目标的儒。

小人儒的出发点是为自己的发达以及名利的获得。

君子儒则是以救世济人、以天下苍生的福祉为奋斗目标。

孔子将探索宇宙人生大道作为自己的人生使命，将治国平天下作为人生的最高追求；将为往圣继绝学，为万世开太平作为自己义不容辞的人生责任；将修养和提高自己的人格境界，无限向臻于至善的境界迈进作为自己终生不懈的奋斗目标。正因为如此，从他以后，职业儒的"礼、乐、射、御、书、数"开始退后为"小六艺"，成为小学科；《诗》《书》《礼》《乐》《易》《春秋》成为"大六艺"，成为大学科。可以毫不夸张地说，孔子通过自己的不懈努力，拓宽、提高了中国人对于人生价值与意义的理解，改变了中国文化史的走向，从而也使他最终成为中华文化史上的巨擘。

孔子是一个特别强调"身体力行"或"知行合一"的人。孔子的"有志于学"是对道的不断的认识和掌握。他用"学而时习之，不亦说乎"的亲身经验来说明实践和学习的关系。"学习"在今日只是意味着获取知识，在学校更多的是做习题；但在孔子的词典里，学习包含获得知识以后必须实践的意思。通过持之以恒地刻苦钻研、学习与生活实践，在 30 岁之前，孔子已经有了不小的名气，具备了"立"的能力。

（2）看孔子的"三十而立"。

孔子自己为"立"做过解释，他说：

> 可与共学未可与适道；可与适道未可与立；可与立，未
> 可与权。①

孔子认为："可以一起学习的人，未必可以一起学到道；可
以一起学到道的人，未必可以一起坚守道；可以一起坚守道的人，
未必可以一起通权达变做成事情。"在孔子那里，"立"是学道有
得而适道，即实践道，在实践中积累的信心与经验使自己可以有
所立身。用现在的话说就是"实现了经济、思想、人身独立站起
来了"的意思。在心理上、思想、经济上有所成立，不必再依靠
前辈、老师、大人，甚至权威，自己可以立足于社会，这就是孔
子所谓的"立"。

孔子肯定是个比较谦虚谨慎诚实的人，我们可以从他的"知
之为知之，不知为不知"的说法上了解到他对学问认识的真诚；
到了30岁才以为自己是"立"起来了，这需要一定的谦虚和谨慎。
周朝立国以来，贵贱、尊卑、长幼之分的社会风气使像孔子那么
勤奋自勉的人都小心翼翼地不敢"站"起来，处处体现出做学生

---

① 《论语·子罕》。

的样子来"学习",向书本"学习",向他人"学习"。"学而时习之,不亦说乎。"这确实对今日一瓶子不满、半瓶子晃荡的很多浮躁的年轻人来说,具有很深的鉴示意义。

就本人所见,孔子的"立",可以分为"小立"与"大立"两种。

"小立",就是实现自身的"独立",如《楚辞·离骚》上说的"恐修名之不立"的"立",即自我的建立,它包括了自身经济能力的独立、自我的人格的成熟、自己人生目标的确立等。

"大立",就是能够担当更多更大的社会责任,即所谓"太上立德,其次立功,其次立言"[1]是也。

孔子的"三十而立"包括了对立身之本、婚姻、家庭等人生重大的事情的了解与经验。这还是在"小立"的范畴之内。

勤奋好学,再加上过人的天赋,到30岁时,孔子终于可以自豪地向世人宣告:

吾"三十而立"了[2]。

如何才能算"立"?

一个"立"字,有五个指标:

第一,对自己有了充分的信心,自尊、自立、自强的自我人

---

[1] 《左传·襄公二十四年》。
[2] 《论语·为政》。

格已经形成。

第二，已经初步获得了社会主要阶层人士的尊重与认可。

第三，家庭问题、配偶问题已基本定型且基本得到了妥善解决。

第四，有维持自己以及家庭生计的固定的"业"，经济上可以独立生存。

第五，人生终极奋斗目标已经基本清晰而且明确。

在这里，孔子对"立"树立了一个很高的标准，即学道有得且适道，懂得道的伟大正确并能切身地去实践道。

孔子"三十而立"的标志性事件主要有：

第一，孔子从 15 岁开始，就立志把自己的一生奉献给学问，奉献给追求真理，奉献给治国平天下的梦想。通过学习、实践、总结与思考，到 30 岁时，孔子已经对自己的人生轨迹与人生目标和理想有了比较清晰的定位与把握，在心理上、思想上、经济上、人际关系、人生原动力等重要问题上都已经有所独立，不必再依靠前辈、老师、大人，甚至权威去做自己命运的主人了。这是孔子敢于说自己"三十而立"的主要凭借之所在。

第二，20 岁那年，孔子结婚成家。孔子与宋国亓官氏家族的一个女子结婚，并于第二年有了自己的孩子孔鲤。

第三，孔子夫人生了孩子后，鲁昭公听说孔子生了孩子，派人给孔子送了一条大鲤鱼，表示祝贺。孔子非常欣喜，他看看鲁昭公送来的这条活蹦乱跳的大鲤鱼，当即决定，儿子的名就叫鲤，字就叫伯鱼。

伯鱼之生也，鲁昭公以鲤赐孔子。荣君之贶。①

鲁昭公赐鱼，让孔子感到无上的荣耀，更让孔子对鲁昭公充满感激之情。这种感激之情，伴随了孔子一生。但是，一个问题是：国君鲁昭公为什么要对一个刚刚20岁尚未出仕做官的年轻人如此重视，给予他这么高的礼遇和荣耀呢？要知道，就在3年之前，孔子17岁的时候，当权派季孙氏的一个小小的家臣阳货都看不起他，根本就不承认他的士的身份啊。

答案只有一个：孔子此时已经以他的学问和人品获得了国人的尊重与认可。

那么，是什么样的学问，能让他得到社会各阶层尤其是当政者的认可呢？显然不是那些下层人的谋生之学，这是鄙事，是有权有势的贵族们所不屑的。能够获得上层社会认可的学问，在那个时代，只能是公认的社会标准："六艺"——礼、乐、射、御、书、数。由此可见，孔子到了20岁时，已经自学成才，不仅成了通晓"六艺"的专家，成了国家最需要的政治人才，而且得到了鲁国上层社会的认可。

———————————

① 《孔子家语·本姓解》。

　　一个人受人尊敬，一定是有原因的。

　　一个人受到当权者的认可，一定有让当权者认可的理由。

　　孔子从一无所有到得到社会上层的认可，一定是通过自己的智慧加汗水努力获得的；一个刚刚 20 岁的青年，居然能进入国君的法眼，靠的是什么？靠的就是通过自己努力达到的一个常人达不到的学问水准。要知道，鲁昭公给孔子送来的，不是一条鲤鱼，而是一个士族的身份证，一个贫寒学子通过自身拼搏达到了可以进入官场实现梦想的通行证。"一条鲤鱼"，象征着国家、政府对孔子身份的肯定。由此奠定了孔子在鲁国的文化名人地位，并为他以后的发展铺平了道路，搭起了上升的阶梯。鲁昭公送鱼这件事，标志着孔子在鲁国的政治以及其他的社会前程，已经曙光初现。

　　第四，参与会见来访的近邻大国——齐国国君齐景公及其名臣晏婴。孔子 27 岁时，小国郑国的国君来访，孔子还不能参与接见。所以，那时的孔子，还不能叫"立"起来。现在，在国宴上，齐景公居然请教孔子关于秦穆公的事情，并赞赏精通历史文化的布衣孔子。这是孔子成为国际文化名人的开始。

　　第五，孔子的"立"，还主要体现在他 30 岁时辞去了在季氏家所从事的"鄙事"职务，独立创办了完全属于自己的"私学"。孔子创办私学，解决了自己与家人的经济来源，不再让自己困身于"为五斗米折腰"的尴尬境地。更重要的是，通过创立私学，孔子从此找到了一条实现自己人生理想的栖身之所，这是他之所以能实现"三十而立"的主要原因所在。

蔡尚思说:"孔子'三十而立',就是说他自觉已经学成并掌握做官的本领了。可惜官运尚未至,于是他走了另一条路,即收徒讲学,从此开始了教育家的生涯。"①

(3)看孔子的"四十而不惑"。

孔子所谓"四十而不惑"的大意是说,他到了40岁上下,已经基本上达到了通晓世上各种复杂事情而不至于再被迷惑的境界。

确实,40岁的人生是一个不上不下的比较尴尬的年龄,成家立业问题应该都基本上得到了妥善的解决,人生各种复杂的问题多少也都已经碰到过,到了这个人生阶段,生计之"惑"、立业之"惑"和最需要的物质之"惑"已经不再是最热烈的话题,更多的精神之"惑"可能会随之而来。因此,"四十不惑"并不是一个绝对的概念。我个人认为,孔子在40岁上下也不可能完全达到解"惑"的境地。"不惑",只是一个相对的说法。

据《史记·孔子世家》记载,孔子34岁那年即公元前518年(周敬王二年,鲁昭公二十四年),孔子适周问礼老聃,观明堂,拜社稷,同年返鲁。

拜访老子,确实使孔子受益良多。通过二人的交流与切磋,孔子从老子那里了解到了一些自己前所未知的思想观点,扩大了

---

① 蔡尚思著:《孔子思想体系》,上海古籍出版社2013年版,第16页。

自己对世界的认识和看法。除此之外，孔子还从老子那里学到了许多关于礼的学问。这也是孔子此行观周的主要目的。这主要体现在：一是使孔子有机会查阅王室所密藏的典籍档案；二是使孔子有机会向老子请教他不清楚的一些礼仪规范问题；三是使孔子接触到老子深受楚文化影响的思想、观点。

值得一提的是，东周京师的守藏室中藏有很多的典籍文物。除了《诗》《书》等典籍以外，还有大量的各国史志以及档案文献。王室所藏的来自天下各地的古今典籍和文物，都设有专门官吏管理，一般人是很难见到的。孔子拜访老子这位守藏室之史，使他有机会参阅王室所藏典籍，参观王室收藏的各种文物。司马迁说孔子"西观周室，论史旧闻"，主要就指他参阅的地域广泛、内容丰富的旧史档案。

孔子35岁即公元前517年（周敬王三年，鲁昭公二十五年）时，鲁国统治者内部发生内讧。鲁昭公率师攻季孙氏，季孙、叔孙、孟孙三家掌政者联合反抗鲁昭公，鲁昭公失败奔齐。孔子因鲁内乱经泰山适齐，遇一女子哭诉亲人被虎咬死仍不愿离开此地时，不由发出"苛政猛于虎"的慨叹。到齐国后为高昭子家臣，并通过高昭子见到齐景公。司马迁说："孔子适齐，为高昭子家臣，欲以通乎景公。"[1] 以前齐景公曾来鲁见过孔子，和孔子对话，

---

[1] 《史记·孔子世家》。

很是高兴，孔子对齐景公的印象也颇佳，在鲁乱时去齐，希能得到重用。景公问政，孔子对以"君君臣臣父父子子"和"节财"。景公要用他，因为晏婴等齐国重臣的批评与阻挠，而景公终不能用孔子。在齐3年，孔子非但没有得到重用，反而引起了齐国一些掌权人物的忌惮，他们"欲加害孔子"，孔子空梦一场，匆忙离齐返鲁。因为在齐从政的挫折，此后好多年，孔子再也没有从事任何求官的政治活动，而是把主要精力放在培养学生上面。

人生境界的超越往往要靠实际生活的熏陶与淬炼。"四十而不惑"当是孔子在东周洛邑眼界的开阔以及对在齐时求官的经验总结与升华的结果。以10年的工夫以解自己之"惑"，此"惑"不可不谓大矣。孔子"惑"的是什么呢？

孔子所处的社会政治的大环境是远离西周时期的统一与稳定的社会秩序，大国称霸、兵革征伐迭起、公卿大夫专政或为己谋私、百姓不能安居乐业而造成君不君、臣不臣、为政以侈。身处周朝衰世。孔子亲身经历了这些乱世苦难后，他对于周公之道应该是有过疑惑的。"惑"就是对自己的信仰的疑惑、对周道的疑惑。他去周就是要追究周道的根底。他的确是向老子问礼，但更重要的是他要在周朝的政治文化中心了解周道，以解决他内心无法释怀的困惑。

从某种程度而言，所谓"周道"就是周公之道，是西周初期周公在对前朝殷商政治扬弃的基础上所建立的一系列政治、文化制度。孔子一面深信周公之道，一面又对现实政治十分不满，想改变而无力，这就是他的困惑所在。

　　然孔子并没有停止他的"上下求索"之举，只不过是在经历了一系列的磨难后，孔子的心理变得更加强大和成熟而已。

　　荀子在他的著作《荀子·宥坐》篇中讲述了这样一个故事：

　　有一天，孔子带着弟子到鲁桓公的庙里去参观，看到庙里有一个很奇怪的东西，倾斜在那里。孔子就问管庙的人："这是什么？"

　　管庙的人告诉孔子："这是宥坐之器。"

　　什么叫宥坐之器？就是国君座位右边放的一个器具。我们都知道座右铭，其实古代除了座右铭之外还有宥坐器。座右铭是通过文字来对我们进行提醒、告诫，宥坐器是通过这种器物的形象来对我们进行告诫。

　　当孔子得知这是宥坐之器后，就说："哦，既然是宥坐之器，那我知道，当它里面没有装水的时候，它是倾斜的；你把水装到一半，装到正中间的时候，它是端正的；装满的时候，它就倾覆了。"

　　孔子转身对弟子们说："来，试验一下，往里面装水。"

　　当水装到一半时，这个宥坐器果然端端正正地立了起来。

　　孔子说："再往里面装。"

　　水满的时候，宥坐之器果然一下子又倾倒了。

于是，孔子对弟子们说："小心啊，万物都是这样。一旦自满就一定要倾覆，一旦骄傲就一定要倒台。"

子路说："老师啊，既然这样，我们如何才能让人生完满，并保持完满而不倾覆呢？"

孔子说："你记住四句话：聪明睿智，守之以愚；功被天下，守之以让；勇力振世，守之以怯；富有四海，守之以谦。"

聪明要用愚笨来守；功劳要用谦让来守；勇敢要用畏怯来守；富有要用谦卑来守。

孔子说："这就是损之又损之道。"

什么叫损？损，就是减损。孔子实际上在告诉弟子，人生要学会做减法。我们总是想着往我们的人生中填充些什么，务求填满，做加法；实际上人生更重要的是做减法。一个完满的人生，幸福的人生，不是看你拥有了什么，更多的是看你没有了什么。

《孔子家语·三恕》中也有一个类似的故事：

孔子正在观看东流之水。子贡问道："君子每次看到大水，都要驻足观看，这是为什么呢？"孔子回答说："因为他没有停息之时，而且普遍施惠于万物却显得无所作为。水就像德一样，流动时，总是向着低洼的地方流去；即使弯弯曲曲地流动却一定遵循着向下的原则，这种品性就像'义'；浩浩荡荡没有穷尽的时候，这种品性就像'道'；即使流向百仞高的溪谷也无所畏惧，这种品性就像'勇'；盛装在器皿中的时候不需要盖也不会装得满溢出来，这种品性就像'正'；水本性柔弱，但是无论多么细微的地方它都能到达，这种品性就像'察'；从发源地开始，它一心向东流去，这种品性就像'志'一样；有出有入，万物因此得以变得干净，这就像善于教化一样。水具有如此多的德性，因此君子见到都要驻足观看啊。"

30多岁的人立业是有想法的。有了妻子，有了子女，他们的前途如何，怎样可以使他们温饱而不为生活忧虑？富贵贫贱的矛盾应贯穿在孔子的思想之中。而且，孔子来往于各国之间游说的生活不适于带着老老小小，只能将他们的生活先安排好。孔子只在为道而奔波，没有什么家庭的乐趣。孔子的"惑"应该有自己和家庭富贵贫贱的问题环绕其间。他或许有时会因"富贵"而困惑，但更多的是，他从追求道义出发，由于心中怀抱着"治国平天下"的理想，平常的欲望逐渐都升华成为天下苍生"立心""立命"的社会责任感，这种责任感会让他摆脱日常平庸生活的困扰，成为"吾将上下而求索"的榜样。"不惑"不太可能，但能够在解惑过程中不断进步与升华也是一种快感，用这种"快感"来抵消"惑"所带来的困扰，做到自强、自胜，这也算是"不惑"了。

（4）看孔子的"五十而知天命"。

孔子是将"不惑"和"知"分开来讲的。

其实，"知"和"不惑"虽是两码事，但如果细品，二者又存在着十分相近的关系。从某种程度而言，"不知"也就是"惑"，"知"

就是"不惑"。从解"惑"到"不惑",这就是"知天命"的过程了。孔子说"四十而不惑,五十而知天命",显然,孔子没有将"知"和"不惑"放在一个层面上来理解,在他看来,做到不惑已是不容易的事了,能够知晓天命当然更是困难。于是,从"不惑之年"到"知天命之年",孔子将"知天命"又往后多延续了 10 年。

"五十而知天命"是紧随"四十而不惑"发展而来。正因为"知天命"是建立在"四十而不惑"的基础上,所以孔子自齐返鲁,因为孔子感到"鲁自大夫以下,皆僭离于正道,故孔子不仕,退而修诗、书、礼、乐"[①]。不过,在孔子那里,"知天命"也同样只是一个相对的概念。下面几件事说明,孔子实际上也是一直在对天命的"知"与"不知"中徘徊的。

第一件事情是公山不狃对孔子召唤事。

公山弗扰,字子泄,也称公山不狃,季孙氏的家臣。他和阳虎是好友。在重大问题上,阳虎对他言听计从,这在季平子下葬一事上表现得最是明显。据《左传》记载,鲁定公五年六月,季平子病逝。阳虎准备用贵重的玙璠陪葬这位季孙家的老族长,仲梁怀不同意。阳虎震怒,想把仲梁怀逐出鲁国。公山不狃劝阳虎,阳虎这才作罢。季平子下葬后,季孙接班人季桓子巡行到费城。季桓子很尊敬费城长官公山弗扰,而仲梁怀却很傲慢。公山弗扰

①《史记·孔子世家》。

大怒，就对阳虎说："您还是把他赶走吧。"阳虎二话没说，就把仲梁怀逐出了鲁国。

司马迁说：

> 孔子寻道弥久，温温无所试，莫能己用。[①]

阳虎逼孔子出仕，孔子被迫答应了。然而，阳虎未等孔子加入到他的阵营，就开始了企图消灭三桓的政变，失败后出奔齐国，孔子与阳虎的这段公案算是暂时告一段落。

孔子 51 岁时，公山弗扰请孔子出山，正是阳虎等人作乱的这一年。

《史记·孔子世家》中很详细地记载了这件事情的始末。

> 公山不狃以费畔季氏，使人召孔子。孔子循道弥久，温温无所试，莫能己用，曰："盖周文武起丰镐而王，今费虽小，傥庶几乎！"欲往。子路不说（悦），止孔子。孔子曰："夫召我者岂徒哉？如用我，其为东周乎！"然亦卒不行。

关于这件事情，《论语·阳货》篇也有记载：

> 公山弗扰以费畔，召，子欲往。子路不说，曰："末之也

---

① 《史记·孔子世家》。

已，何必公山氏之之也？"子曰："夫召我者，而岂徒哉？如有用我者，吾其为东周乎！"

根据上述两种史料中的记载，对于公山弗扰的邀请，孔子确实是心动了。据《史记》与《论语·阳货》记载，公山弗扰请孔子，也是因为反叛。公山弗扰反叛主公季孙，也想拉孔子进入自己的反叛集团，以扩大自己的声势。这一次召孔子，孔子打算出山。阳虎请孔子出山，《论语》详细地记载了阳虎对孔子的说服。而公山弗扰请孔子，《论语》只用了四个字"召，子欲往"。"召"，不像是公山弗扰亲自上门邀请，更像是派人传话。公山弗扰告诉孔子，我这里有个岗位空缺，你可以来试一试。而"子欲往"，则说明孔子接到邀请后就打算赴邀，并没有表现出多少矜持不决的姿态。

孔子这种急于仕进的心态，颇是让人费解。因为自齐返鲁后，在大家的印象里，孔子已经表现得很是低调，对做官好像也已经失去了兴趣，他看不起鲁国的执政官员。孔子如此评价过鲁国公仆："噫！斗筲之人何足算哉？"[①]意思是说，这般气量狭小的人算得了什么。言语中，对谋食者充满了不屑。

然而，面对公山弗扰的邀请，孔子却并没有拿出不与执政者

① 《论语·子路》。

同流合污的气概，而是跃跃欲试。对孔子的这种反差，子路表达了强烈的反对态度。子路说："老师没有地方去也就算了，何必一定要到公山弗扰那里呢？"孔子对此的解释是："那个召我去的人，难道会让我白跑一趟吗？如果有人用我，我就要在鲁国复兴周礼，在东方建立一个像周那样的国家啊！"孔子虽然一度彷徨，然再三思考，最终还是采纳了子路的意见，没有前去参加公山弗扰集团。

后来发生的事件表明，子路的劝说是极其英明的。

果然没有几年，公山弗扰带领费人叛鲁，失败后逃亡齐国，后又奔吴，如果孔子应召，从此就将会在鲁国及其他诸侯国中再无任何回旋之地了。

第二件事是孔子在鲁国做官中坎坷经历。

鲁定公九年，孔子出任中都宰，这一年，他已经 51 岁，过了天命之年的门槛。

中都是鲁国国君的采邑，位于鲁国西北部，位置大约在今山东汶上县次邱乡朱庄、湖口一带。中都宰略似后世的县令、县长，为当时地方行政长官。有学者考证：中都自然条件相当不错，东部是平坦沃野，有汶水、泉水可溉，宜于农桑；西部属水草、鱼鳖、苇蒲富饶的大野泽，并有梁山等环护，利于渔牧。大野泽连接河道、沟渠颇多。其大者北可经汶水、济水、黄河而入海或抵燕赵；南可顺济水、泗水而达江淮或赴吴越；东可沿洙水、泗水和陆路进鲁都、至齐国；西可由古沁水、五丈河等旅秦、晋，交通便利，具有重要的战略地位。[①]

上任以后，孔子对中都进行了精心治理整顿。

关于孔子治理中都的情况，《礼记·檀弓》有记载：

> 有子曰："夫子制于中都，四寸之棺，五寸之椁。"

《史记·孔子世家》也说：

> 定公以孔子为中都宰，一年，四方皆则之。

《礼记》《史记》对此记载，大都太过简略，语焉不详。

《孔子家语·相鲁》对此记载得则稍微详细一些：

> 孔子初仕，为中都宰。制为养生送死之节：长幼异食，强弱异任，男女别涂，路无拾遗，器不雕伪；为四寸之棺，五寸之椁，因丘陵为坟，不封不树。行之一年，而四方之诸侯则焉。

根据上述资料，可以推想，孔子到任以后，一定是根据他长期总结形成的儒家政治理想的社会治理模式，结合中都的实际情况，主要是在养生和送死两个方面进行了规范与改革，重视礼治

---

① 参见张宗舜、李景明著：《孔子大传》，山东友谊出版社 2003 年版，第244 页。

教化，重视经济发展。经过孔子的努力，治理中都的时间虽然不长，但已经取得了明显的效果。"四方则之"，周边地方和邻国都来学习、观摩与效法。

鲁定公因此召见了孔子。他问道：

　　学子此法，以治鲁国，何如？

孔子本来就对自己的政治主张充满信心，牛刀初试，便获得成功，更使他信心倍增。因此，他很自信地回答：

　　虽天下可乎，何但鲁国而已哉！ [①]

孔子治理中都仅一年就政绩斐然，誉名远播，显示出他具有卓越的行政管理才能。在这种情况下，鲁定公又提拔他为鲁国司空的副手。

司空是管理国家最高工程建筑事务的长官。鲁国当时的司空是孟孙氏，小司空即司空的副职。

任小司空期间，孔子把工作管理得井井有条，并有较多机会与鲁定公、三桓等当权者接触。这既使孔子对鲁国上层社会内部情况有了较多的了解，也加深了他与鲁国执政者之间的信任关系。因此，不久，他就又被擢任为大司寇。

---

① 《孔子家语·相鲁》。

司寇是国家最高司法长官，掌管刑狱、纠察等事务。

短短时间里，孔子就多次获得提升。从升迁之速中可看出鲁定公、季氏欲重用孔子的迫切心情。孔子一介布衣，人品正直，重要的是孔子暂时为当时执政者一致认可。

孔子出任司寇的消息传出以后，立即在社会上引起一些反响。

不法者听到孔子担任司寇的消息以后，感到恐慌。

据说，有个羊贩子，名叫沈犹氏，总是把买来的羊喂饱水，增加重量，然后才赶到市场上去卖掉。有个叫公慎氏的人，他对妻子淫乱之事不管不问。有个叫慎溃氏的人，平时为非作歹，扰乱社会秩序。有些牛贩子、马贩子，随意抬高市场价格。这些人知道孔子担任最高司法长官后十分惶恐。他们马上收敛，不敢再像从前那样作奸犯科。沈犹氏不敢再把羊饮足水去出售，公慎氏休了妻子，牲口贩子们也不敢乱涨价。至于慎溃氏，则赶紧逃离鲁国，跑到外地去了。①

当有人问孔子在审理诉讼案件时，最理想的政策是什么时，孔子如实回答说：

必也使无讼乎？②

---

① 参见《荀子·儒效》。
② 《论语·颜渊》。

在孔子看来，要搞好司法工作，最重要的是预防为主，使各类诉讼案件不致发生。他因此提出：

不教而杀谓之虐。①

据史料记载，鲁国发生一起父子两人互相控告案，季桓子认为儿子控告父亲为不孝，主张把他杀掉。孔子没有采纳季氏的意见，只是把父子俩都拘留起来，3 个月不做处理，直到父亲完全冷静下来，主动要求撤销对儿子的诉讼。孔子才把父子俩同时释放。季桓子不满意这样的处理办法，认为这不合"以孝治民"的原则。孔子听说后，向自己的学生冉有解释说：

未可杀也。夫民不知子父讼之不善者久矣，是则上过也。上有道，是人亡矣。

不教而诛之，是虐杀不辜也。三军大败，不可诛也；狱讼不治，不可刑也。上陈之教而先服之，则百姓从风矣，躬行不从而后俟之以刑，则民知罪矣。夫一仞之墙，民不能逾，百仞之山，童子升而游焉，陵迟故也！今世仁义之陵持久矣，能谓民弗逾乎？②

---

① 《论语·尧曰》。
② 《荀子·宥坐》。

　　因为多年处在下层社会，孔子对官府不教而诛的现象有深刻的认识。孔子认为，所以出现这种父子相互诉讼的问题，责任在政府教化不力。如果因为不孝就处死他们，岂不是滥杀无辜？为政者乱其教，繁其刑，使民众不辨是非，误入歧途，而又施之刑罚。其结果只能是刑法越来越繁乱，社会犯罪行为反而不能得到有效的制止。

　　司马迁说：

　　　　（孔子）与闻国政三月，粥羔豚者弗饰贾；男女行者别于涂；涂不拾遗；四方之客至乎邑者不求有司，皆予之以归。[①]

　　由于孔子在治理工作中注重以礼治国，强化道德教化，因此出任司寇几个月后，鲁国的社会风气就开始明显改观。人们丢失的东西，无人拾来据为己有；市场上的商人不再敢投机垄断或随意涨落市场价格，不再敢出售假冒劣质商品；尊敬长者，赡养老人，讲究谦让风气得到弘扬。因此，诉讼案件大量减少，几乎到了刑措不用的地步。

　　然而，孔子任大司寇兼"行摄相事"期间，做了一件令后世对之褒贬不一的事情。这件事情就是，他诛杀了少正卯。

———————————

① 《史记·孔子世家》。

定公十四年，孔子年五十六，由大司寇行摄相事，有喜色。门人曰："闻君子祸至不惧，福至不喜。"孔子曰："有是言也。'不曰乐其以贵下人'乎？"于是诛鲁大夫乱政者少正卯。①

对于孔子诛杀少正卯的原因，《荀子·宥坐》中有这样的记载：

孔子为鲁摄相，朝七日而诛少正卯。门人进问曰："夫少正卯，鲁之闻人也，夫子为政而始诛之，得无失乎？"孔子曰："居，吾语女其故。人有恶者五，而盗窃不与焉。一曰心达而险，二曰行辟而坚，三曰言伪而辩，四曰记丑而博，五曰顺非而泽。此五者有一于人，则不得免于君子之诛，而少正卯兼有之。故居处足以聚徒成群，言谈足以饰邪营众，强足以反是独立。此小人之桀雄也，不可不诛也。是以，汤诛尹谐，文王诛潘止，周公诛管叔，太公诛华仕，管仲诛付里乙，子产诛邓析、史付。此七子者，皆异世同心，不可不诛也。《诗》曰：'忧心悄悄，愠于群小'。小人成群，斯足忧矣。"

《孔子家语·始诛》也与《荀子·宥坐》中的记载大同小异：

① 《史记·孔子世家》。

孔子为鲁司寇，摄行相事，有喜色。仲由问曰："由闻君子祸至不惧，福至不喜，今夫子得位而喜，何也？"孔子曰："然，有是言也。不曰'乐以贵下人'乎？"于是朝政，七日而诛乱政大夫少正卯，戮之于两观之下，尸于朝三日。

子贡进曰："夫少正卯，鲁之闻人也，今夫子为政而始诛之，或者为失乎？"

孔子曰："居，吾语汝以其故。天下有大恶者五，而窃盗不与焉。一曰心逆而险，二曰行僻而坚，三曰言伪而辩，四曰记丑而博，五曰顺非而泽。此五者有一于人，则不免君子之诛，而少正卯皆兼有之。其居处足以撮徒成党，其谈说足以饰褒荣众，其强御足以反是独立，此乃人之奸雄者也，不可以不除！夫殷汤诛尹谐，文王诛潘正，周公诛管蔡，太公诛华士，管仲诛付乙，子产诛史何，是此七子皆异世而同诛者，以七子异世而同恶，故不可赦也。诗云：'忧心悄悄，愠于群小。'小人成群，斯足忧矣。"

少正卯的问题《论语》上没有记载，孔子门徒们也不说，不能排除孔子弟子有为其师尊者讳的味道在内。荀子记载此事，太史公也有此一说，从它的内容看来的确像是孔子学说中那种容不得异端思想的作风。也许这只是孔子为相事的一个小插曲。但自称尊礼的孔子如何可以认定少正卯是邪门左道，就以大夫的身份而诛另一个大夫，而且罪名还是毫无根据的"莫须有"？要知道，少正卯并未放火、杀人、贪污、欺君、罔上、里通外国，他没有任何真正能够成立的罪名。要说他"乱政"，但首先乱政、真正乱政的是三家大夫。诸侯失政，大夫当权，霸道愈远，何言王道？孔子如果真的要复周礼，首先是要诛三桓，但那时候鲁侯已无大权，政出三家，何言王道？"朝闻道，夕死可矣"不过说说而已，天下大势已定，政在诸侯和大夫，王室卑微，已无望恢复。而孔子"行摄相事，有喜色"，道是道，权是权，两码事。少正卯之被诛其实并不是乱政，而是在三家执政基础的稳定上起了"颠覆"的作用，但少正卯并未有推翻三家执政的阴谋，或是私结将军，或是弄权，他唯一的罪名是"思想问题"。①

"心达而险"：是说少正卯心思乖违，为人险恶。

"行僻而坚"：是说少正卯行为古怪，阴险固执。

"言伪而辩"：是说少正卯言论不实，但又头头是道。

"记丑而博"：是说少正卯装神弄鬼，精通于怪异之事。

"顺非而泽"：是说少正卯顺从不端的言行，且又能广施恩惠。

由上述内容看来，孔子认为少正卯该杀的原因主要是思想有问题，即所谓"心诛"是也。至少看来，孔子诛杀少正卯，不能

---

① 刘烈著：《重构孔子——历史中的孔子与孔子心理初探》，中国国际广播出版社 2011 年版，第 164—165 页。

排除其有攻乎异端、消灭异己的嫌疑。

政治治理与仕途上的一帆风顺，让孔子暂时忘记了仕途的险恶，有点飘飘然起来，接下来"堕三都"的措施将他的政治前途又打回了原点。

当时，摆在孔子面前的现实情况与其他诸侯国家的现状大同小异：

第一，公室衰弱。

第二，卿大夫掌政。

第三，陪臣执国命。

其时，定公虚位、三卿擅权、家臣控主的局面已成。要想改变鲁国的政治格局，强化君权，唯一的复兴之路就是强公室，抑大夫，贬家臣，完成权力与秩序的重新调整，彻底实现中央集权——鲁国国君集权。

强公室，即加强公室的权势，提高国君的实际统治权力，使国君真正成为国家的最高主宰。抑大夫，就是削弱执政大夫，特别是以季氏为首的三家大夫的实力和权势，使他们尊君、守臣道、不得僭越。贬家臣，即使大夫的家臣也要老老实实地效忠于主人，不得拥权跋扈，更不能干预国家的政治。

在孔子看来，治国理政首要就是表现在治上。让当权者认真扮演好自己的角色，做好自己该做的事情，"不在其位，不谋其政"，"君子思不出其位"①，严格遵守礼的等级规定，依礼行事，以身作则，作出表率。鲁国果能如此，就会影响天下，逐渐使各诸侯国"克己复礼"，达到尊天子、服诸侯、稳定统一的目的。

这——就是孔子的家国天下的理想梦。

正像孔子对春秋时代权力下移而引起天下混乱不满一样，孔子对鲁国国君虚位、三桓（特别是季氏）擅权以至家臣执国命的混乱状况也非常不满。他提出的解决办法是"堕三都"，也就是先把三家的军事要塞拆除，进而将三家手中的军事力量收归国君所有。

孔子是如何与"三桓"周旋，又是如何根据鲁国的现实情况，从哪里作为突破口来推行自己的强公室主张的呢？

正当孔子谋划怎样着手的时候，侯犯据郈邑叛乱事件发生，为孔子实施他的计划提供了方便。

侯犯，叔孙氏的家臣，负责掌管郈邑马匹的马正，郈邑，叔孙氏的采邑，位于鲁国北部边境，在今山东汶上北。当时的邑宰是公若藐。

原来，叔孙氏的宗主叔孙成子想确定叔孙武叔为继承人，公若藐坚决不同意，劝叔孙成子改立别人，于是公若藐和叔孙武叔结下怨恨，后来叔孙武叔最终还是被确定为继承人，叔孙成子去

①　参见《论语·宪问》

世以后，他就继承叔孙成子做了叔孙氏的宗主。叔孙武叔的地位稳固以后，就派遣郈邑马正侯犯去杀害公若藐，以除心头之恨。侯犯采纳手下一位管马人的主意，刺杀了公若藐。

侯犯奉命杀死公若藐以后，又转而反对叔孙武叔，据郈叛鲁。郈邑城防坚固，粮草充足，叔孙武叔两度率兵攻打都无法攻克。后来，求援郈邑工师（管理工匠）驷赤。驷赤施展计谋，先劝侯犯投靠齐国，又劝侯犯用郈邑和齐国交换一块土地。等齐国派人前来接受时，驷赤鼓动民变，围攻侯犯，逼其出国逃亡，事件才得以平息。

三都，是指季孙氏的费邑、叔孙氏的郈邑、孟孙氏的成邑。周朝时，各国分封大夫的领地上都有自己的城邑。因为大夫们都居住在国都，所以那些城邑一般都是委派家臣去管理。城邑中设有办事机构，长官为邑宰。邑宰下还设有各种官吏。有的城邑中还设有宗庙。大夫们不仅在那里发展经济，还发展武装，兴修军事设施，以壮大自己的实力，巩固其统治。在天子、国君权势强大时，对这类城邑的规格规模都有规定，不得超越。后来，随着天子、国君权势式微，有关规定被大夫们打破。有些城邑发展成规模较大、防御坚固的军事堡垒。三桓所建的三都，就是这种城堡。

三桓经营这些城邑的目的，本来是为了加强其家族实力，巩固家族统治，可是后来反为他人作嫁衣裳，自受其害。一些有野心的家臣、邑宰盘踞其中，兴风作浪，把这些城邑作为反叛主人、甚至攫取国家大权的根据地，威胁邑主或国家安全。先后发生了南蒯、阳虎和侯犯等人据邑叛乱的事件。

家臣、邑宰连续叛乱，不仅使季孙氏、叔孙氏等大夫深受其苦，而且干扰了国家社会政治的正常秩序，引起举国上下的普遍忧虑，各方都希望限制、打击家臣势力。孔子决定顺从众意，利用矛盾，打击家臣、拆毁三都。

鲁定公十二年夏，孔子提出了拆毁三都城墙的计划，得到了鲁定公的坚决支持。接着，孔子又去拜见三桓，得到了三家大夫的暂时首肯。

当时，子路正担任季氏家的总管，堕都计划就由子路代表季氏安排具体实施。

堕郈、堕费均在当年夏秋之际进行。堕郈进行得比较顺利，那里的叛党侯犯已于二年前逃亡，故公孙武叔率师堕郈城时没有遭到抵抗。但叔孙氏作为邑主，拆除本邑城堡还要率师前往，如临大敌，则说明堕三都一开始就有对抗性质。堕郈的举动惊动了盘踞在费邑的公山不狃、叔孙辄等人，他们意识到费邑也会遭到同样对待。于是先发制人，在堕费之前，抢先带领费人偷袭鲁都。鲁定公和季桓子、武叔懿子、孟懿子等人没有防备，匆匆逃到季氏家中，登上武子台，试图凭借高台深榭进行抵抗。费人追至台下强攻，有的箭射到鲁定公身边，情况十分危急。孔子得到消息，立刻命鲁大夫申句须、乐欣率部反攻，将费人打退；城内居民也迅速拿起武器，乘势追击，在姑蔑（鲁城以东约90里）打败费人。公山不狃、公叔辄逃到齐国。事平，季桓子、孟懿子率师堕费，子路荐举孔子的学生子高担任费宰。①

堕成安排在最后。成邑位于鲁国北境（今山东省宁阳县北），据齐国边境不远。堕成这件事遭到成邑宰公敛处父的反对。此人头脑机敏，在阳虎事件中戡乱有功，深受孟氏器重。他对孟懿子说："毁掉成邑，齐人就可以无阻挡地直抵鲁国北门；成邑又是孟氏的保障，没有成邑，也就没有孟氏。您就假装不知道。我将不去毁它。"

公敛处父这席话道破了孔子堕三都的要害，即抑三家以强公室的政治目的。如果说堕郈、堕费由于侯犯、公山不狃等人作乱，而使这一目的性受到掩盖，那么，当公山不狃等人被清除之后，再去堕毁成邑必然会使公室与"三桓"之间的矛盾凸显出来。因此，问题一经公敛处父指出，孟懿子便立即领悟过来。孟氏少时学礼于孔子，但事关切身利害，也只好不顾尊师旨意，于是对堕成佯装不知，按兵不动。

堕三都的深意很快也被季孙、叔孙两家实权派觉察，故他们对孟孙的消极态度不作干预。堕成邑的计划就这样拖到这年12

---

① 参见《左传·定公十二年》。

月，最后只好由鲁定公单方行动，结果围成不克，失败而归。

堕三都是孔子在公室微弱、权力下移、政局动荡不休的形势下，试图利用家臣与大夫家之间的矛盾，以加强公室权力、实行国家统一的重要一环。堕成的失败，说明强公室的任务不能依靠"三桓"去实行，而鲁侯也无力实现它，这使孔子陷入极度的苦闷之中。

形势急转直下。

堕三都引起孟孙的反对和季孙、叔孙疑虑，这说明孔子已失去鲁国当权贵族的信赖与支持。

孔子"行摄相事"之初，与季桓子关系尚好。史籍称孔子"行乎季孙，三月不违。"①这说明他们合作得不坏。但季桓子一旦觉察堕三都有损于己而利于公室时，便立即警惕起来。他回想鲁昭公时公室与先父季平子之间的那场拼斗，其情景犹历历在目。鲁昭公死后，季平子出于旧怨，把这位国君的坟墓葬在鲁公墓区道南，同道北的鲁先君墓隔开。孔子任司寇不久，在昭公墓外挖一条界沟，使其墓与鲁先君墓同在界沟以内的墓区而合为一体。此时，季桓子想起这件事，联系到孔子堕三都的举动，因而对孔子失去了信心，以致孔子因为公务几次去见他时，他都表现得相当冷淡。

堕三都也遭到孔子个别学生的反对。

——————————

① 《公羊传·定公十年》。

除孟懿子或明或暗地站在反对立场上外，还有一个名叫公伯寮的学生趁机到季桓子那里说子路的坏话，[①]结果使子路无法继续担任季氏总管职务。这就使孔子在鲁政府中已经十分虚弱的地位进一步受到挫折。

命运的转折来得如此突然，眼下发生的事态就像不久前擢任司寇和行摄相事来得那样急促。尽管孔子鉴于国内的复杂环境而对可能产生的各种后果有所准备，但当厄运突然出现时，仍不免为自己无力改变现状而沮丧。

大概就在堕成失败不久，孔子大病一场。他意识到，自己的政治生涯就要终结了。他大声质问苍天："我的主张能实行吗？这是命运，不能实现吗？"

与三桓贵族关系的破裂，不但结束了孔子的政治生涯，接下来更严重的是，他在鲁国已无容身之地。

政治上失败的孔子，从此被迫踏上了长达14年的国外流亡之路。

第三件是应不应佛肸中牟之邀的事情。

孔子58岁那年，也就在他流亡生涯的第四个年头，在他的仕途命运中，又出现了一个新的买主，这就是正在中牟（今河南鹤壁市西）任最高行政长官的佛肸。

---

① 参见《论语·宪问》。

佛肸为晋国大夫赵简子的家臣，时任中牟宰，在晋国贵族内乱时，他宣布独立。赵简子以晋侯的名义攻打范氏、中行氏，佛肸便以中牟为据点率师反叛。赵简子讨伐，佛肸固守对抗，赵简子久攻不克。

此时，佛肸亟须笼络人才，借以巩固自己的势力。他听说孔子有治国之才而不得卫灵公重用，身边还有些德才出众、文武兼通的弟子，心中就升腾起牢笼孔子的念头。佛肸心想，孔子师徒若能为己所用，则不仅可以壮大声威，更能借他们的才华而成就大业。于是，他便派人前往邀请孔子。盛情之下，孔子又心动了。

孔子意欲应邀赴中牟。

在孔子看来，赵简子如果灭掉范、中行两氏，就会形成晋国的分裂，因此，他意欲帮助佛肸对抗赵简子。孔子以为，如果他与众弟子齐心合力，中牟地方虽小，也能干出一番事业。但子路直摇头。他不同意孔子应邀前去中牟做事。

《论语·阳货》篇中比较详细地记有此事：

> 佛肸召，子欲往。子路曰："昔者，由也闻诸夫子曰：'亲于其身为不善者，君子不入也。'佛肸以中牟畔，子之往也，如之何？"子曰："然，有是言也。不曰坚乎？磨而不磷；不曰白乎？涅而不缁。吾岂匏瓜也哉？焉能系而不食？"

子路直言劝谏说："从前我听老师讲过：'亲自干坏事的人那

里，有道德的君子不去做事。'现在佛肸据中牟反叛，老师却想到那里去，怎么能这样呢？"

孔子解释说："是的，我说过这话。可你不知道吗？最坚硬的东西，磨也磨不薄；最洁白的东西，染也染不黑。我难道是匏瓜吗？哪能总是悬挂着，却不给人食用呢？"

子路知道，孔子为推行其政治主张在积极创造条件，利用各种时机，而且在具体行动中会有主见，坚定不移，不因外在条件而改变初衷。但晋国情况混乱复杂，孔子又主张"危邦不入，乱邦不居"①，而今要去那既危且乱之地，岂不自相矛盾？故无论孔子怎样解释，都无力使子路心服。在子路看来，第一，佛肸是个叛臣，道德人品不好，不是个可以托付前途大业的人物；第二，晋国正是内乱不断的时期，六大贵族之间斗争激烈，关系错综复杂，一旦陷进宗派斗争泥坑，便难于自拔。最后，孔子思虑再三，终未成行。在应不应佛肸中牟之邀这个问题上，应该说，子路是清醒的，而且是正确的。

"五十而知天命。"按道理说，"知天命"就应顺应天命而行，而在上面三件事情上却恰恰表现出了孔子不信"天命"，甚至想逆天命而行。这说明，一个人想做到言行一致是多么难啊！

---

① 《论语·泰伯》。

就历史资料来看，从 40 岁到 50 岁这一人生阶段，孔子基本上在鲁不为所用或不愿为所用，潜心办学授徒；47 岁到 50 岁这 3 年中修诗书礼乐。我们在这里关心的是他在诗、书中对天命问题的整理和理解。

后世学者多好事，认为《尚书》的成书时间很晚，恐怕要晚至西汉，甚至还要更晚一些。一部《尚书》还要根据学派的认识不同，被分为今古文两种版本。还有学者说，孔子接触的《尚书》肯定是些断简残帛，不然就不必"修"了。"修"了以后也未必能成立，"修"只是较有系统的整理。到了今天，中国文化的保存第一功臣应推孔子，但第一罪人也应首推孔子，因为他应做的是搜集资料、保存资料的工作。孔子修书虽然修去了在他眼光中许多"邪"东西（"诗三百，一言以蔽之，思无邪"），但那些也是文化，经他一修就跑得无影无踪了。也许，以后的考古学家会继续在地下发现一些孔子修去了的东西，而不是光有孔子传下的，如果真能有这么幸运的话，那么我们对中国早期文化就会有更清楚的了解了。

《尚书》的内容与夏商历史的、文字的、对比的真实性目前是做不到了，将来也许有做到的可能。我们在此对《尚书》中真实性的范围可以缩小，可以仅限于我们探索的"天命"观念。不管怎样说，"天命"观念在《尚书》中还是存在的，因为它是《尚书》最主要的内容之一，没有了它，《尚书》便不能存在。这个观念是很难赝造的。

"天命"的出现吐露了不少重要的信息。

古人对于"天"的概念认识大概和我们今天不会相差太多：天在头上。天上有太阳、月亮、星星；天那么大，无穷无边；那么高，高不可攀。《说文》："天，颠也，至高无上，从一、大。"《甲骨金文字典》中天、大本是一字，只不过又在"大"字形的上部增加巨首形，或者用"二"字。《说文》："大，象人形。"这样，大人之命的来源也和现在的差不多，将天拉进来就表示一切人都应遵守的法规。"天"的命令，原来是大人的命令。大人都爱将自己形象化到至高无上，那么就在言语上变成"天"，大人就是天，大人的命令就是天命，这一天命的原始意义是很清楚的，是大人、掌权者、掌人生死者的命令的必然演变。

历史表明，"皋陶谟"上的"天命有德""天讨有罪"已将自然的天、大人的命更进一步地从形象化变成实体，好像天在真正发令了，还能派军队消灭敌人。对老百姓来说大人之命也好，天命也好，都是一回事，就是那"刑"，一般的条例，只有乖乖地遵守，并没有什么人会拿它当作相当于人格化的"天"发出的命令；用在掌权的人手里，天命必然是大人之命。

到了"汤誓"，据说是伊尹所作，成为汤武革命的借口："有夏多罪，天命殛之。"这种话谁都可以说，对与不对，谁都可以托"天命"，反正是查不出来的。它给动武犯上的人"正名"而用，"必也正名乎"。其实，没有人会真正地把它当回事来检查。这种"托名"非"正名"的举动必然会影响到人的宿命观，周朝之灭殷，在"泰誓"上说"商罪贯盈，天命诛之……奉予一人，恭行天罚"，"召诰"将"天命"用历史的眼光联系了起来，"有夏服天命……有殷受天命"，周公在"洛诰"上说"我有周佑命，将天明威"等。由此可见，"天命"只是政治家的借口而已。

　　在中国古代，从统治者的口中常听到"天听自我民听，天视自我民视"①之语。这两句多为士人所道，好像是"天"和"民"联结了起来。然统观《尚书》，民总是掌权者最后考虑到的，民本来不说话，极大部分也没有话说，或不知道说什么，在皇朝失政时，民大都逆来顺受，最多抱怨几句如"日子过不下去啦"之类的话。拿民当回事是道德家的事，不是掌权人的事。孔子一生中提起"民"的总次数很少，提起君子与小人的次数多。民在孔子眼中大都是小人，既贫且贱，没有什么说的；孔子的"天命"因此绝不是以"民意"作为代表的。只有在汤武、武王革命时，民才被作为革命的理由之一。历史似乎很清楚，这一类革命的主要原因绝对不是因民而发，民只是革命的借口。孔子曾"摄相事"，对管理百姓当然是熟悉的。他行的政中大部分是对付老百姓的；他也知道仁政是百姓欢迎的。他以为他的政治目标可以达到西周

---

① 《尚书·泰誓》。

的盛世，但"民意"和天命对他是两回事。他不生活在汤武革命的时代，也就谈不上这两人所谓的"天命"，民的问题也就不用捍卫了。

孔子自有他的天命观。"天生德于予，匡人其如予何。""文王既没，文不在兹乎。"孔子认为他的文与道有存在的价值，没有任何力量可以夺去，但大道之行与不行，不是人力所能勉强的，这就是孔子眼中所谓的"天命"。

50 岁是人成熟的年龄。孔子在 50 岁至 60 岁这一段生命中终于找到了为统治者所重用的机会。从 51 岁起，孔子做了短短数年的官，直到摄相事，但他的理想与现实相距过于遥远，理想很丰满，但现实却总是很骨感。最后在强大的反对声音中，孔子不得不离开鲁国，四处流亡，辗转各国，希望得到见用，可是到处碰壁。"苟有用我者，期月而已，三年有成。""如有用我者，其为东周乎！"雄心壮志经过岁月的消磨最终变成了"归乎归乎"希望回到故乡的期许。仕途的蹭蹬终于让孔子认识到了自己真正的人生价值并不在从政做个政治治理家，而是教书育人整理典籍。直到这个时候，孔子才不但"知天命"而且亦"耳顺"了。但这时，孔子已 60 出头了。

（5）看孔子的"六十而耳顺"。

相对于"知天命"，"耳顺"之年又是人生的一个新的转折点。"耳顺"的反面是"耳逆"；"六十而耳顺"是相对"六十前耳逆"的一种说法。"耳逆"主要是指对于非道听不进去，就是说不能了解为什么人们会说逆于道的话，会逆于道而行。"耳逆"是对于非道的拒绝，认为它无真理、无逻辑可言。在普通人那里，人人都爱听悦耳之言，厌恶"耳逆"之语，这也是一种"耳顺""耳逆"的判断。孔子的"耳顺"，是针对于他过去"耳逆"的情况有所改变而言的。过去，孔子不能容忍异端或和他的道不相干的一系列政治言行，如礼崩乐坏、道德沦丧、陪臣执国命等。孔子主张中央集权，主张克己复礼，然而60岁后，孔子的心态发生了质的变化，他不再勉强自己，而是把匡正天下的希望留给了他的学生，他的从政要求不再那么强烈了，这大概就是所谓的"耳顺"境界吧。60岁后的孔子，确实基本上达到了"耳顺"的境界。

以本人愚见，"耳顺"大致可做如下理解：

表面上的意思，"耳顺"就是能够自然听进去各种不同的意见，尤其是反对性的意见，在内心里不会因为"耳逆"之言而引起不愉悦的情绪，导致心情不快。

深层面的含义，大概是指进入60岁后，由于人的阅历进一步丰富，听到别人的言论能够正确辨别真假是非，犯错的概率大大减少了。

"耳顺"的反面是"耳逆"。

孔子说他"六十而耳顺"，言外之意就是说他60岁前"耳还逆"，在心理上、情绪上、见识上等修养方面还不能达到一个随心所欲、相对自由的境界。

这倒也符合事实。

确实，在进入"耳顺"之年前后，孔子师徒还一直在楚地流亡。

楚地多隐士。隐士与孔子的互动，在一定程度上反映了孔子在"耳顺"与"耳逆"之间挣扎的窘境。

在楚地，孔子首先遇到的是楚国的狂人接舆。

接舆虽然是一个隐士，但他在楚国的名声很大，是个道家人物。狂，并不是说他真的又疯又狂，只是表明这个人在装疯卖傻而已。也有人说他是蔡国的遗民，亡国之后才隐才狂的。《韩诗外传》中记载说楚狂接舆是以农耕为食，楚王曾经派遣使者拿着"金百镒"，请他出来治理河南，但是被他拒绝了，而后便与妻子一同隐姓埋名，从此不知去向。但不管怎样，接舆是不同意孔子的政治主张与做法的，他认为春秋形势已经是无药可救，固执地坚持"克己复礼"那一套是不明智的行为。

《论语·微子》篇记载了他与孔子之间发生的故事：

> 楚狂接舆歌而过孔子曰："凤兮，凤兮，何德之衰？往者不可谏，来者犹可追。已而，已而，今之从政者殆而！"孔子下，欲与之言。趋而辟之，不得与之言。

　　孔子一行前往楚国，途中听到有人放声高歌：凤凰啊，凤凰，为何世道的德行这么衰落？过去的不提了，未来的还可以追赶。今天的从政者，实在是差劲与不近人情。孔子听后，便知此人绝非一般人，慌忙下车，欲就前请教。然而，唱歌之人，却躲避不见。真是神龙见首不见尾。

　　这首歌当然是唱给孔子听的，但是并不直说，而是以凤凰暗喻讥讽孔子。古人往往将麒麟、凤凰代表人中的君子，认为只有太平盛世才能出现这两种祥物，如果在乱世出现，那麒麟、凤凰就相当危险了。接舆的意思相当明显。他在告诫孔子："你想只手擎天，把这个糟糕的时代挽救过来，这是挽救不了的啊！算了吧，算了吧，这个糟透了的时代是没法挽救了，你这个时候出来求仕实在是太不明智了。"

　　这个接舆，虽然对孔子不满，但还是劝的意思多，甚至给予了孔子一定的同情和理解。

　　与世外高人不期而遇，高人却又神秘地消失，让人交臂失之，那么地不可捉摸，孔子也亲身经历过这种事情。不过这次偶遇，倒是真的触动了孔子的心弦。

　　隐士真是接踵而至了。紧接着，就是长沮、桀溺两位隐士。

　　据《论语》记载：

　　　　长沮、桀溺耦而耕，孔子过之，使子路问津焉。长沮曰：

"夫执舆者为谁？"子路曰："为孔丘。"曰："是鲁孔丘与？"曰："是也。"曰："是知津矣！"问于桀溺，桀溺曰："子为谁？"曰："为仲由。"曰："是鲁孔丘之徒与？"对曰："然。"曰："滔滔者天下皆是也，而谁以易之？且而与其从辟人之士也，岂若从辟世之士哉？"耰而不辍。子路行以告。夫子怃然曰："鸟兽不可与同群，吾非斯人之徒与而谁与？天下有道，丘不与易也。"①

这一次更有意思，是孔子师徒要过一条河，不知道渡口在哪里，正好遇到两个在田地里并肩耕种的人，于是孔子就派子路前去"问津"。

"问津"，是这次长沮、桀溺与孔子师徒间所发生故事的关键所在。明是谈论渡口所在，实际是在探讨与寻找救世道路与人生道路的大问题，这也牵涉到道、儒两家观点、两种人生观与政治观的分歧所在。在我们中华民族语言库中，"指点迷津"的典故，出处就在这里。

子路按照孔子的要求前来问路，好像先问的是长沮，长沮先不回答子路的问题，却向子路发问说："你替他赶车的那个老头儿是谁？"其实长沮他们早就知道是孔子，这是明知故问。子路还

① 《论语·微子》。

怕人家不知道车子上坐的是谁，马上告诉他："是我的老师呀，世人皆知的孔丘先生啊。""就是鲁国的那个孔丘吗？""是啊，就是他，那还能错！"这时长沮才将自己心里的话不紧不慢地讲了出来："既然是孔丘，那他当然知道该怎么走、走哪条路，还要来问我们这些种田人干什么？"言外之意很明显：他孔丘流亡列国，到处传道布道，向各国的国君"指点迷津"，自己反倒不知道该走哪条道了。还有一层意思，那就是与上面那个楚狂接舆所说的一样，这个世道已经没法救了，算了吧，算了吧！孔丘你就别白费苦心了。

子路没完成任务当然不甘心，又转而问桀溺。桀溺却问起了子路是谁，是不是鲁国孔丘的学生等，问完也是没有回答渡口到底在哪里，倒是左顾而言他，大发了一顿好似无厘头的感慨："礼崩乐坏，战乱不止，争权夺利，世风日下，这已经像滔滔的洪水，成了时代的潮流，谁也没有力量去改变它了。你们的老师孔丘不是在鲁国遇到像季氏这样篡夺了国君权力的卿大夫，没有办法不得不离鲁而流亡列国的吗？这些年来又怎样呢？还不是到处碰壁，找不到一个理想的诸侯而让你们施展抱负吗？与其跟着孔丘四处碰壁，还不如像我们一样脱离这个洪水滔滔的世道，种田糊口，不管世事来得自在呢。"说罢，再也不理会子路，只顾不停地耕种他们的田地。

碰了一鼻子灰的子路，只得回来报告孔子。孔子听了，怅然若失，好长时间没有吭声，一股失落、一股酸楚、一股悲凉、一股落寞又在他心头弥漫开来。好一会儿，他才难过地说："鸟兽不可与同群。鸟会飞，在天空中自由翱翔；兽能走，在山林中无忧无虑地行走。人各有志，各走各的路吧。"

其实，孔子也明白这个世道是改变不了啦，也挽救不了啦。他又何尝没有想过丢下这世道，"道不行，乘桴浮于海"① 呢？可是都像这些隐士撒手不管，这个世界不是没有一点希望了吗？思来想去，孔子尽管心中难过，但我不入地狱、谁入地狱的慷慨之情到底还是压服了他的沮丧低落的情绪。在他看来，如果非要牺牲的话，那就让我牺牲好了，不到我闭上眼，我是不会停止去改变这个"道不行"的社会的。

虽然心中与隐士的告诫之言戚戚然相通，但知其不可而为之，这就是真实的孔子。挥一下手，孔子带着他的学生们，还是选择了继续前行。

第三拨隐士还是子路碰到的。

在山重水复的南国大地，子路有一次掉了队。正当他在旷野中徘徊四顾的时候，忽然遇到了一个用手杖挑着除草工具的老人。于是，子路就有礼貌地走上前去问道："您好，看见我的老师了吗？"老人停步审视着子路，说："四体不勤，五谷不分，我不知

---

① 《论语·公冶长》。

道谁是你的老师。"

虽然没有正面回答子路的问题，但老人待子路不错，他不仅留子路到自己家过夜，还杀了鸡，做了好吃的饭，并让自己的两个儿子出来陪客人用饭。

第二天，子路赶上了孔子，报告了昨天的际遇。孔子说："隐者也。"并让子路回去再看看他。谁知等子路返回时，老人连家都搬得不知去向了。

不过，这一次子路倒是显示出了孔门大弟子的水平。他对于这位乡野隐者的评论，显示出了一定的思想与精神高度。他向孔子说：

> 不仕无义。长幼之节，不可废也；君臣之义，如之何其废之？欲洁其身，而乱大伦。君子之仕也，行其义也。道之不行，已知之矣。①

子路认为："一个有知识有文化的人不出来做官是不义的，人生活在家庭、社会之中，各应承担自己的责任，如果都像这些隐士一样，社会的责任谁来负责？那还不乱了套？君子出来做官，就是要承担起自己的那份责任，这就是'义'的一种表现。至于

---

① 《论语·微子》。

这个社会已经糟糕透顶不可收拾，我们的主张行不通，老师您不是早就教导过我们了吗？"

子路的言论基本上代表了孔子师徒对隐士遁世思想的态度和看法。他们同意隐士们所言"道不行"的看法，也明白这个社会不允许他们出仕行道改革社会的症结所在。但天下兴亡匹夫有责，他们不愿意逃避自己的社会责任。这是孔子师徒不同于他们流亡途中所遇到的诸隐士的地方。

在《礼记·中庸》中，孔子表达过这样的思想：

> 素隐行怪，后世有述焉，吾弗为之矣。君子遵道而行，半途而废，吾弗能已矣。君子依乎中庸，遁世不见知而不悔，唯圣者能之。

孔子明确告诉世人：追求隐僻的生活，做些怪诞的事，用以欺世盗名，后世也许会有人称道，可我不会这样做。有些君子遵循中庸之道，可是走到半路就停止了，可我不会中止自己的追求。君子依照中庸之道而行，即使隐遁山林而不为世人所知所用，也不懊悔，这大概只有圣人才能做到。

事实表明，孔子对流亡途中所遇隐士的态度是既尊重又不满意的。

一方面，儒家和隐者，虽然走的不是一条路，但都是大智慧者。孔子尽管自强不息，但对隐者还是保持着高度的敬意。在

《论语·宪问》中，孔子生出无限的感慨："贤者辟世，其次辟地，其次辟色，其次辟言。"晚年的孔子，岁月洗净了铅华。心中的壮志，像残阳晕染的晚霞，渐渐淡去。此时，这些避世的人，在孔子的内心深处，或许分外显得智慧与可亲。

另一方面，隐士们对王室衰微、诸侯争强、战争频发所引发的社会混乱和各种不平等现象，对统治者的权利欲望和道德沦丧，表现出了极大的不满情绪，但又无可奈何。他们宁愿隐居乡野，躬耕于丘垅，也不愿与统治者同流合污，不愿失去自由，不愿污染自身的洁白，孔子对此是敬重的。但是，他们逃避现实，悲观厌世，放弃自己的社会责任，放弃理想信念和对济世救人的追求，对此，孔子是不苟同的。孔子虽然明知其道不能实现，但他要尽到自己的责任。"知其不可而为之"，表现出坚忍不拔的顽强意志，以及积极处世、乐观向上、努力进取的奋斗精神。正是孔子的心灵建立在强大的悲天悯人的文化基础之上，因而才会充满着生机，充满着阳光，充满着自信，充满着力量。也正因为这样，孔子最后才能脱颖而出，成为中华民族文化史上的一束光，一束引导我们民族不断走向光明的永远不会熄灭的光。这束光虽小，却充满正能量，星星之火可以燎原，永远引导我们通向澄明的精神世界。

60 岁上孔子回鲁。他说：

归乎归乎，吾党之小子狂简，斐然成章，吾不知所以裁之。①

他对门徒的气量大了，还有点高兴地觉得他们的狂简斐然成章。他对自己的要求不再那么高了，只消适意就行，不再以大道相责自己，这大概就是所谓的"耳顺"吧。

进入 60 岁后，孔子对和他不同的人的看法在逐渐改变，脾气也在渐渐好转。奚落孔子的众多隐士的观点孔子虽然未必全部苟同，但这种人却是令孔子"怃然"有所感悟。孔子羡慕他们的自然生活，但他却执着于对世道的拨乱反正。"天下有道，吾不与易也。"也许应作如是解："天下有道，吾不与，易也。"意思是天下若有道，我不会像现在这么低三下四地游说诸侯，因为安定天下本就是件十分正常的事情。与鸟兽同群，实所履也，也易于实行。然今天下无道，我不能消极无为。孔子对隐者的尊重和向往是很清楚的。孔子也羡慕鸟兽存在于大自然之中的逍遥之举。

大量事实说明，孔子的"耳顺"是他在一生的逆境中锻造而成的，因为"周道"不行的客观形势，宣扬"周道"的孔子心中的矛盾显而易见，只是他没有时间或不甘心来解决它，也没有方法来解决它。他曾经也相当自信与自负："苟有用我者期月而已，三年有成"，"如用我，其为东周乎"。可是，天下昏暗非一人所能

---

① 《史记·孔子世家》。

回天。孔子流亡各诸侯国 14 年一直不为所用，无所事事，一切棱角也磨光了。但孔子不怨天，不尤人，"大道不行，命也夫"，孔子也就安然接受，不再以道逆人或者逆言了。也许这是一个不得志人的话，但他的话中并无酸苦之味，他接受天命出于真诚，从此他渐入耳顺之境。

（6）看孔子的"七十而从心所欲不逾矩"。

"从心所欲"应该是说"自由"，就是说"七十而自由"。"不逾矩"就是虽然"从心所欲"，但事事都会在规矩之内，不会再做出逾分的事情。

孔子所谓的"从心所欲"，今日看来应该是与"自由"相接近的一个人文概念。实现心灵的自由，达到"从心所欲不逾矩"，是一种境界，不是常人那种订立计划通过努力就能达到的目标。孔子的"从心所欲不逾矩"应该是一个境界高远、与俗世无争、宠辱不惊、随遇而安、物我两忘、无意名利、心若止水、不计得失、情深似海、慈悲为怀、兼济天下的境界。到达这种境界，人就会自然而然地自由管理自己的不合理的生理欲望，就可以"从"欲而不欲。"七十而从心所欲不逾矩"，是孔子倾终生修养之力最终才达到的一个高度，我们虽不能达到，但毕竟有了一个学习的榜样，这对我们来说是多么幸运的一件事情啊。

公元前 484 年，在颠沛流离 14 年后，孔子自卫返鲁。这时，他已经进入了垂暮之年。孔子 55 岁离开鲁国，14 年后返回鲁国时，已经 68 岁了。多年周游诸侯各国冀图出仕的失败经历，对孔子刺激很大，既然不复梦见周公，他也就无意再继续求仕。经过近 70 年的人生坎坷，孔子已经彻底清楚了自己的人生定位，这就是要在有生之年，赶快抓紧时间，完成自己"为往圣继绝学"、实现整理古代文化典籍的历史使命。

据《史记·孔子世家》记载：

> 孔子之时，周室微而礼乐废，诗书缺，追迹三代之礼，序书传，上纪唐虞之际，下至秦缪，编次其事。曰："夏礼吾能言之，杞不足征也；殷礼吾能言之，宋不足征也。足，则吾能征之矣。"观殷夏之损益，曰："后虽百世可知也，以一文一质，周监于二代，郁郁乎文哉，吾从周。"故书传、礼记自孔氏……"吾自卫反鲁，然后乐正，雅颂各得其所"。古者诗三千余篇，及至孔子，去其重，取可施于礼义……读易，韦编三绝，曰："假我数年，若是，我于易则彬彬矣。"……"吾道不行矣，吾何以自见于后世哉？"乃因史记作春秋……

孔子在 70 岁的时候又回到诗书礼乐上去，并且读《易》，著《春秋》。不过，这次回去却是在"从心所欲"的境界中再次涵泳整理六艺的。70 岁，什么都经历了，就有着返璞归真的心情，一切简化，只存其质，所以，他在临死之前说"予殆殷人"。孔子虽然毕生都在宣扬周道，虽然周道无法恢复，但孔子却从中达到了"七十而从心所欲不逾矩"的境界。晚年的孔子，他的心志已经不染世尘地浸淫在殷周的人文文化抢救中，只有在这个时候，他才是自由的。

总的说来，孔子的人生管理，他对学、立、不惑、知天命、耳顺、从心所欲不逾矩的追求与历练，都是领导者修养自身的极端宝贵的东西。所以，无论如何，沿着孔子的人生管理之路不懈地前行，对于我们是大有裨益的。

四、孔子的事业管理

孔子的事业管理可以分成三个部分：办学授徒；仕途进取；整理典籍。

1. 孔子的办学授徒

其实，孔子决心创办私学，很可能是出于以下几个方面的考虑：

第一，他要解决自己及家人的经济来源问题。这不难理解。

孔子生长于贫寒家庭，从小吃过各种苦，成家立业的前提就是实现经济独立与生计保障。对于这一点，孔子应该比谁都清楚。

孔子说：

自行束脩以上，吾未尝无诲焉。①

凡是主动愿意学习并交纳若干学费者，孔子都给予了相应的教诲。这说明，孔子办学是有一定条件的。教学不是免费，而是根据个人的实际情况收取不同程度的学费。"束脩"大概是最低标准，用来照顾家境贫寒的学生。至于贵族子弟，以及像子贡这样的富有之人，很可能就不是收一点学费了，孔子收的大概应是赞助费或者捐献费。

第二，开办私学，有孔子对自身强弱、长短、兴趣等各项因素的充分考虑。孔子虽然说自己"吾少也贱，故多能鄙事"，但他真正的兴趣还是在对文化知识的学习与掌握上面。学有所长并得到社会的认可，这个品牌效应是孔子开办私学的主要基础。

第三，在初期招徒教授过程中，孔子品尝到了人生的乐趣。做自己喜欢做的事并能将谋生与探究学问、追求道义，相容不悖地有机结合起来，这正是孔子的智慧之处。一边教书，一边读书，教学相长，弟子满堂，既可有维持自己以及家庭必要生活的经济收入，又可以大大有益于自己学问的精进。对于孔子而言，何乐而不为？

第四，创办一个属于自己的私立学校，这是孔子的一个人生

---

① 《论语·述而》。

理想。"私学"是孔子精神的桃花源。

数十年来的进取与奋斗，让孔子看到了社会的复杂与多面，他也认识到了自己的短处与不足。

因为出身的贫寒，仕途之路对他似乎遥不可及。通过创办私学，孔子很快找到了自己独特的人生之路。通过这条道路，他可以找到自己的人生乐趣，实现自己的人生价值，用自己力所能及的方式培养社会需要的各方面人才，充分发挥与调动他们的聪明才智，让他们参与政治，介入社会，进而推行自己的政治理想与人生主张。学生满天下，实际上也成为孔子与社会之间沟通的另一座桥梁，他也从中找到了自我实现的最好途径，实现了职业和事业之间的最佳结合。

第五，"天子失官，学在四夷"，文化下移的时代为孔子私人办学提供了客观条件。春秋以前，学在王官。正如《礼记》所言："古之教者，家有塾，党有庠，术有序，国有学。""小学在公宫南之左，大学在郊。"①

在教育制度上，可以分为贵族、平民两类学校。文化学术皆由官办。贵族子弟学习礼乐射御书数等课程，以备未来从政之用。平民子弟则只能接受一般文化课程与军事训练的教育。教育贵族子弟的教师由行政官员兼任。主要包括：师氏，"以三德教国子：

---

① 《礼记·王制》。

一曰至德，以为道本；二曰敏德，以为行本；三曰孝德，以知逆恶"。保氏，"养国子以道。乃教之六艺，一曰五礼，二曰六乐，三曰五射，四曰五御，五曰六书，六曰九数"。[①]

周平王东迁后，"天子失官，学在四夷"，文化开始由官方垄断向民间下移。这为民间私学的兴起准备了条件。

在孔子办学前夕，有些地方已经出现私人设教的现象。据《吕氏春秋·下贤篇》记载，春秋时期，壶丘子林就有自己的门人弟子，郑子产去看望他时，他正在与其弟子按年龄排座次。又据同书《吕氏春秋·离谓篇》的记载，郑国的邓析还办过类似今天的诉讼方面的法律培训班，凡要学打官司的，只要交纳一定衣物作报酬，就可以到他那里学习和掌握诉讼方面的知识。结果，"民之献衣襦裤而学讼者，不可胜数"。稍前于孔子或约略同时的私人设教者，就有詹何、王骀、少正卯等。这些记载虽系传闻，但这类传闻如此之多则反映了一定的历史真实。孔子的私学正是在这种气候下兴办起来的。

第六，为孔子追求自己最大程度的人身自由而举办。通过创办属于自己的私人学校，孔子可以获得经济上的独立，可以自由决定自己的时间，可以保持人格的独立和精神上的自由，可以不再受制于人。种种因素加在一起，成为他敢于喊出"三军可夺帅

[①] 《周礼·地官司徒·师氏、保氏》。

也，匹夫不可夺志"[1] 的主要凭借。

孔子办学是私人办学，所以他的学校属于私学。

自学成才的经历与办学目标的远大，使得孔子创立的私学颇具影响力，赢得了越来越高的社会声誉。

在孔子之前，不乏有人创办私学；在孔子之后，开办私学的人更是多得如过江之鲫，不胜枚举。然而，只有孔子一人被历史公认为中国民办教育者的鼻祖。

这并不奇怪。

俗话说，高度决定出路，细节决定成败。而孔子恰恰将二者做到了极致。

第一，孔子创办的私学，可以说是真正的"大学"，无论是知识结构或者是铸造人灵魂的高度，在当时都罕有其匹。

"大学"这个词最早的来源，可以追溯到《礼记·大学》篇。

《大学》开篇即讲：

> 大学之道，在明明德，在亲民，在止于至善。
>
> 知止而后有定，定而后能静，静而后能安，安而后能虑，虑而后能得。
>
> 物有本末，事有终始，知所先后，则近道矣。

---

[1] 《论语·子罕》。

古之欲明明德于天下者，先治其国，欲治其国者，先齐其家；欲齐其家者，先修其身；欲修其身者，先正其心；欲正其心者，先诚其意；欲诚其意者，先致其知，致知在格物。

物格而后知至，知至而后意诚，意诚而后心正，心正而后身修，身修而后家齐，家齐而后国治，国治而后天下平。

自天子以至于庶人，壹是皆以修身为本。其本乱而末治者，否矣。其所厚者薄，而其所薄者厚，未之有也。此谓知本，此谓知之至也。

这既是《大学》的开篇，实际上也是《大学》篇中的点睛之笔。在这里，它明确提出了大学学习的最高目标是"明明德""亲民"与"止于至善"三个方面。

《大学》一开始即开门见山地说：

大学的宗旨在于弘扬光明正大的品德，在于使人弃旧图新、勇猛精进，在于使人达到最完善的境界。

一个人只有明白自己应该达到的境界才能够志向坚定；志向坚定才能够镇静不躁；镇静不躁才能够心安理得；心安理得才能够思虑周详；思虑周详才能够有所收获。每样东西都有根本有枝末，每件事情都有始终。明白了这本末始终的道理，就接近事物发展的规律了。

古代那些要想在天下弘扬光明正大品德的人，先要治理好自己的国家；要想治理好自己的国家，先要管理好自己的家庭和家族；要想管理好自己的家庭和家族，先要修养自身的品性；要想修养自身的品性，先要端正自己的心思；要想端正自己的心思，先要使自己的意念真诚；要想使自己的意念真诚，先要使自己获得知识；获得知识的途径在于认识、研究万事万物。通过对万事万物的认识、研究后才能获得知识；获得知识后意念才能真诚；意念真诚后心思才能端正；心思端正后才能修养品性；品性修养后才能管理好家庭和家族；管理好家庭和家族后才能治理好国家；治理好国家后天下才能太平。上自国家元首，下至平民百姓，人人都要以修养品性为根本。若这个根本被扰乱了，家庭、家族、国家、天下要想治理好是不可能的。不分轻重缓急，本末倒置却想做好事情，这也同样是不可能的！

《大学》还认为，人生来就具有高尚的"明德"，入世以后，"明德"被掩，需要经过"大学之道"的教育，重新发扬明德，革新民心，达到道德完善的境地。具体说来，就是做到"八目"："格物""致知""诚意""正心""修身""齐家""治国""平天下"。

在这"八目"中，"修身"是根本。前"四目"是"修身"的方法，后"三目"是"修身"的目的。

《大学》宣扬修身为齐家治国平天下之本，理由如下：

其一，个人、家、国、天下是一种系列关系，个人是社会系列之始。修身和治家、治国有内在的统一性。治国是治家的扩大。

其间的统一性就在于一个"孝"字。孝的基本精神是遵守列祖列宗遗志，另外，还必须坚持一整套礼仪祭祀的制度。

《大学》说：

> 所谓治国必先齐其家者，其家不可教而能教人者，无之。故君子不出家，而成教于国。孝者，所以事君也；弟者，所以事长也；慈者，所以使众也。[①]

在这种情况下，孝是维护家的思想纽带，家是国的细胞，又可转化为国。因此，修身首先要以孝为先。孝是个人、家、国、天下系列中的精神中枢。因此，百善孝为先。

《大学》强调维护宗法制度即"齐家"对于"治国平天下"的重要意义。在这方面，《大学》提倡孝、悌、慈。孝是协调下辈对上一辈的关系；悌，是协调同辈之间长与幼的关系；慈是协调上辈对下辈的关系。《大学》认为，协调这些关系的原则同样适用于协调国家中君与臣，君臣与庶民的关系。这样便把家族中宗法治理与国家中政治统治高度结合在了一起。

其二，在社会道德诸种关系中，修身是起点或中心环节。"凡为天下国家有九经，曰：修身也，尊贤也，亲亲也，敬大臣也，体（体恤、体谅）群臣也，子庶民也，来百工也，柔远人也，怀

[①] 《大学·第九章》。

诸侯也。"九经即九项原则。在这九项原则中，修身不仅是始，而且是本。只有修身才能立道，即所谓"修身则道立"①。其他八项只解决某一方面的问题，是修身在某一个方面的展开。《大学》中说："古之欲明明德于天下者，先治其国；欲治其国者，先齐其家；欲齐其家者，先修其身；欲修其身者，先正其心；欲正其心者，先诚其意；欲诚其意者，先致其知。致知在格物。"平天下、治国、齐家、修身、正心、诚意、致知、格物八者之间，修身处于枢纽地位。正心、诚意、致知、格物是修身的功夫和修身的方式。修身向外扩充表现为齐家、治国、平天下。只有知道怎样严格要求自己，才能知道怎样治理别人。《中庸》说："知所以修身，则知所以治人"。治人、治物、治国、治天下是治己的外化与扩大。

其三，在道德与人的关系中，人是道德的体现者。只有己正而后才能正人，己不正也就不能正人。《大学》说："君子有诸己而后求诸人；无诸己而后非诸人。所藏乎身不恕，而能喻诸人者，未之有也。"②

这也就是说，个人有好品德，才能要求别人；自己不违犯道德，才能指责别人。自己不讲恕道，而让别人通晓并遵从道德是

----

① 《中庸·第二十章》。
② 《大学·第九章》。

不可能的，所以身修是对别人提出要求的资本和前提。①

总之，《大学》把个人的品质与修养作为个人立身进取的成败
之本：

> 一家仁，一国兴仁；一家让，一国兴让；一人贪戾，一
> 国作乱，其机如此。此谓一言偾事，一人定国。②

统治者一家仁，一国跟着兴仁；一家礼让，一国跟着兴礼让；
一人贪暴，那么一国跟着作乱。事情的诀窍就在于此。一句话就
能坏事，一人就能使国家安定。③

可见，"大学"的内涵，至少不是我们今天所讲的对于技术或
者某个职业的学习，而是重在提高德行，养成人格，然后成就自
身，进而改造社会，这才是孔子办大学的真正内涵。

把政治关心视为个人品质的扩大，把政治过程看成是由己及
人的过程，把国家和政治问题归结为个人的修养程度，这就是孔
子的办学之道，这就是孔子办学最高目标之所在。

从一定意义上讲，孔子学堂不同于今天那些专门的教育机构，

---

① 参见刘俊田、林松、禹克坤译注:《四书全译》，贵州人民出版社 1988 年版，
第 3—4 页。
② 《大学·第九章》。
③ 参见刘泽华著:《中国政治思想史集·第一卷·先秦政治思想史》，人民出
版社 2008 年版，第 249—252 页。

更不是那些以商业运转为模式的专门的教育实体，它是一种集学问探讨与修养人生为一体的圣地。

孔子办学的目的，不应当简单视之为一种谋生之学，它的最重要的出发点不是培养人的专业技能，更不是让学生学习到某种专科专业成为社会上的某种"器具"，而是要全面成就，让一个人全面地"长大"与成熟。

简言之，孔子教育是一种大成之学，是将个人学习修身与应该担当的社会责任实现充分的结合，让人从内心滋养与社会担当等方面一并成长强大起来的一种高境界的学问。它立足于培养人的趣味高尚的价值观和价值判断能力，让学生对世界上纷纭复杂的事物具有做出正确判断与识别的能力，同时培养人的高贵品性和雍容大气、文质彬彬的气质，养成人的大眼光、大境界、大胸襟、大志向、大学问。

一句话，孔子办学的目的，不是为了简单的就业，而是为了成人；不是为了一己的谋生，而是要为天下苍生谋生，谋天下太平，为往圣继绝学，争人类福祉！

第二，孔子创办私学，强调"有教无类"[1]，主张因材施教。

在孔子之前，官学的生源很单纯，就是贵族子弟。民间虽有乡校，贫寒子弟也只不过略微习得些识文断字的简单常识而已，

---

[1]　《论语·卫灵公》。

根本无法凭此立足社会。

一句"有教无类"，让孔子办学成了中国教育史上开天辟地的大事。

孔子所说的"有教无类"，简单地说，就是对接受教育的对象，没有类别的限制，兼收并蓄，一视同仁地给予教育。只要受教育者愿意真心实意地"志于学"，不论贫富、贵贱、族类、国别、老少，孔子都可以做到"诲人不倦"①。

在孔子之前，非贵族子弟是没有享受高等教育权利的。由于孔子的有教无类，各个阶层的人、各种出身的人都能从此接受充分的高等教育，这就开辟了中国教育史上的新时代。

司马迁说：

> 孔子以诗书礼乐教，弟子盖三千焉，身通六艺者七十有二人。如颜浊邹之徒，颇受业者甚众。②

按照司马迁的说法，孔子用《诗》《书》《礼》《乐》作教材教育弟子，就学的弟子大约在 3000 人，其中能精通礼、乐、射、御、书、数这六种技艺的有 72 人。至于像颜浊邹那样的人，多方面受到孔子的教诲却没有正式入籍的弟子就更多了。由此可见，

----

① 《论语·述而》。
② 《史记·孔子世家》。

孔子凭一个人的力量，教出 3000 弟子，而且以一个人的力量培养出众多具有治国安邦本领的大学生。这种成功，从孔子到今天，还没有一个人能跟他相比。

生源复杂是孔子私学的一大特点。

私学打破了贵族对文化教育的垄断，大批新兴的地主、商人、平民子弟都可以通过这条途径接受到高等教育，这在当时应该说是一个革命性的飞跃。据史料记载，因为孔子学生成分都十分复杂，曾经引起了当时社会上一些人的困惑不解。有一个叫南郭惠子的人问子贡说："子贡先生，你老师的门下怎么那么复杂，什么人都有啊？"子贡回答道："我们老师啊，修养自身，等待求学者。想来的，不拒绝；想走的，不禁止。因而才会显得庞杂。"[1]

孔子门下，确实什么人都有：

从贫富贵贱上看，穷的如颜回、原宪；富的如子贡、公西华；贵族子弟如孟懿子、南宫敬叔；贫贱人家的子弟，像子张是野人，子路是野人，颜浊邹也是野人。

从国别看，孔子弟子中既有颜路、子路、宰我、曾参、澹台灭明、南宫适、有若、公西华、颜幸、冉孺、颜哙、南宫敬叔、林放等很多鲁国人，也有齐、楚、晋、秦、陈、吴等国人，几乎遍及当时主要诸侯国。

---

[1] 《荀子·法行》。

从种族看，既有周人后裔，如孟懿子等，也有殷人后裔，如孔忠等，还有夏人后裔，如颜回等。

从年龄看，老少不一。子路只比孔子小 9 岁，冉求小 29 岁，闵子骞小 15 岁，颜回小 30 岁，子夏小 44 岁，子游小 45 岁，曾参小 46 岁，子张小 48 岁，冉孺小 50 岁等。在孔门还出现颜路、颜回与曾点、曾参父子俩同学的有趣现象。①

从性格、志趣、品行等方面看，也各不相同。子路性鄙，好勇力；司马牛多言而噪，性格不同。子张为学喜干禄，漆雕开不仕，为学志向截然相反。众多弟子因服膺儒者之学、慕孔子之德而入学，子路原本厌恶儒业、陵暴孔子，经诱导而折节投师，情况不同。颜回闻一知十，而高柴"愚"、曾参"鲁"，资质各异。子游子夏好文学，宰我子贡善辩，各飞声驰誉，独放异彩。

总之，弟子情况各异，千差万别，孔子却兼收并蓄，没有什么限制。②

朱熹说："夫子教人，各因其材。"

在办学的实践过程中，孔子能够根据学生不同的禀赋、思想、个性、特长、已有素质等等具体情况，给他们制订相应的教学方

---

① 《史记·仲尼弟子列传》。
② 参见张宗舜、李景明著：《孔子大传》，山东友谊出版社 2003 年版，第 84 页。

案，施以不同的教法，有针对性地给予培养教育，以使他们都能得到全面健康的发展，成为德才兼备的对社会有用的人才。

孔子开办私学后，弟子陆续云集。众多学子出身、性格、年龄、志趣、特长、原有素质等方面各不相同，入学时间有先有后，在孔子身边的时间多寡不一，或始终随侍身边，或时随时离，情况很复杂，根本无法采用整齐划一的集体教学方式。具有"诲人不倦"高尚精神和抱着"忠人于事"负责态度的孔子，针对弟子各自不同的实际情况，采取了个别教学方式，做到了因人因材因时因地教学。

在实际教学中，孔子很注意考察、分析弟子们的具体情况，经常通过观察、谈话、讨论问题等各种方式和途径，探明弟子的思想、志向、意趣、水平、特长等，以掌握各个弟子的实际情况和具体特点。

对于受教育者，孔子曾说："视其所以，观其所由，察其所安。人焉廋哉？人焉廋哉？"[1] 意思是说：考察一个人待人处事所依据的原则，观察他为达到一定目的所采取的方法、途径，体察他的心情，安心于什么，不安心于什么。那么，这个人怎样能有所隐藏呢？

对于身边的弟子，孔子都能很准确地道出他们各自的特点。

---

[1] 《论语·为政》。

例如，他评论弟子说：

由（子路）也果（果敢）；[1]

赐（子贡）也达（通达）；[2]

求（冉求）也艺（多才）；[3]

师（子张）也过（偏激、过分）；商（子夏）也不及（做事不到火候）。[4]

柴（高柴）也愚（愚直）、参（曾参）也鲁（迟钝）、师（子张）也辟（偏激，即习于容止而少诚）、由（子路）也喭（鲁莽、粗鲁）。[5]

回也其庶乎，屡空。赐不受命，而货殖焉，亿则屡中。[6]（颜回的学问道德虽然已经很好，可是他却贫穷不堪。端木赐不安本分，而去经商，却每每能发财）

孟武伯打听子路等人的情况，孔子介绍说：

> 由也，千乘之国，可使治其赋也；
>
> 求也，千室之邑，百乘之家，可使为之宰也；

---

① 参见《论语·雍也》。
② 参见《论语·雍也》。
③ 参见《论语·雍也》。
④ 参见《论语·先进》。
⑤ 参见《论语·先进》。
⑥ 参见《论语·先进》。

赤也，束带立于期，可使与宾客言也。①

孔子向孟武伯推荐他的学生说：子路适合做主管千乘之国的军政工作；冉求可以担任千户大邑的邑宰，也可以做拥有百辆兵车的执政大夫家的总管；公西华最适合接待外宾，办理外事交涉事物的工作。

正是在深入了解弟子、掌握各自特点的基础上，孔子才能够根据培养目标、弟子实际和各自特点，给予有针对性的教育。

例如，根据各年龄段人的身心变化，孔子告诫弟子要根据不同年龄阶段生理、心理特征，注意纠正各年龄段容易产生的缺点。他提醒弟子们说：

少之时，血气未定，戒之在色；及其壮也，血气方刚，戒之在斗；及其老也，血气既衰，戒之在得。②

孔子说，年轻的时候，血气未定，要警戒贪恋女色；等到壮年，血气正刚，要警戒好胜喜斗；年老了，血气已经衰弱，便要警戒自满自足、停滞不前。

对于智力对教育的影响，孔子也作了认真的总结。

---

① 《论语·公冶长》。
② 《论语·季氏》。

孔子说:

> 中人以上，可以语上也；中人以下，不可以语上也。[①]

在孔子看来，对于中等以上水平的人，才可以跟他讲论高深的学问，对于中等以下水平的人，就不可以同他讲高深的内容。只有根据受教育者的实际水平进行适当教育，才可能取得良好的效果。

弟子们经常向孔子"问仁""问礼""问政""问孝""问君子""问成人"等各类问题。孔子都是针对弟子各自的实际做出实质不变而程度有深浅或侧重点各异的不同回答。

以"问孝"为例:

> 子游问孝。子曰:"今之孝者，是谓能养。至于犬马皆能有养，不敬，何以别乎?"

孔子对子夏说:孝就是不仅能养活父母，而且更要对父母存有敬意。

> 子夏问孝。子曰:"色难。有事，弟子服其劳；有酒食，先生馔，曾是以为孝乎?"

---

① 《论语·雍也》。

孔子对子游说：在父母面前经常保持和颜悦色就是孝。

> 孟懿子问孝。子曰："无违。""生，事之以礼；死，葬之以礼，祭之以礼。"

孔子对孟懿子说：无违父母之命，始终对父母保持礼节就是孝。

三个人提出同一个问题，但都从孔子那里得到了各自需要的答案。

再例如：

同一弟子在不同情况下问同一问题，孔子也常能针对不同情况给予不同的答复。

> 樊迟问仁。子曰："爱人。"①
>
> 樊迟问仁。子曰："居处恭，执事敬，与人忠。虽之夷狄，不可弃也。"②
>
> 樊迟问仁：子曰："仁者先难而后获，可谓仁矣。"③

樊迟三次问仁，孔子三次的答案各不相同。

---

① 《论语·颜渊》。
② 《论语·子路》。
③ 《论语·雍也》。

对于"仁"的答案，孔子告诉樊迟说：首先，是"爱人"；其次，是要在平日容貌态度端正庄严，工作严肃认真，对别人做到忠诚；最后，付出努力，然后才谈收获。

有时候，几个弟子向孔子请教同样一问题，孔子给予的答复也会意思相反。

> 子路问："闻斯行诸？"
> 子曰："有父兄在，如之何其闻斯行之？"
> 冉有问："闻斯行诸？"
> 子曰："闻斯行之。"

子路问：听说一个可行的好主张，是否马上就付诸行动？孔子说：家中有父亲兄长在，应该先向他们请教，然后再确定是否实行，怎么可以一听说就马上去做呢？可是冉有问同一问题时，孔子却说，听说以后就马上实行。公西华见老师对同一问题给出截然相反的答案，迷惑不解，就去问孔子。孔子解释说：

> 求也退，故进之；由也兼人，故退之。[①]

孔子耐心地对公西华解释说：冉求做事常常有些畏缩，所以我就鼓励他，给他壮壮胆，叫他马上去做。子路却不同，遇事好

---

① 《论语·先进》。

轻率处理，所以我叫他凡事缓一缓，等征求了父兄意见再去做，对他适当加以抑制。

由此可见，孔子在因材施教方面是非常灵活的。他很注意针对弟子的缺点而补偏救弊，同时又十分重视发挥弟子的特长，因势利导，使之学有所成，各得其长。同是身通六艺者，孔门弟子能力各异，或长于理财，或善治军赋，或善于外交，或擅于内政。《论语》中说：

> 德行：颜渊、闵子骞、冉伯牛、仲弓；言语：宰我、子贡；政事：冉有、季路；文学：子游、子夏。[①]

另外，孔子上课，并非像我们今天这样一个班几十个人坐在教室中听老师讲授，他让学生和他聊天，大家一起讨论、切磋，很随便，有时屋里有时户外。人数也不会很多，随时随地教育。这种自由活泼的场景，多么令人向往！

总的看来，孔子的因材施教是卓有成效的。他培养出了大批有成就的弟子。

从目前现存的史料来看，在中国的教育史上，孔子首创了启发式教学方法。在教学过程中，孔子十分重视并坚持启发式教育，这也是他创办私学能够脱颖而出、取得成功的一个重要因素。

---

① 《论语·先进》。

孔子发明的启发诱导的教学方法，深深地影响了后世历代教育家。南宋大教育家朱熹就深受孔子这种教学方法的影响。

他说：

> 教师只是做得个引路底人，做得个证明底人，有疑难处，同商量而已。①

教学本来就是教师和学生双向互动的一种汲取知识与智慧的有益活动，只有教师和学生双方的积极性、主动性实现充分、有机的结合，才能取得良好的教学效果。对于教育者而言，采取何种教学方法，往往更为重要。孔子在施教过程中，很注意调动弟子们的主动性、积极性。他提倡学思结合，引导弟子在多学基础上深入思考，积极主动地提出问题。在此基础上给予指点、启发，而不是采取不顾学生具体实际情况的填鸭式教学法。

> 不愤不启，不悱不发。②

就是孔子对他的启发式教学法的高度概括与总结。

朱熹在其《四书集注》中对此解释说："愤者，心求通而未得之意。悱者，口欲言而未能之貌。启，为开其意。发，为达

---

① 《朱子语类辑略》。
② 《论语·述而》。

其辞。"

　　这就是说，孔子是在弟子要把问题想通却又想不通的时候才开导，想说出来而又表达不出来的时候才启发。换个表达方式也就是说，只有当学生自己进入积极思维状态，在经过独立学习与思考，却又想不通、表达不清楚时，孔子才给予启发，即"开其意""达其辞"。这种激发学生积极独立学习与思考，充分发掘学生强烈求知欲，调动学生积极主动思维状态的创造性的教育方法，自然会收到事半功倍之效。

　　除了"不愤不启，不悱不发"，孔子还特别注意在日常教学活动中培养学生们学会类推学习法，举一反三、触类旁通。

　　孔子说：

　　　　举一隅，不以三隅反，则不复也。[①]

　　孔子的意思是，对于不能融会贯通的学生，他就暂时放慢教学的进度，等学生已经真正完全领会他的深意时，他再往下进行。

　　朱熹在《四书集注》中对此解释说：

　　　　物之有四隅，举一隅可知其三。反者，还以相证之义。复，告也。

_____

① 《论语·述而》。

朱熹对此的理解是：孔子之意，譬如有四隅的东西，教给他的学生其中一隅，如果被教育者不能类推出其他三隅来，他就不再勉强继续下去。即不再一隅一隅地讲，而是留给学生自己去类推。也就是说，孔子不去代替学生思考，而是让弟子们学会举一反三、闻一知多，锻炼由此及彼的推理判断能力。

由于孔子重视启发式教育，弟子在学习过程中都非常注意积极主动地思考问题，有的弟子还能反过来给孔子以启发，从而真正达到了孔子希望的"教学相长"的理想效果。

例如，有一次，子夏问《诗》中"巧笑倩兮，美目盼兮，素以为绚兮"要表达什么意思。孔子回答说："绘事后素。"子夏将此问题引申到仁与礼的先后关系上，继续问道："礼是否产生于仁之后呢？"孔子听了，非常高兴，连连夸奖子夏说："卜商呵，你真是能启发我的人。从此可以同你一起讨论《诗》了。"①

再例如，一次子贡问孔子："贫而无谄，富而无骄，何如？"孔子说："可也，未若贫而乐、富而好礼者也。"子贡说：《诗》云：'如切如磋，如琢如磨'，其斯之谓与？"孔子听后，夸奖子贡说："端木赐呵，现在可以同你讨论《诗》了，告诉你一件事，

---

① 《论语·八佾》。

你能举一反三，有所发挥了。"①

孔子的启发式教学运用得相当成功，其弟子颜回对此体会最深。他曾赞叹说：

> 仰之弥高，钻之弥坚。瞻之在前，忽焉在后。夫子循循然善诱人，博我以文，约我以礼，欲罢不能。既竭吾才，如有所立卓尔。虽欲从之，末由也已。②

颜回认为：

孔子之道，越仰望越觉得高；越用力钻研越觉得深。看看似乎在前面，忽然又到后面去了。虽然这样高深和不易捉摸，可是老师善于诱导我们，用各种文献来丰富我的知识，又用礼来约束我的行为，使我想停止学习都不可能。我既用尽才力，似乎能够卓尔独立了。可是要想再前进一步，又不知怎样着手了。

有人说，孔子是中国历史上第一个创办私学的人，这话并不完全准确，因为前文已经说过，至少在孔子的同时代，也有人在办私学，谁前谁后还有待考证。只不过可以说，孔子办出了特色、办出了成就而已。

我们可以将孔子所办的私学与当时其他人所办的私学简单比

---

① 《论语·学而》。
② 《论语·子罕》。

较一下。

就在孔子于鲁国创办私学相前后，邓析在郑国也创办了一所法律培训学校，兼律师速成班。按今天的话说，他本人就是对法律问题颇有研究并出版过法律学著作的一名律师。

《吕氏春秋·离谓》中记载：

> （邓析）与民之有狱者约，大狱一衣（上衣），小狱襦（短衣；短袄）。民之献衣襦而学讼者不可胜数。以非为是，以是为非。是非无度，而可与不可日变。

办学越是教技术、教专业，往往来学的人就越多，因为学了马上就能用。所以邓析的学校办得很红火。邓析自己也常常帮别人打官司，他的律师培训学费收得也有意思：大的案件，收一件上衣；小的案件，收一件短袄。结果很多老百姓带着衣服到他这儿交学费，请他教大家怎么去打官司。

但是，邓析办学"以非为是，以是为非，是非无度"，不讲原则，不讲法律精神。他教学生打官司的技巧，却不教学生对法律的尊重，以及法律的精神。

《列子·力命》和现本《邓析子》中都说邓析"操两可之说，设无穷之辞"。什么叫"两可之说"呢？就是他想说这个人有罪他有办法，他想说这个人无罪他也有办法。这样，他变成一个讼棍了。更糟糕的是，他把学生也教成玩弄法律的讼棍了。

《吕氏春秋·离谓》上记载了邓析这么一件事情：

一个富人掉到水里淹死了，被某人捞了上来。捞尸人一看是个有钱的主，要的报酬特别多，想趁机敲诈一把。富人的家人觉得要价太高，就不服气。怎么办？找邓析。邓析说："他捞上来的尸体，除了卖给你又不能卖给别人，别着急，等着。"富家一听，有道理，就不着急，沉住气在家等。捞尸人一看这家人怎么不要尸体了，也着急，也来找邓析。邓析说："这个尸体他到别的地方买不到，你别急，等着。"这就叫"两可之说"。可这哪里是解决问题的办法呢？他给别人出的都是刁主意。他这种办法，最后教出来的，一定是"刁民"。

据历史记载，这样一个没有原则、只有权术、玩弄聪明、操纵他人的老师，最终作茧自缚，触怒郑国执政，被执政者所杀。

（因为邓析）所欲胜因胜，所欲罪因罪。郑国大乱，民口喧哗。子产患之，于是杀邓析而戮之[1]。

这一年，是鲁定公九年，孔子51岁，从开始创办私学到现在，已经办了20多年。

为什么会有这样的区别？一个蒸蒸日上，一个身死学灭。

这可以从二者办学所传授的内容即可窥见一点玄机。

---

[1]　《吕氏春秋·离谓》。

　　拿孔子的私学和邓析的私学作比较，孔子以培养人的全面成长为目标，邓析以培养人做讼师为目标；孔子教人成为道德高尚对社会有用的人，邓析教人仅仅满足于追名逐利，为谋取私利不惜破坏社会秩序。所以邓析被杀，他创办的学校也随他之死而烟消云散。

　　孔子所办的私学与邓析的诉讼训练班不同，孔子始终坚持教学内容的多样性、全面性、正面性，但并不忽视其所传授内容的实用价值。

　　　　子以四教：文行忠信。[1]

　　《论语》中说，孔子从四个方面教育学生：文化知识，社会实践，对人忠诚，信于朋友。

　　　　子曰："志于道，据于德，依于仁，游于艺。"[2]

　　在孔子看来，凡是拜他为师的学生，只要做到以大道为志向，以道德为根据，以仁为践行之本，再加上娴熟于礼乐射御书数六门功课，就是一个十分合格的学生了。

　　在从事教学活动中，孔子非常强调道德方面的培养，他传授

_____

① 《论语·述而》。
② 《论语·述而》。

的知识内容，全部是充满了正能量的东西。作为一名老师，孔子本人就是一个严于律己宽以待人的道德楷模。他曾说：

> 二三子以我为隐乎？吾无隐乎尔。吾无行而不与二三子者，是丘也。[①]

孔子曾经对他的弟子说：

"你们这些学生以为我会隐瞒什么不交给你们吗？请你们放心，我不会对你们有所保留有所隐瞒的。我没有什么不可以告诉你们的，这就是我孔丘的为人。"

《论语》中曾有这样一个故事：

孔鲤到了入学的年龄，孔子让他跟随大家一起学习，作为父亲，孔子并没有给他以特殊教育。后来，一个名叫陈亢的学生问孔鲤是否从孔子那里得到与众不同的传授，孔鲤回答十分明确：

"没有啊！"他说，"父亲曾经独自站在庭中，我快步从庭前走过。他问我学诗没有，我说没有。他说：'不学诗，就不善于说话。'我退下去学诗。过了几天，又遇见父亲独自一人站在庭中。他发现我从庭前走过，又问我学礼没有，我说没有。他说：'不学礼，就无以在社会上立足。'我退下去学礼。我只得到他这两次私下教导。"

---

① 《论语·述而》。

陈亢回去十分高兴，对别人说自己一问三得：知道了学诗和学礼的意义，也知道了君子不偏私自己的儿子。[1]

实际上，孔子对学生无论亲疏贵贱一视同仁的做法，不过是他深入贯彻有教无类方针的一个具体体现而已。但正因为做到了这一点，才不仅使他的学校增强了对广大平民子弟的感召力，而且为中国平等自由的学术研讨开创了先声。

总之，孔子私学实行"有教无类"的办学方针，适应文化下移的形势和平民学习文化的要求，开创文行忠信四教，采取因材施教、启发诱导等首创的教学方法，加上孔子"诲人不倦"的高尚精神和认真负责的态度，种种因素，使孔子创办的私学逐渐生根开花成长壮大，以至于在当时的各诸侯国间都闻名遐迩。私学的红火又使学生越聚越多，规模越来越大，教学相长也反过来成就了孔子的伟大。

2. 孔子对仕途的管理

前面说过，孔子在 35 岁至 37 岁时曾经到齐国寻求发展，但未受到重用，最终铩羽而归。51 岁时，他才得到季孙氏重用，出任中都（今山东汶上县西）宰，52 岁时相继升小司空、大司寇。这年夏天，鲁、齐夹谷（今山东莱芜南）之会，孔子以大司寇身份为定公相礼。会盟前，孔子说，"虽有文事，必有武备"。因为

---

① 参见《论语·季氏》。

进行了周密的准备，鲁国取得了这次政治外交的重大胜利，齐国被迫归还郓、灌、龟阴等地。此后两年，在大司寇任上，孔子采取纵深改革措施，"堕三都"，试图从三家贵族手中收回权力归鲁君公室。堕邱邑（今山东东平县南）、费邑（山东费县）较顺利，堕成邑（今山东宁阳东北）受阻，导致"堕三都"的改革半途而废。孔子集权公室的做法，引起了掌握鲁国国政三家的忌恨，孔子被迫出走流亡。此后，孔子师徒在外流亡 14 年，一直未得到实现政治抱负的机会。总的看来，在仕途方面，孔子并不擅长，短于经验，长于理论，属于一个政治理想主义者，此处不再赘述。

3. 孔子对夏商周三代文化的抢救与整理

一生倡导恢复周礼并在天下奔走呼吁"克己复礼"的孔子，恰恰是春秋时期周礼的最勇猛的突破者与否定者。周礼规定"非天子，不议礼，不制度，不考文"[1]。孔子不仅到处议礼，更在中国第一个以私人名义公开进行了大规模搜集与整理古代文献的文化工作，开创了中国私人著书立说的历史先河。

朱自清在《经典常谈》中说："孔子是在周末官守散失的时代，第一个保存文献的人。"

一个旧有秩序的维护者与守望者，却成了春秋时代旧有秩序的最大的破坏者。

---

[1] 《礼记·中庸》。

继第一个站出来打破贵族统治阶级对于学习教育的垄断之后，孔子又成为中国打破贵族统治阶级文化垄断的第一人。他在学术上的创举，开辟了就要到来的百家争鸣的新时代。

对于古代文献，孔子以那个时代所能具有的高远的眼界与阔大的胸怀，进行了抢救、梳理、综合、成型，并在教学活动中以教材的形式传诸后世，成为中国乃至世界精神文化遗产宝库中的瑰宝。

孔子时代，"周室微而礼乐废，《诗》《书》缺"①，王纲坠弛，礼崩乐坏。由于社会政治的动荡而导致了"天子失官，学在四夷"的文化状况，这就必然造成孔子所能访求到的文化典籍与历史文献是散乱芜杂的、残缺不全的。特别是离夏商二代年代久远，更令孔子深深地感到"文献不足"的缺憾，所以他叹惜地说："夏礼，吾能言之，杞不足征也；殷礼，吾能言之，宋不足征也。文献不足故也。足，则吾能征之矣。"②

孔子是一位诚实的学者。他告诉世人，夏王朝的礼，他能讲明白，但其后代杞国他却讲不清楚；殷商王朝的礼，他也能讲清楚，然其后代宋国的礼他却讲不清楚。原因非他故，杞国和宋国文献不足，因而无法搞清楚罢了。

①《史记·孔子世家》。
②《论语·八佾》。

　　夏商周三代历史文化悠久，但因为当时的保存条件有限，许多文化典籍早已经遗失或者残缺不齐，许多典籍，文不足征。热爱学习的孔子，对此十分清楚。从 30 岁左右开始，他便立下搜集、整理、恢复古代典籍和弘扬传统文化的宏愿，并且一边教学，一边着手进行这一工作。不过在人生最重要的青年与中年时期，孔子的兴趣主要还集中在事功上面。直到晚年归鲁后，他才将自己的主要精力集中在了抢救三代文化上面。经过最后 3 年的努力，《诗》《书》《礼》《易》《乐》《春秋》六经已经完全被整理或者写作了出来。据《史记·孔子世家》记述，孔子游齐归鲁后，贫居不仕，"退而修《诗》《书》《礼》《乐》，弟子弥众，至自远方，莫不受业焉"。孔子晚年，流亡列国四处碰壁终竟返回鲁国后，更是全身心地投入到整理与记述古代文化典籍之中。虽然像周公那样辅佐成王创建一个新天下的理想无法实现了，虽然那个创建了周朝典章礼制等周朝文化的周公再也没有来到他的梦中了，但是"郁郁乎文哉"的周朝文化，却还是令孔子心驰神往。用世之心在已届生命晚期的孔子心里，淡薄得犹如轻烟一样了。然而，整理保存夏商周三代文化，尤其是抢救周公所创建的周文化，就成为孔子人生最后 3 年中最最重要的工作。正是这项工作，奠定了孔子在中华文明史上的儒家鼻祖的地位。

　　孔子曾言：

　　弗乎弗乎，君子病没世而名不称焉。吾道不行矣，吾何以自见于后世哉？①

　　孔子认为自己的政治主张今世是不得实行了，若不把"六艺"整理出来，他将无颜以对后人。

　　正是在这一强大动力的驱动下，在多年的教学实践中，孔子发现《诗》《书》《礼》《乐》《易》等文化典籍并非完美无缺，尚有不少残篇断简和错乱重复，更有不少他认为不满意的地方，这都需要重新整理与修订。经过几十年的广搜博采，多地考察，孔子也已积累下了许多珍贵的文物资料；阅历上的成熟，眼界上的开阔，也可以让他更好地在编纂整理中发现问题而补偏救弊。尤其是他教学生的历史与文化文献，多是周史记和鲁史记中的一些不成体系的史料，很多地方杂乱无序，真伪难辨，这都需要重新编修一套详略得当、自成系统的新的"六艺"。一则是出于教学的需要；二则出于使命感，"文王既没，文不在兹乎？"②既然以挽救文化遗产为使命，既然以周文王的文化传承者自居，那么作为学问渊博的伟大学者，孔子就开始了对"六艺"进行全面系统的整理工程。这项文化工程，实际上是对先秦历代文化，特别是孔子

---

① 《史记·孔子世家》。
② 《论语·子罕》。

精通的夏、商、周三代以来的文化，进行总结性的系统取舍和修订工作，"追迹三代之礼，序《书传》，上纪唐虞之际，下至秦缪，编次其事"。[①]

关于重新编辑与整理"六艺"，孔子注意坚持下面几点原则：

第一，"述而不作"。即是通过全面收集与整理原始文献，进行实地考察，尽量集先王圣哲文献与语言之大成。

第二，"述吾之所述，不述吾之不欲述"。既要尊重原始文献，同时又要体现自己的观点和意见，寓作于述，以述代作，建立自己的思想与文化体系。

第三，"不语怪，力，乱，神"。治国理政不能迷信鬼神，要按世事的规律办事，依天理，顺民情，尽地宜，行教化，和谐发展等。这就需要把一些杂乱妄诞的成分删除，尽可能地保留一切有价值的东西。

第四，"攻乎异端，斯害也已"。对于文献中那些一切反中庸之道的不正确的议论与主张，孔子坚持"中庸"方法论，主张予以删除与放弃。

第五，"文以载道"。编纂新"六艺"，其目的自然是借古代文化典籍传道施教，因此，必须要体现"仁义"的精神和"礼"的规范性。

---

① 《史记·孔子世家》。

　　第六，"文质彬彬"。孔子说："质胜文则野，文胜质则史，文质彬彬，然后君子。"[①] 按字义，文，应指文采；质，质朴；彬彬，杂半之貌。南宋朱熹在《论语集注》中说："言学者当损有余，补不足，至于成德，则不期然而然矣。"清刘宝楠《论语正义》中也说："礼，有质有文。质者，本也。礼无本不立，无文不行，能立能行，斯谓之中。"孔子此言"文"，指合乎礼的外在表现；"质"，指内在的仁德，只有具备"仁"的内在品格，同时又能合乎"礼"地表现出来，方能成为"君子"。文与质的关系，亦即礼与仁的关系。于此一则体现了孔子所竭力推崇的"君子"之理想人格，同时也反映出孔子一以贯之的既不主张偏胜于文，亦不主张偏胜于质，不偏不倚，执两用中的中庸思想。实际上，要想做到这一点相当不易。孔子本人就深刻地认识到："虞夏之质，殷周之文，至矣。虞夏之文，不胜其质；殷周之质，不胜其文；文质得中，岂易言哉？"[②]

　　第七，"于治一也"。孔子晚年整理六艺，从不同的角度、不同的层面体现了为政治服务的宗旨。孔子说："六艺于治一也。《礼》以节人，《乐》以发和，《书》以道事，《诗》以达意，《易》

---

① 《论语·雍也》。
② 《礼记·表记》。

以神化,《春秋》以道义。"①这说明六经各有用途，即各有其特点。《礼》可以节制人的行为，《乐》可以促进人们之间的和睦，《书》可以用来知晓人类行事的成败，《诗》可以表情达意，《易》可以窥知天地的神奇奥秘的变化，《春秋》可以明白微言大义。虽然特点各异，但万变不离其宗，最终的目的还要归结在"为治理国家服务"的宗旨上面。

第八，为教化与提高民众的修养与素质而作。孔子说：

> 其为人也，温柔敦厚，《诗》教也；疏通知远，《书》教也；广博易良，《乐》教也；洁静精微，《易》教也；恭俭庄敬，《礼》教也；属辞比事，《春秋》教也。故《诗》之失愚，《书》之失诬，《乐》之失奢，《易》之失贼，《礼》之失烦，《春秋》之失乱。
>
> 其为人也，温柔敦厚而不愚，则深于《诗》者也；疏通知远而不诬，则深于《书》者也；广博易良而不奢，则深于《乐》者也；洁静精微而不贼，则深于《易》者也；恭俭庄敬而不烦，则深于《礼》者也；属辞比事而不乱，则深于《春秋》者也。②

在这里，孔子指出了"六艺"教化的得失。他认为人们若能

---

① 《史记·滑稽列传》。
② 《礼记·经解》。

通过学习"六艺"深察体道，则可补人们的过失。

在孔子看来，如果人们的言辞温柔，性情忠厚，就是《诗》教之效，但《诗》教之失误易于导致迂腐愚笨，克服了迂愚，才算深通《诗》的教化；通达政事，深知历史，便是《书》教的结果，但《书》教之失误易于导致诬妄不实，只有克服了诬妄不实，才算深通《书》的教化呢；心胸宽大，为人平易善良，这是《乐》教的结果，但《乐》教之失易于导致过于奢靡，克服了过分的奢靡，就算深通《乐》的教化了；圣洁平和，明察隐微，这是《易》教的结果，但《易》教的失误则易于导致悖谬不经，若克服了悖谬不经，便是深通《易》的教化了；恭敬节俭，端庄谨慎，这是《礼》教的结果，但《礼》教之失误易于导致烦琐细碎，克服了烦琐细碎，就是深通《礼》的教化了；撰写文章，借鉴历史，这是《春秋》教的结果，但《春秋》教之失易于导致祸乱迭起，如克服了煽动征战之弊，就是深通《春秋》的教化了。

第九，至于整理编纂的方法，具体问题具体对待。孔子整理六经的具体方法是不同的。大体来说，应为论次《诗》《书》，修起《礼》《乐》，序《易》传，作《春秋》。

也就是说，对于《诗经》《尚书》，应加以取舍和编排而定型；对于《礼》《乐》，重在做修复完善性的工作；对于《春秋》，则是因循旧史记以明义垂教，不作而作；对于《易经》，则应重点在于发掘、探讨与阐释。

《史记·儒林列传》中说："夫周室衰而《关雎》作，幽厉微而礼乐坏，诸侯恣行，政由强国。故孔子闵王路废而邪道兴，于是论次《诗》《书》，修起《礼》《乐》。"

孔子也说："吾自卫反鲁，然后乐正，《雅》《颂》各得其所。"①

下面，让我们分别简单勾勒一下"六艺"的整理情形，也兼谈其他有关的问题。

《诗》《书》《礼》《乐》《易》《春秋》六经，在司马迁的《史记》里，还不叫"六经"，只是称之为"六艺"。可见普遍称之为"六经"，应是汉武帝"罢黜百家，独尊儒术"以后的事了。春秋时代，《诗》《书》《礼》《乐》《易》《春秋》被称为高级"六艺"，是相对于礼、乐、射、御、书、数低级"六艺"而言，前者为贵族成年后的必修课，后者为贵族小时候的必修课，由此也可以断定，"六艺"在孔子之前是已经存在着的。孔子只是汇集了当时所能搜集到的各国文献，第一个将"六艺"根据自己的理解认识重新整理、编辑成系统教材而已。

关于《书》与《礼》的编纂整理情况，司马迁认为，后人诵读的《尚书》和《礼记》，都是经孔子之手整理编定而成的。

孔子之时，周室微而礼乐废，诗书缺。追迹三代之礼，

① 《论语·子罕》。

序书传，上纪唐虞之际，下至秦缪，编次其事。曰："夏礼吾能言之，杞不足征也。殷礼吾能言之，宋不足征也。足，则吾能征之矣。"观殷夏所损益，曰："后虽百世可知也，以一文一质。周监二代，郁郁乎文哉。吾从周。"故书传、礼记自孔氏。①

《书》也叫做《尚书》，是上古夏商周政治与历史文献的一个总集。《礼》也就是《礼记》，主要是以周礼为主要内容而形成的中国传统伦理规范。它们虽然表面上都只是历史文献的汇编，但实际上其内容均经过孔子的删减或者增加，深深烙有孔子伦理思想和政治历史观的印记。

关于《乐》与《诗》，《史记·孔子世家》中有如下记载：

孔子语鲁大师："乐其可知也。始作翕如，纵之纯如，皦如，绎如也，以成。""吾自卫反鲁，然后乐正，雅颂各得其所。"

古者诗三千余篇，及至孔子，去其重，取可施于礼义，上采契后稷，中述殷周之盛，至幽厉之缺，始于衽席，故曰"关雎之乱以为风始，鹿鸣为小雅始，文王为大雅始，清庙为颂始"。三百五篇孔子皆弦歌之，以求合韶武雅颂之音。礼乐

① 《史记·孔子世家》。

自此可得而述，以备王道，成六艺。①

《乐》流传于先秦，西汉时已经佚失，但它的思想其实已经包含在《礼记》之中。《礼记》中专门有一篇《乐记》，对音乐的起源、社会作用等都诠释得十分清楚明白。

《诗》也就是《诗经》，最初应该是一部文学作品。孔子收集了从西周初年到春秋中期这段时间里的 3000 多首宫廷与民间的诗歌作品，分成风、雅、颂三个部分，最后删减保留 305 首，这也就是我们今天所能见到的《诗经》。

孔子曾对鲁国的乐官太师说：音乐是可以通晓的。刚开始演奏的时候要互相配合一致，继续下去是节奏和谐，声音清晰，抑扬顿挫，连续不断，这样直到整首乐曲演奏完成。孔子又说：我从卫国返回鲁国之后，就开始订正诗乐，使《雅》《颂》都恢复了原来的曲调。

至于《诗》，司马迁说：古代留传下来的《诗》有 3000 多篇，到孔子时，他把重复的删掉了，选取其中合于义的用于礼义教化，最早的是追述殷始祖契、周始祖后稷，其次是叙述殷、周两代的兴盛，直到周幽王、周厉王的政治缺失，而开头的则是叙述男女夫妇关系和感情的诗篇，所以说："《关雎》这一乐章作为《国风》

---

① 《史记·孔子世家》。

的第一篇,《鹿鸣》作为《小雅》的第一篇;《文王》作为《大雅》的第一篇;《清庙》作为《颂》的第一篇。"305篇诗孔子都能演奏歌唱,以求合于《韶》《武》《雅》《颂》这些乐曲的音调。先王的乐制度从此才恢复旧观而得以称述,王道完备了,孔子也完成了被称为"六艺"的《诗》《书》《礼》《乐》《易》《春秋》的编修。

关于《易》,司马迁说:

> 孔子晚而喜易,序彖、系、象、说卦、文言。读易,韦编三绝。曰:"假我数年,若是,我于易则彬彬矣。"①

《易》,包括经和传两部分。孔子晚年喜欢钻研《周易》,他详细解释了《彖辞》《系辞》《卦》《文言》等。孔子读《周易》刻苦勤奋,以致把编穿书简的牛皮绳子也弄断了多次。他曾说:"再让我多活几年,这样的话,我对《周易》的文辞和义理就能够充分掌握理解了。"

至于孔子所编纂"六艺"的性质、作用和特点,董仲舒说得十分清楚:

> 君子知在位者之不能以恶服人也,是故简六艺以赡养之。《诗》《书》序其志,《礼》《乐》纯其美,《易》《春秋》明其知。

---

① 《史记·孔子世家》。

六学皆大，而各有所长。《诗》道志，故长于质；《礼》制节，故长于文；《乐》咏德，故长于风；《书》著功，故长于事；《易》本天地，故长于数；《春秋》正是非，故长于治人。①

孔子对于"六艺"的整理与编纂，是把自己一生积累的治理思想融化于内的，它们的目的都在于为政治服务，但具体而言，因为内容侧重点不同，各自所发挥的作用也不同。

下面我们集中再来看一下《春秋》的编纂情况，因为在晚年孔子的眼中，《春秋》几乎等同于他的生命。

"六经"之中，唯《春秋》是孔子亲自一手编撰而成。它是我国第一部编年体的史书，起自鲁隐公元年（公元前722年），迄于鲁哀公十四年（公元前481年），记载了春秋时代242年的历史。全书只有1.65万余字，因其太过简略，加上文辞晦涩，故后世有许多人对它进行补充和注释，这些补充与注释部分称之为《传》，现在我们能够看到的有《春秋公羊传》、《春秋穀梁传》和《春秋左传》。

"春秋"原为各诸侯国旧史记的通称，也是鲁史记的专名。晋史记专名为《乘》，楚史记为《梼杌》，鲁史记则为《春秋》了。孔子所作的《春秋》是根据鲁史官累计的鲁国史记文献资料，参

———————

① 《春秋繁露·玉杯》。

照"周史记"及各国史记，补阙去伪，化繁为简，而写成一部新编年体的现代史。鲁《春秋》原为鲁国史官按事件的时间顺序，依次记录鲁国和其他各国发生的事件，久之便成为繁杂的历史大事记。孔子作《春秋》，文中寓己意，借历史事件来表现他的思想主张和政治理想。因此，对每件具体之事，非重在记录事情本身的实际情况，而是写他认为事情应该怎样，以体现"正名"的主张，将历史服务于现实政治。这便冲破了史官依时记事录言的流水账似的历史樊篱，首创了以事达义或以古鉴今的新史学，可谓开辟了中国历史政治学的文化先河。

对于孔子作《春秋》一事，孟子与司马迁都给予了一致的肯定。

孟子说：

> 世衰道微，邪说暴行有作，臣弑其君者有之，子弑其父者有之。孔子惧，作《春秋》。《春秋》，天子之事也。是故孔子曰："知我者，其惟《春秋》乎？罪我者，其惟《春秋》乎？""孔子成《春秋》而乱臣贼子惧。"①

至于司马迁在《史记》中，更是对于孔子作《春秋》的起因与作用都给予了详细的说明。

---

① 《孟子·滕文公下》。

子曰："弗乎弗乎，君子病没世而名不称焉。吾道不行矣，吾何以自见于后世哉？"乃因史记作春秋，上至隐公，下讫哀公十四年，十二公。据鲁，亲周，故殷，运之三代。约其文辞而指博。故吴楚之君自称王，而春秋贬之曰"子"；践土之会实召周天子，而春秋讳之曰"天王狩于河阳"：推此类以绳当世。贬损之义，后有王者举而开之。春秋之义行，则天下乱臣贼子惧焉。

孔子在位听讼，文辞有可与人共者，弗独有也。至于为春秋，笔则笔，削则削，子夏之徒不能赞一辞。弟子受春秋，孔子曰："后世知丘者以春秋，而罪丘者亦以春秋。"[①]

司马迁认为，当时孔子最担心的就是死后不能为后世留下点什么，于是就根据鲁国的史书作了《春秋》，上起鲁隐公元年，下止鲁哀公十四年，共包括鲁国 12 个国君。以鲁国为中心记述，尊奉周王室为正统，以殷商的旧制为借鉴，推而上承夏、商、周的法统，文辞简约而旨意广博。所以吴、楚的国君自称为王的，在《春秋》中仍贬称为子爵；晋文公在践土与诸侯会盟，实际上是硬要天子周襄王赴会，而《春秋》中却避讳说"周天子巡狩来到河阳"。依此类推，《春秋》就是采用这一原则，来褒贬当时的各种

① 《史记·孔子世家》。

人物与是非。后代有的国君加以称举并将此推广开来，使《春秋》的义法在天下推行，那些乱臣贼子也就害怕起来。

司马迁还说：孔子任司寇审理诉讼案件时，文辞上有可与别人商量的地方，他从不独自决断。到了写《春秋》时就不同了，应该写的一定写上去，应当删的一定删掉，就连子夏这些长于文字的弟子，一句话也不能给他增删。弟子们学习《春秋》，孔子说："后人了解我将因为《春秋》，后人怪罪我也将因为《春秋》。"由此可见孔子在著述《春秋》时的良苦用心。

另外，在《史记·太史公自序》中还详细记载了司马迁与上大夫壶遂关于孔子作《春秋》之间的一段谈话：

> 上大夫壶遂曰："昔孔子何为而作春秋哉？"太史公曰："余闻董生曰：'周道衰废，孔子为鲁司寇，诸侯害之，大夫雍之。孔子知言之不用，道之不行也，是非二百四十二年之中，以为天下仪表，贬天子，退诸侯，讨大夫，以达王事而已矣。'子曰：'我欲载之空言，不如见之于行事之深切著明也。'夫春秋，上明三王之道，下辨人事之纪，别嫌疑，明是非，定犹豫，善善恶恶，贤贤贱不肖，存亡国，继绝世，补敝起废，王道之大者也。易著天地阴阳四时五行，故长于变；礼经纪人伦，故长于行；书记先王之事，故长于政；诗记山川溪谷禽兽草木牝牡雌雄，故长于风；乐乐所以立，故长于

和；春秋辨是非，故长于治人。是故礼以节人，乐以发和，书以道事，诗以达意，易以道化，春秋以道义。拨乱世反之正，莫近于春秋。春秋文成数万，其指数千。万物之散聚皆在春秋。春秋之中，弑君三十六，亡国五十二，诸侯奔走不得保其社稷者不可胜数。察其所以，皆失其本已。故易曰'失之毫厘，差以千里'。故曰'臣弑君，子弑父，非一旦一夕之故也，其渐久矣'。故有国者不可以不知春秋，前有谗而弗见，后有贼而不知。为人臣者不可以不知春秋，守经事而不知其宜，遭变事而不知其权。为人君父而不通于春秋之义者，必蒙首恶之名。为人臣子而不通于春秋之义者，必陷篡弑之诛，死罪之名。其实皆以为善，为之不知其义，被之空言而不敢辞。夫不通礼义之旨，至于君不君，臣不臣，父不父，子不子。夫君不君则犯，臣不臣则诛，父不父则无道，子不子则不孝。此四行者，天下之大过也。以天下之大过予之，则受而弗敢辞。故春秋者，礼义之大宗也。夫礼禁未然之前，法施已然之后；法之所为用者易见，而礼之所为禁者难知。"

壶遂曰："孔子之时，上无明君，下不得任用，故作春秋，垂空文以断礼义，当一王之法。今夫子上遇明天子，下得守职，万事既具，咸各序其宜，夫子所论，欲以何明？"

太史公曰："唯唯，否否，不然。余闻之先人曰：'伏羲

至纯厚，作易八卦。尧舜之盛，尚书载之，礼乐作焉。汤武
之隆，诗人歌之。春秋采善贬恶，推三代之德，褒周室，非
独刺讥而已也。'汉兴以来，至明天子，获符瑞，封禅，改正
朔，易服色，受命于穆清，泽流罔极，海外殊俗，重译款塞，
请来献见者，不可胜道。臣下百官力诵圣德，犹不能宣尽其
意。且士贤能而不用，有国者之耻；主上明圣而德不布闻，
有司之过也。且余尝掌其官，废明圣盛德不载，灭功臣世家
贤大夫之业不述，堕先人所言，罪莫大焉。余所谓述故事，
整齐其世传，非所谓作也，而君比之于春秋，谬矣。"

这个故事很有意思，表面上是关于上大夫壶遂与司马迁的对
话，实际上是司马迁用二人对话的形式，详细说明了他对孔子作
《春秋》的原因、内容以及自己对此问题的观点和看法。

上大夫壶遂问："从前孔子为什么要作《春秋》呢？"太史公
说："我听董生讲：'周朝王道衰败废弛，孔子担任鲁国司寇，诸
侯嫉害他，卿大夫阻挠他。孔子知道自己的意见不被采纳，政治
主张无法实行，便褒贬评定二百四十二年间的是非，作为天下评
判是非的标准，贬抑无道的天子，斥责为非的诸侯，声讨乱政的
大夫，为使国家政事通达而已。'孔子说：'我与其载述空洞的说
教，不如举出在位者所作所为以见其是非美恶，这样就更加深切
显明了。'《春秋》这部书，上阐明三王的治道，下辨别人事的纪

纲，辨别嫌疑，判明是非，论定犹豫不决之事，褒善怨恶，尊重贤能，贱视不肖，使灭亡的国家存在下去，断绝了的世系继续下去，补救衰敝之事，振兴废弛之业，这是最大的王道。《易》载述天地、阴阳、四时、五行，所以在说明变化方面见长；《礼》规范人伦，所以在行事方面见长；《书》记述先王事迹，所以在政治方面见长；《诗》记山川溪谷、禽兽草木，牝牡雌雄，所以在风土人情方面见长；《乐》是论述音乐立人的经典，所以在和谐方面见长；《春秋》论辨是非，所以在治人方面见长。由此可见，《礼》是用来节制约束人的，《乐》是用来诱发人心平和的，《书》是来述说政事的，《诗》是用来表达情意的，《易》是用来讲变化的，《春秋》是用来论述道义的。平定乱世，使之复归正道，没有什么著作比《春秋》更切近有效。《春秋》不过数万字，而其要旨就有数千条。万物的离散聚合都在《春秋》之中。在《春秋》一书中，记载弑君事件 36 起，被灭亡的国家 52 个，诸侯出奔逃亡不能保其国家的数不胜数。考察其变乱败亡的原因，都是丢掉了作为立国立身根本的春秋大义。所以《易》中讲'失之毫厘，差以千里'。说'臣弑君，子弑父，并非一朝一夕的缘故，其发展渐进已是很久了'。因此，做国君的不可以不知《春秋》，否则就是谗佞之徒站在面前也看不见，奸贼之臣紧跟在后面也不会发觉。做人臣者不可以不知《春秋》，否则就只会株守常规之事却不懂得因事制宜，遇到突发事件则不知如何灵活对待。做人君、人父若不通晓《春秋》的要义，必定会蒙受首恶之名。做人臣、人子如不通晓《春秋》要义，必定会陷于篡位杀上而被诛伐的境地，并蒙死罪之名。其实他们都认为是好事而去做，只因为不懂得《春秋》大义，而蒙受史家口诛笔伐的不实之言却不敢推卸罪名。如不明了礼义的要旨，就会弄到君不像君、臣不像臣、父不像父、子不像子的地步。君不像君，就会被臣下欺瞒，臣不像臣就会被诛杀，父不像父就会昏聩无道，子不像子就会忤逆不孝。这四种恶行，是天下最大的罪过。把天下最大的罪过加在他身上，也只得接受而不敢推卸。所以《春秋》这部经典是礼义根本之所在。礼是禁绝坏事于发生之前，法规施行于坏事发生之后；法施行的作用显而易见，而礼禁绝的作用却隐而难知。"

壶遂说："孔子时候，上没有圣明君主，他处在下面又得不到任用，所以撰写《春秋》，留下一部空洞的史文来裁断礼义，当作一代帝王的法典。现在先生上遇圣明天子，下能当官供职，万事已经具备，而且全部各得其所，井然相宜，先生所要撰述的想要阐明的是什么呢？"

太史公说："不完全是这么回事。我听先人说过：'伏羲最为纯厚，作《易》八卦。尧舜的强盛，《尚书》做了记载，礼乐在那时兴起。商汤周武时代的隆盛，诗人予以歌颂。《春秋》扬善贬恶，推崇夏、商、周三代盛德，褒扬周王室，并非仅仅讽刺讥斥呀。'汉朝兴建以来，至当今英明天子，获见符瑞，举行封禅大典，改订历法，变换服色，受命于上天，恩泽流布无边，海外不同习俗的国家，辗转几重翻译到中国边关来，请求进献朝见的不可胜数。臣下百官竭力颂扬天子的功德，仍不能完全表达出他们的心意。再说士贤能而不被任用，是做国君的耻辱；君主明圣而功德不能广泛传扬使大家都知道，是有关官员的罪过。况且我曾担任太史令的职务，若弃置天子圣明盛德而不予记载，埋没功臣、世家、贤大夫的功业而不予载述，违背先父的临终遗言，罪过就实在太大了。我所说的缀述旧事，整理有关人物的家世传记，并非所谓著作呀，而您拿它与《春秋》相比，那就错了。"

五、孔子的政治智慧

从某种程度上说，《论语》可谓是一部孔子及其弟子的济世讲政的言论集。

孔子是中国历史上"学而优则仕"的一个典型。

这不难理解，在传统中国，从政是读书人实现自己梦想的风筝、造福社会的桥梁，治国平天下的工具。读书、修身、齐家、治国、平天下，孔子"货授帝王家"的追求，为中国后世读书人铸造了一种读书从政的理想文化模式。其生命力之大之强，至今仍在深深地影响着国人后辈。

《论语》中说：

子夏曰：仕而优则学，学而优则仕。①

子夏是孔子的一位学有所成的学生，他所发的"学而优则仕"的感慨应该是孔子教育的成果，因此，这番言论，可以代表孔子的心声。

史载，孔子在学有初成之后，"尝为委吏矣""尝为乘田矣"②。后来虽然是以授徒讲学为主要职业，但也常有"不可一日无君"之感。所谓"三月无君，则皇皇如也"③；所谓"君命召，不俟驾而行"④等，都多少反映了他求仕的心切与对政治权力的神往。唐玄宗曾写过一首《经鲁祭孔子而叹之》的诗篇，其中有"夫子何为者，栖栖一代中""叹凤嗟身否，伤麟怨道穷"之句，生动、形象地概括了孔子一生为求仕奔走和怀才不遇的惨淡景况。

细品《论语》，我们会发现这样一个十分有趣的现象，这就是孔子也往往存在言行前后不一致的情况，这很可能是孔子在理想与现实之间徘徊的一种无奈真实的心态反映。

孔子尝以"危邦不入，乱邦不居，天下有道则见，无道则

---

① 《论语·子张》。
② 《孟子·万章下》。
③ 《孟子·滕文公下》。
④ 《论语·乡党》。

隐"①的观点来教导学生。他曾称赞过卫国贤大夫蘧伯玉，说蘧是"邦有道则仕，邦无道则可卷而怀之"②。他还对高徒颜渊说过："用之则行，舍之则藏。唯我与尔有是夫！"③这都说明孔子对于进退出处是极为慎重的。然而证之孔子的人生实践，事实却又不完全尽然。如"公山弗扰以费畔"，派人来请时，孔子就动了心。又如"佛肸以中牟畔"，派人来请孔子，孔子又想去。事实上，孔子是每"至于是邦也，必闻其政"。④他在鲁国"摄行相事"，是上台而"有喜色"⑤，及"齐人归女乐以沮之"⑥，他又"迟迟吾行"⑦，等待着掌权派前来挽留。孔子曾经很自信地说："苟有用我者，期月而已可也。三年有成。"⑧

为了实现从政梦想，他从 35 岁满怀理想到齐国求仕到年近70 时灰心绝望返鲁，孔子是在外流亡了半生，几乎耗尽了他的精力与生命之光。

为了求仕，孔子曾经遭遇过很多的危险。由卫适陈、过匡，

---

① 《论语·泰伯》。
② 《论语·卫灵公》。
③ 《论语·述而》。
④ 《论语·学而》。
⑤ 《史记·孔子世家》。
⑥ 〔宋〕朱熹撰：《四书章句集注·论语序说》。
⑦ 《孟子·万章下》。
⑧ 《论语·子路》。

"匡人以为阳虎而拘之"，由曹适宋，"司马桓魋欲杀之"①。而"在陈绝粮"②，则是连随行的一帮追随者都几乎一起饿死。至于流亡途中所受的讥笑谩骂和冷嘲热讽，那就更是多得不用再提了。有骂他如"丧家之犬"的，有说他是"四体不勤，五谷不分的"，也有认为他是"知其不可而为之"③的。虽然坎坷不如意如此，但孔子并不气馁。只是在"陈蔡之厄"中，因见"弟子有愠色"、开始怀疑他的政治理想时，孔子才忍不住地发牢骚说："吾道非耶！吾何为于此？"但是经过颜渊的一番温辞劝慰，他又"欣然而笑"④，马上忘记苦难带给他的不幸了。

我们应该看到，孔子之所以热衷于求仕，并不是为了追逐名利、达到个人私欲的目的，而是想借此寻找一个可以施展自己治理才能的机会，以此来改变"天下无道""人欲滔滔""礼崩乐坏"的局面。所以他一听到"而谁以易之"这句话，便断然表示："天下有道，丘不与易也。"⑤就是说，正因为他是处在"无道之世"，所以他才一定要起而"易之"不可，这种追求济世的精神应该肯定。至于"易"的办法，孔子也曾经明确地在《论语》中提

---

① 〔宋〕朱熹撰：《四书章句集注·论语序说》。

② 《论语·卫灵公》。

③ 《论语·宪问》。

④ 《史记·孔子世家》。

⑤ 《论语·微子》。

到过多次。如他所说："天下有道，则礼乐征伐自天子出；天下无道，则礼乐征伐自诸侯出。"① 他主张"克己复礼"，把治天下的大权还之于周天子，这是中央集权大一统的思想。孔子以"九合诸侯""一匡天下"② 来称赞管仲，即是这种大一统思想的表现。而后来孟子提出的"定于一"③ 的主张，就是对孔子这一中央集权思想的继承和发扬。

由于孔子求仕心切，就曾经在其门人弟子中引起过思想上的混乱，但这属于正常的现象。因为每个人的天性与爱好都不相同，不是所有人都喜欢或者适合从政的。如樊迟"学稼""学圃"的举动就引起了孔老夫子的十分不快。"子曰：'小人哉，樊须也！'上好礼，则民莫敢不敬；上好义，则民莫敢不服；上好信，则民莫敢不用情。夫如是，则四方之民襁负其子而至矣，焉用稼？"④ 他斥责樊迟没有远大志向，只会在一些雕虫小技上下功夫。不过，孔子虽然自己以从政为人生最高理想，但他并不将他的追求强加给他的学生们，事实上，各式各样的学生他都收，不同秉性的学生他也采取了不同的教学方法。

从《论语》中的记载来看，在孔子的熏陶与影响下，孔门弟

① 《论语·季氏》。
② 《论语·宪问》。
③ 《孟子·梁惠王上》。
④ 《论语·子路》。

子还是以从政为学习目的者居多。子张要"学干禄"①；子路则说："有民人焉，有社稷焉，何必读书，然后为学？"②甚至一贯安贫乐道的颜渊，也向夫子问起"为邦"③之道了。孔门课程，于德行、言语、文学之外，又专设政事一科。这除了孔子对政治特别看重外，也可能就是当时社会培养人才所需要。为适应学生们的从政需要，孔子要求其弟子都应能学以致用，达到"使于四方，不辱君命"④的程度。孔子认为，如果是"诵诗三百，授之以政，不达；使于四方，不能专对"⑤，则这种人学得再多又有什么用处。在孔门弟子中，不断有人学成后走上仕途，孔子和这些人的关系都很密切，也对他们的政治前途与事业发展一直表示着最大限度的关心。如"子游为武城宰"，孔子先是"以得人为问"，后又亲自走访。他称赞仲弓是"雍也可使南面"⑥，还对宓不齐的治绩表示赞赏。但孔子反对"不学无术"的人做官，他主张"先进于礼乐"⑦，即主张重用先学习礼乐而后做官的人。也就是说，对于官二代，孔子并

---

① 《论语·为政》。
② 《论语·先进》。
③ 《论语·卫灵公》。
④ 《论语·子路》。
⑤ 《论语·子路》。
⑥ 《论语·雍也》。
⑦ 《论语·先进》。

不看好，因为他们是"后进于礼乐"之辈，缺乏苦难、坎坷的生活磨炼与从政能力的实践与积累。孔子的态度很明确，如他有选官资格，他一定重视有实践经验的从基层做起来的人才。《论语》中记载了这样一件有趣的事：子路使子羔为费宰，孔子说是"贼夫人之子"①，认为子路叫子羔去费城做县长是残害那里的百姓。因为子羔没有文化，孔子就反对子路推荐子羔做官，原因是怕他因为没有文化道德而做错事伤害了百姓。对于"季氏富于周公，而求也为之聚敛而附益之"②这件事，孔子也明确表示反对。他号召其门人弟子说："冉求不是我的学生了，你们可以大张旗鼓地攻击他啊！"

孔子一生从政的时间并不长，大约只有 3 年多的时间。他的政绩，在史书上记载的并不多。所以，我们今天来总结孔子的为政之道与政治智慧，主要还是以他的思想言论为依据，在这方面，《论语》及其他资料记载得颇多，而其实践方面，则因材料所限难以多举。

1. 在政治诸种因素中，孔子最看重的是执政者的表率作用

孔子把政治的实施过程看作是一个道德化的过程，十分强调执政者自己在政治实践中以身作则的表率作用。

---

① 《论语·先进》。
② 《论语·先进》。

有人问孔子："子奚不为政？"孔子说："《书》云：'孝乎惟孝，友于兄弟，施于有政。'是亦为政，奚其为为政？"①在孔子看来，从政不必当官，宣传孝道就是参政。所以有子说："其为人也孝弟，而好犯上者，鲜矣；不好犯上而好作乱者，未之有也。"曾子也说："慎终，追远，民德归厚矣。"②

在孔子看来，君臣之间不只是权力制约关系，而且还要靠礼、忠、信、诚等道德规范来维系才能正常运转。"君使臣以礼，臣事君以忠。"③这种关系维系的主要纽带便是执政者、管理者之间都要遵守官场中的道德准则。孔子主张，培养官僚不是首先讲如何学会政治之道，而是首先从事道德训练与培养的方法。子张学干禄，子曰："多闻阙疑，慎言其余，则寡尤；多见阙殆，慎行其余，则寡悔。言寡尤，行寡悔，禄在其中矣。"④孔子的话包含了一部分认识和处理问题的方法，从基本精神上看是讲处世之道、官场之术，而不是讲统治之理。子张又一次问政治之术，子曰："居之无倦，行之以忠。"⑤同样是讲道德修养。于此可见，孔子主张的人治，即把政治视为道德的延伸和外化。孔子的这一认识，构

---

① 《论语·为政》。
② 《论语·学而》。
③ 《论语·八佾》。
④ 《论语·为政》。
⑤ 《论语·颜渊》。

成了后世传统政治中人治的理论基础，^①开创了君师合一模式的滥觞。

2．孔子为政，重在德治

孔子主张德治，但德治必须由人来体现，来实行，因而其政治思想必然强调人的作用。治理社会首先是治理人。人定法，人执法。有了人，才能制定良法，执行良法，使社会安定，国家昌盛长久。"文武之道，布在方策。其人存则其政举，其人亡则其政息。"^②所以孔子的结论是"故为政在人"^③。

孔子十分强调道德在政治中的作用，主张统治者将政治与道德相结合起来理政治国，甚至认为政治中的根本问题就是道德问题。

第一，孔子认为，德政是统治者影响民众和获得民众支持的根本所在。

在孔子看来，所谓德治，实际上就是仁、礼学说在治国方式上的具体体现。既然仁是礼的内在精神，礼是仁的外在表现，那么，礼最终归依于内在品质仁的培养。这是孔子对中国政治学的一大创新之处。

---

① 参见刘泽华、葛荃主编：《中国古代政治思想史》，南开大学出版社2011年版，第37页。

② 《中庸》。

③ 《中庸》。

孔子说：

> 为政以德，譬如北辰，居其所而众星共之。①

孔子认为，统治者自身有良好的道德品质，并且依据这种良好的道德品质治理国家，以优良的道德品质影响民众，就可以获得民众在心理上的支持与拥护。

在《论语·为政》里，孔子提出：

> 道之以政，齐之以刑，民免而无耻；道之以德，齐之以礼，有耻且格。

孔子认为，不懂得以礼的基本精神来治理国家，礼制本身也就失去了实质性意义。

孔子十分强调"礼让为国"。他说：

> 能以礼让为国乎，何有？不能以礼让为国，如礼何？②

孔子明确告诉世人，礼治的关键是要懂得以道德品质为基础的礼让，用礼所提倡的谦让精神来治理国家。

第二，"正名"，也是孔子政治思想中十分重要的一项内容。

---

① 《论语·为政》。
② 《论语·里仁》。

孔子主张以礼治国，要求以礼来辨别等级名分的差异。

孔子说：

非礼无以辨君臣、上下、长幼之位也。[①]

这就要求每个人确认其在礼仪制度中的身份地位，其视听言行合乎自身的地位身份，所谓"不在其位，不谋其政"[②]也。作为一种治国的模式，孔子提出的德治所维护的社会秩序是一种上下有分、尊卑有序的等级社会。这种社会秩序以礼来维系，这就是孔子的以礼治国的政治主张。

为政先礼，礼，其政之本欤？[③]

在孔子看来，在一个秩序优良的社会中，从天子至于庶人，都应该谨于各自的职守，每一个等级都应该做好与自己的社会地位及职责相应相称的事情。因此，在孔子看来，礼所规定的名分等次是绝对不可僭越的。

季氏八佾舞于庭，孔子愤愤然：

① 《礼记·哀公问》。
② 《论语·泰伯》。
③ 《礼记·哀公问》。

是可忍也，孰不可忍也？ ①

因为周礼规定，天子用八佾，诸侯用六佾，大夫用四佾，士用二佾。季氏作为大夫，依礼只能用四佾，他却越级用了八佾，孔子认为这是一种不能容忍的僭礼行为。

为贯彻礼治主张，孔子提出了正名思想。孔子对不同社会地位的等级制度作了集中的探讨与概括，这就形成了他的"正名"思想。

"正名"的思想，孔子不仅早年在齐对齐景公讲过，后来在游卫时也与子路等人认真地谈论过。

齐景公问政于孔子，孔子对曰："君君，臣臣，父父，子子。"公曰："善哉！信如君不君，臣不臣，父不父，子不子，虽有粟，吾得而食诸？" ②

在流亡卫国时，子路问孔子："卫君待子而为政，子将奚先？"孔子答道："必也正名乎！"子路觉得老师的观点有些迂腐，孔子则严肃地说："名不正，则言不顺；言不顺，则事不成；事不成，则礼乐不兴；礼乐不兴，则刑罚不中；刑罚不中，则民无所

---

① 《论语·八佾》。
② 《论语·颜渊》。

措手足。"①

由此可见，孔子的"正名"在政治领域中是个至关重要的问题。孔子的"正名"思想有四点值得我们特别注意：一是各安其位，君臣父子按照其名分正常行事；二是"君君、臣臣、父父、子子"，即君的言行举止都要符合君的身份，臣、父、子亦然；三是"正名"思想在客观上起着安定社会的作用；四是"正名"思想对统治者也具有一定的约束作用。

第三，孔子提出了德刑并用，先德后刑、以德去刑的治国理政主张。

孔子虽重德治，但并不轻视刑罚。在治国理政问题上，孔子重视管理过程中的策略的实践运用。对于民众，他主张软硬兼施，德威并用，宽猛相济。

据史书记载，孔子"为鲁摄相，朝七日而诛少正卯"②。对于郑国子产提出的"宽猛相济"和"文武之道，一张一弛"的治理政策，孔子也表示了肯定的态度。从内容上看，"猛"和"张"都是政治在刑罚中的操控运用，可见孔子为政，并非只主张德治。

《左传·昭公二十年》中说：

---

① 《论语·子路》。
② 《荀子·宥坐》。

> 政宽则民慢，慢则纠之以猛；猛则民残，残则施之以宽。
> 宽以济猛，猛以济宽，政以是和。

孔子主张对民众的管理应该有张有弛。"张而不弛，文武弗能也；弛而不张，文武弗为也。一张一弛，文武之道也。"[1]孔子主张治国不排除使用刑罚，但他并不一味地反对重刑。据《韩非子·内储说上》记载，孔子认为"殷之法刑弃灰于街者"，不算严酷，却是"知治之道"，因为弃灰易引起争斗，甚至"三族相残"的严重后果。而且"重罚者，人之所恶也；而无弃灰，人之相易也，使人行其所易无罹其所恶，此治之道"，是合乎人之常情和心理状态的，可以减少犯罪。

在治国理政上，孔子强调德优于刑，强调道德感化的作用，主张先教后刑。

孔子说：

> 道之以政，齐之以刑，民免而无耻；导之以德，齐之以礼，有耻且格。[2]

所谓"导之以德"，就是指统治者必须推行德治，表现为宽惠

---

① 《礼记·杂记》。
② 《论语·为政》。

使民，轻徭薄赋，省法轻刑。同时要为人民树立道德榜样，启发民众的心理自觉。所谓"齐之以礼"，一是统治者要模范遵守礼的规定，从而感化和影响群众；二是要求所有的人都应该用礼来规范自己，用礼来约束自己。这样，道德教化和礼教的结合就能防止犯罪和反叛。行政命令、刑罚手段，只是一种外加的强制和威慑，可以使人畏惧、服从，免陷于罪，但却不能以犯罪为耻，达不到至善的境界。

第四，当道德与法律不能兼顾时，孔子主张舍法取德。

应该指出的是，孔子的德治思想以德为主，当道德与法律发生冲突时，孔子的选择是舍法取德。

据《论语·子路》记载：

> 叶公与孔子曰：吾党有直躬者，其父攘羊，而子证之。孔子曰：吾党之直者异于是，父为子隐，子为父隐，直在其中矣。

其父偷了人家的羊，其子告发，这从法律角度来说是一种正直的行为：但用父慈子孝的道德规范来评价，却是一种有悖道德的行为。孔子主张父子相隐，是他德重于刑、礼重于法的思想的反映。既然仁德为治国施教之本，父慈子孝作为仁德之体现，父子之亲不能互相庇护，是不合逻辑的，也是不符合统治者的根本利益的。孔子"父子相隐"的主张，被后世封建刑律采用后，一直是封建法制的重要内容和指导原则，在封建法典中，称为"亲亲相隐不为罪"，这成为中国古代法不外乎人情、情大于法的普遍法观念的源头之一。

实际上，孔子并非不重视刑罚的作用，只不过是他主张德主刑辅。

在强调德教、礼治主导作用的同时，孔子主张以刑罚辅助德教。对于不可教化之民，孔子亦主张以刑禁之、以刑治之。

据《孔子家语·刑政》中记载：

> 仲弓问于孔子曰："雍闻至刑无所用政，至政无所用刑。至刑无所用政，桀纣之世是也；至政无所用刑，成、康之世是也。信乎？"孔子曰："圣人之治，化也，必刑政相参焉。太上以德教民，而以礼齐之；其次以政焉导民，以刑禁之，刑不刑也。化之弗变，导之弗从，伤义以败俗，于是乎用刑矣。颛五刑必即天伦。行刑罚则轻无赦，刑，侀也；侀，成也，壹成而不可更，故君子尽心焉。"

孔门弟子仲弓向孔子请教刑法与政治教化的关系时二人的谈话十分清楚地表现了孔子在这个问题上的观点。

仲弓问孔子："我听说如果一味地施行刑罚就没有办法来施行政治教化，至高境界的政治是不需要刑罚的。一味施行刑罚就不能实行政治教化，桀纣的时候就是这样；至高境界的政治教化是不需要刑罚的，周成王、康王的时候就是这样的。情况确实是这样的吗？"孔子说："圣人治理国家，用的是政治教化，必定会将刑罚与政治教化交互使用。上古的时候用德义来教化百姓，用礼来使百姓行为规范；其次是用政治来引导百姓，而以刑罚来禁残止暴。如果施行教化不能改变百姓的行为，加以引导也不听从，损害道义而败坏风俗，于是乎就要使用刑罚。专用刑罚的话也必须遵行天道。施行刑罚的时候，即使是很轻的罪行也不能轻易赦免。刑即是侀，也就是成型的意思，刑罚一旦施行就不能更改，所以君子对此不能不尽心尽力。"

孔子主张"先教后诛"。在一般情况下，孔子反对杀人。如季康子问政于孔子："如杀无道，以就有道，何如？"孔子就回答说："子为政，焉用杀？子欲善而民善矣。"① 他认为："善人为邦百年，亦可以胜残去杀矣。"② 把克服残暴、免除虐杀，作为善人治国百年的政治成果。但对于那些罪大恶极、非杀不可的人，孔子认为只有在当政者曾施行过德教，使百姓都知道什么是善、什么是恶、什么是美、什么是丑，懂得如何做人之后，对那些还不接受教化、不改其恶的人，就必须实行严刑峻法，做到以刑去刑。

3. 孔子很重视人才在治理中的作用，提出过类似贤人政治的

① 《论语·颜渊》。
② 《论语·子路》。

观点

对于贤才的标准，孔子说："志于道，据于德，依于仁，游于艺。"① 既要有良好的道德品质，又要有一技之长。也就是德才兼备。

在人才选拔上，孔子还提出了举贤之途，即"学而优则仕"。孔子反对樊迟学稼学圃，因为他认为学稼学圃不足以治民理政，只有礼义才能理政治民。孔子主张出仕任官一定要有礼乐知识。他认为出身于社会下层的人，首先学习了礼乐知识，然后才能入仕；而出身于卿大夫世家的贵族子弟，入仕后也必须学习礼乐知识。在孔子的弟子中，孔子认为雍父为贱人，出身贫微，但有德行，"雍也可使南面"；仲弓可担任一个地方或部门的长官；子路，如果有1000辆兵车的国家，可负责兵役和军政方面的工作；冉求，可做千户人口的县长，或有100辆兵车的大夫封地，可叫他做总管；公西赤，可以穿着礼服，立于朝廷之中，接待外宾，办理外交；等等。他认为弟子中凡学而优者，皆可以量才而用。孔子"学而优则仕"的举贤观，明确反对商周以来的世卿世禄制度。而且强调从文化素质较高的人中选拔国家官吏，在当时具有一定的进步意义，对后世影响也极为深远。

在孔子看来，德治和人治之间存在着十分密切的联系。因此，

① 《论语·述而》。

在为政方面，孔子十分强调"为政在人"，认为"人存政举，人亡政息"①，为政者先要正己。为政既然在人，则选贤任能就显得至关重要。孔子说："'才难'，不其然乎！"②这是他在人才问题上的借古鉴今。仲弓问政，孔子说："举贤才！"问"焉知贤才而举之？"答曰："举尔所知。尔所不知，人其舍诸。"③孔子还说："举直错诸枉，能使枉者直。"④意思是说：选用正直的人，罢黜邪恶的人，就能使不肖者也变得正直起来，或者也能在不同程度上有些改观。关于任用贤人的重要性，在《论语》中，孔子的学生子夏也有一番言论。他说："舜有天下，选于众，举皋陶，不仁者远矣。汤有天下，选于众，举伊尹，不仁者远矣。"⑤关于"举直错枉"的问题，孔子回答鲁哀公问政时说得最干脆。哀公问："何为则民服？"他说："举直错诸枉，则民服；举枉错诸直，则民不服。"⑥就是说，如果是贤者在位，则人心归附；否则反是。对用人之道，孔子还有两句名言，即"君子不以言举人，不以人废言"⑦。

---

① 《礼记·中庸》。
② 《论语·泰伯》。
③ 《论语·子路》。
④ 《论语·颜渊》。
⑤ 《论语·颜渊》。
⑥ 《论语·为政》。
⑦ 《论语·卫灵公》。

关于如何举贤与去不肖的问题，《论语》中也记载了孔子很多精辟的论述。他说："众恶之，必察焉；众好之，必察焉。"① 子贡问："乡人皆好之，何如？"孔子回答说："未可也。"又问："乡人皆恶之，何如？"他说："未可也。不如乡人之善者好之，其不善者恶之。"② 凡为善者所好和不善者所恶的，当然是靠得住的好人了。那么，在一乡之间，人人都说好的人，又如之何？这种人，孔子称之为"乡愿"。他说："乡愿，德之贼也。"③ 孔子这些观点，后来又被孟子进一步发挥。他说："左右皆曰贤，未可也；诸大夫皆曰贤，未可也；国人皆曰贤，然后察之；见贤焉，然后用之。左右皆曰不可，勿听；诸大夫皆曰不可，勿听；国人皆曰不可，然后察之；见不可焉，然后去之。左右皆曰可杀，勿听；诸大夫皆曰可杀，勿听；国人皆曰可杀，然后察之；见可杀焉，然后杀之。故曰国人杀之也。"④ 对于"乡愿"，孟子刻画得更深刻。他说这种人是"非之无举，刺之无刺"；"同乎流俗，合乎污世"；"居之似忠信，行之似廉洁"；"众皆悦之，自以为是"，但又"不可与入尧舜之道"⑤。

---

① 《论语·卫灵公》。
② 《论语·子路》。
③ 《论语·阳货》。
④ 《孟子·梁惠王下》。
⑤ 《孟子·尽心下》。

孔子用大量的实例来说明举贤与去不肖的问题。

例如，孔子在批评鲁大夫臧文仲时说："臧文仲，其窃位者与！知柳下惠之贤，而不与立也。"① "与立"是并立于朝的意思。即认为贤人柳下惠之不能与臧文仲同在鲁国当政，是由于受到臧文仲的排斥。所以说臧是"窃位"之人。与此相反，孔子表扬了宓不齐善于用贤，而且认为他是大材小用了。孔子很有感慨地说："惜哉，不齐所治者小，所治者大，则庶几矣。"② 孔子十分推崇能上能下与可进可退的人。如楚令尹子文"三仕为令尹，无喜色；三已之，无愠色"，孔子认为这就是"忠"③ 的表现。对于贤人的作用，孔子也有实事求是的估价。如卫灵公本是一个无能之主，早就应该丧失君位的，然他却在位42年，政权稳固。季康子因感到奇怪而问孔子："夫如是，奚而不丧？"孔子说："仲叔圉治宾客，祝鮀治宗庙，王孙贾治军旅。夫如是，奚其丧？"④ 就是说，卫灵公本人虽不行，但他的手下因为有几个贤人辅佐，所以能够久于其位。

4．在治国理政中，孔子强调富民、使民、教民的重要性

在经济与政治的关系上，孔子主张先经济后政治，对待民众，

---

① 《论语·卫灵公》。

② 《史记·仲尼弟子列传》。

③ 《论语·公冶长》。

④ 《论语·宪问》。

先富而后教。孔子主张为政者不仅要立信于民，藏富于民，而且还要教民和爱民。

> 子贡问政，子曰："足食，足兵，民信之矣。"子贡曰："必不得已而去，于斯三者何先？"曰："去兵。"子贡曰："必不得已而去，于斯二者何先？"曰："去食。自古皆有死，民无信不立。"①

孔子认为，治理一个国家，最起码应该具备三个条件：一是足兵；二是足食；三是民信。而三者之中，"食"放在首要地位，而以民信为最重要。

在富民和教民方面，先秦诸子，一般均重视经济问题，如管仲就有"衣食足而后知荣辱，仓廪实而后知礼节"之论。孔子及其学派亦不例外。在《论语·颜渊》篇中，孔子在回答子贡关于政事的问题时，首先提到的就是"足食"问题。因为"民以食为天"，如果百姓食不果腹，时处饥馑之中，还去奢谈什么社会安定？孔子在与冉有的对话中提出，对于民众百姓，统治者不但要让其"足食"，而且要"富之"；不但要"富之"，而且要"教之"。据《论语·子路》记载：一次，孔子与冉有同去卫国，在途中看到卫国的繁华景象，他忍不住地大声赞道："庶矣哉！"冉有问：

---

① 《论语·颜渊》。

"既庶矣，又何加焉？"孔子说："富之！"冉有又问："既富矣，又何加焉？"孔子说："教之！"①

　　针对当时统治者的横征暴敛，孔子反对厚敛，主张应取民有度，少征用民力，少收赋税。通过调整分配关系和节用民力，达到"博施于民而能济众"，这是孔子的最高理想之一。

　　孔子反对苛政，反对统治者对民众的过度剥削。

　　孔子曾言：

　　　　苛政猛于虎。②

　　据《国语·鲁语》记载：

　　　　季康子欲以田赋，使冉有访诸仲尼，仲尼不对，私于冉有曰："求来，女不闻乎？先王制土，籍田以力，而砥其远迩；赋里以入，而量其有无；任力以夫，而议其老幼。于是乎有鳏寡孤疾。有军旅之出则征之，无则已。其岁，收田一井，出稯禾、秉刍、缶米，不是过也，先王以为足：若子季孙欲其法也，则有周公之籍矣；若欲犯法，则苟而赋，又何妨焉！"

————————

① 《论语·子路》。
② 《礼记·檀弓》。

孔子这段话，从表面看是要季氏行"周公之籍"，实质上是反对季康子对民众过重的剥削。一句话，还是反对苛政。此事在《左传·哀公十一年》的记载中说得也很明白：

> 季孙欲以田赋，使冉有访诸仲尼。仲尼曰："丘不识也。"……而私于冉有曰："君子之行也，度于礼，施取其厚，事举其中，敛从其薄，如是则以丘亦足矣。"

前文说过，当冉有为鲁国权臣季氏聚敛、力以"附益"时，孔子就不再认其为门生，并且号召其门人起来"鸣鼓而攻之"①。

另外，孔子还提出过"节用而爱人""使民以时"②"百姓足，君孰与不足？百姓不足，君孰与足？"③以及以义使民、先惠而后使民等政治主张，这些都说明他是重视爱民的。孔子政治思想的核心是"仁"。而"仁者爱人"④在政治上的最基本要求，就是要爱民，亦即类似今天"全心全意为人民服务"之类。

在国家治理上，孔子重民，主张共同富裕，反对贫富差距太大。

---

① 《论语·先进》。
② 《论语·学而》。
③ 《论语·颜渊》。
④ 《孟子·离娄下》。

　　厩焚，子退朝。曰："伤人乎？"不问马。①

　　马厩失火，孔子关心的是马夫的安全，足见他对民的重视。他还说：

　　使民如承大祭。②

　　在西周，戎与祀被看作是国家的头等大事。孔子要执政者治理百姓像对待祭祀一样的重视，这足以说明他对民众的重视程度。

　　在分配问题上，孔子认为：

　　丘也闻有国有家者，不患寡而患不均，不患贫而患不安。盖均无贫，和无寡，安无倾。夫如是，故远人不服，则修文德以来之。既来之，则安之。③

　　孔子认为，在治理国家上，让民"心安"十分重要。"心安"的基础就是在经济利益上，国民之间不应该相差悬殊。政治之道，不担心贫穷而担心财富不均，不担心人口稀少而担心民众有不安和不满的情绪与举动。财富均匀，民众便不觉得贫穷；彼此和睦，

---

① 《论语·乡党》。
② 《论语·颜渊》。
③ 《论语·季氏》。

统治者就不会感到人口稀少。百姓和睦、秩序井然就不会担心政权有被倾覆的危险。国泰民安，远方之人自然就会倾心归附。

总之，长期以来，孔子的政治主张在中国历史上很有地位，其价值不应低估。他在领导力方面的贡献，可以简单进行概括：

第一，孔子主张实践道，主张言行一致，说到做到，少说多做，"讷于言而敏于行"。

第二，孔子主张领导者应该加强身心道德修养，将提升自己的道德修养与保障身心健康有机地贯彻到自己的日常实践生活之中。

第三，孔子强调对人的治理的重要性，将对人的治理升格为治国理政者的最重要的事业。

第四，孔子主张重视历史、重视文化建设在国家治理中的重要地位。

第五，孔子主张加强中央集权，主张推行大一统政治模式。

第六，孔子强调富民、使民、教民的重要性。主张先经济后政治，对待民众，先富而后教。孔子主张为政者不仅要立信于民、藏富于民，而且还要能教民和爱民，重视对民众的教化，重视移风易俗在政治中的效果与作用。

第七，孔子主张采用"中庸"的工作方法，告诫领导者"欲速则不达"与"过犹不及"，重视量变到质变的积累与突破。

第八，孔子重视在社会生活中人与人之间关系的合理调节，主张以"忠恕"为标准来为人处世，"己所不欲勿施于人"，努力做到严于律己宽以待人。

第九，孔子将政治治理的希望寄托在领导者的"以正治国"上面，主张领导者应该以身作则，"政者正也""子帅以正，孰敢不正"。

第十，孔子主张在国家治理上实现共同富裕，反对贫富差距太大。"丘也闻有国有家者，不患寡而患不均，不患贫而患不安。"

中国两千余年的封建历史已经证明，秦汉统治者最先采用法治，继而又采用黄老无为而治，都只能行之一时，而当孔子的政治思想一经登上历史舞台，便占据统治阶级意识形态，其统治地位长达两千余年，经久不衰。北宋宰相赵普说过："半部论语治天下。"从某种程度上讲，《论语》就是一部关于中国人自己的政治管理学。今天从反省历史的政治治理角度看，孔子的治国之方和统治之道亦应当加以研究和扬弃。

第三章
进退裕如圆润成熟型的领导

——《老子》："无为而无不为"

《老子》本就是一部以"领导学"为核心的经典著作。《老子》的理论不仅具有思辨上的哲理性，更具有认识和可操作与实践的空间。作为周王朝守藏室之史，老子能从早期华夏文明变迁中，观历代兴亡成败得失，发现其中政治变化之规律，于其所熟悉的炎凉与颓败的世态中，把历代兴亡的经验教训予以概括和总结，发掘出其政治治理的根本规律，在某种意义上为后世领导者开出了多副治国理政的良方，从而使其五千言成为了千古绝唱。明朝开国皇帝朱元璋，就亲自为《老子》作序，把《老子》当作政治理论经典并用于明王朝开国初年的政治实践。朱元璋在其所撰《道德经序》中说："斯经乃万物之至根，王者之上师，臣民之极宝，非金丹之术也。""自即位以来，罔知前代哲王之道，宵昼遑遑，虑穹苍之切。鉴于是，问道诸人，人皆我见，未达先贤。一日，试览群书，检间有《道德经》一册……见本经云：'民不畏死，奈何以死惧之？'当是时天下初定，民顽吏弊，虽朝有十人而弃市，暮有百人而仍为之，如此者岂不应经之所云，朕乃罢极刑而囚役之。"

一、神秘的老子与博大的道德旨归

说起道家的首要代表人物，自然非老子莫属。

司马迁说：

> 老子者，楚苦县厉乡曲仁里人也，姓李氏，名耳，字聃，周守藏室之史也。

> 孔子适周，将问礼于老子。老子曰："子所言者，其人与骨皆已朽矣，独其言在耳。且君子得其时则驾，不得其时则蓬累而行。吾闻之，良贾深藏若虚，君子盛德，容貌若愚。去子之骄气与多欲，态色与淫志，是皆无益于子之身。吾所以告子，若是而已。"孔子去，谓弟子曰："鸟，吾知其能飞；鱼，吾知其能游；兽，吾知其能走。走者可以为罔，游者可以为纶，飞者可以为矰。至于龙，吾不能知，其乘风云而上天。吾今见老子，其犹龙邪！"

> 老子修道德，其学以自隐无名为务。居周久之，见周之衰，乃遂去。至关，关令尹喜曰："子将隐矣，强为我著书。"于是老子乃著书上下篇，言道德之意五千余言而去，莫知其所终。①

---

① 《史记·老子韩非列传》。

上面这段话，对老子的身世述说得非常清楚。

首先，介绍了老子的籍贯及其字号。

老子为楚国苦县厉乡曲仁里（今为河南省鹿邑县东）人，姓李，名耳，字聃。

其次，关于老子的生平事迹，司马迁只介绍他曾当过周王室的"守藏室之史"。

所谓守藏室之史，大致就是指执掌搜集保管文献资料和图书的官吏，也就是周王室国立档案馆兼图书馆馆长的职务。正由于老子执掌文献图书的工作，所以老子的学问十分渊博，是一位精通古代典籍文化、学问渊博的学者，所以其著有《老子》五千言，至今流传。

再次，孔子曾问礼于老子，老子不满意孔子的请教，他对孔子说出一番意味深长的话来。

老子对孔子说："你所崇拜的那些人，他们早就死了，如今恐怕连骨头都已朽烂了。只有他们说过的话，还记载在史书里。而这些史书，只有你我这些识字的人才能看得到，看得懂。我们这种人心里有知识，并为天下事操心，可以称为君子。但君子并非总能充分施展他们的抱负，所以就要采取灵活的态度，不必与世道对抗，得其时则施展才能抱负，不得其时则隐居民间，不需要张扬。我听说，高明的商人深藏宝货，给人以空无一物的印象。君子的品德至高至美，但他的外表却像一个愚人。我奉劝一句，把你的不切实际的想法都抛弃了吧！因为它会使你的外表充满骄气和多欲，而骄气和多欲，则会使你的心态过分浮躁，并无益于你的身体。至于礼的问题，就不要讲了吧。我所能告诉你的，就是这些了。"孔子告辞出来，其弟子问孔子，孔子不回答弟子们所提的问题，而是自言自语地说："天上的鸟，我知道它们能飞；水里的鱼，我知道它们都能游；山中的兽，我知道它们都能跑。能跑的东西，我可用网套住它；能游的东西，我可以用钩钓起它；能飞的东西，我可用箭射下它。如果是龙，则我不知道对它能怎样了。也许它会乘风云直上九天，对它，我还有什么办法呢？今天我见的这位老先生，他大概就是这样的一条龙吧！"孔子称赞老子就像一条乘风云而上天的龙，而不是一般的走兽，亦可知孔子对老子十分尊崇。由此可见，孔子与老子之间的关系，是师生关系。

最后，司马迁对《老子》一书做了简要的介绍。

从司马迁简要的述说中，我们看到司马迁从三个方面予以介绍：一是老子的学术思想，老子修道德，其学以自隐、无名为务；二是老子见周王室已衰颓，乃西出关自隐而去；三是在关令尹喜的要求下，著书上下篇五千言，言道德之意，作罢而去，从此遁身，再也不见其人。

作为周守藏室之史，老子看到的不仅仅是历史的事实，他能从早期华夏历史变迁中，观历代兴亡成败得失，发现其变化的规律，于其所熟悉的炎凉与颓败的世态中，把历代兴亡的经验教训予以概括和总结，发掘出其政治兴亡的根本规律，在某种意义上揭示了治国理政者应该把握的良方，从而使其五千言成为了千古绝唱。

《汉书·艺文志·诸子略》中说：

> 道家者流，盖出于史官，历记成败存亡祸福古今之道，然后知秉要执本，清虚以自守，卑弱以自持，此君人南面之术也。

这段文字简练、扼要地说明了老子思想同史官和帝王经验的一些关系，表达了以下几层意思：（1）老子的职业是史官；（2）《老子》一书讲的是治国理政者的领导艺术。文中所谓的"君人"，即治国者；所谓"南面之术"，就是指治国理政的通知与管理的方法与策略；（3）这种领导艺术是老子观察"成败存亡祸福古今之道"得出的结论。

在夏商周时代，巫术通行。"巫"就是巫术的掌管者、实施者。巫术在执行的过程中，其结果还要记录下来，这样"巫"便和史合二为一。巫文化和史文化合二为一，形成具有特色的巫史文化。夏商周时期，中国就有了史官制度。由于巫史合一，史官在记录言事、"以司典籍"等工作中，便具有两个鲜明的特点：一是以王事为中心，记载帝王的统治经验；二是带有浓厚的原始宗教色彩，保留了古代宗教文化的许多内容。

另外，《老子》一书也来源于《周易》《尚书》等古代典籍之思想，并吸收各地文化传统，从中汲取了变化发展与思维辩证等具有管理价值的东西。

总之，任何理论体系的形成都不是一蹴而就、凭空产生的，理论总是在前人已建构的理论基础上，结合社会实践，逐步形成和完善起来的。老子治理之"道"的形成也是这样。老子的史官身份使他能够充分吸收历史上的治国经验，可以在古人治国的经验教训、母系社会的管理理念以及上古的天道思想等基础上，形成了自己的治理理论体系。

《老子》所以能够成为永恒的经典，即在于老子对事物的认识有其独特之处，在于老子对事物的认识过程中具有常人所没有的思维方式和方法。一般地说，人的认识与思维是紧密联系在一起的，人们在对事物的认识过程中，运用不同的思维方式就对事物具有不同的认识。《老子》一书，博大精深，内涵丰富，论断独到，为治国者出谋献策是其思想内容的一个重要方面，因此该书成为历代统治者必读的一部政治理论宝典。

1993年湖北荆门郭店战国楚墓出土了竹简《老子》，墓主系楚太子的老师，该书作为陪葬品这一事实足以说明其对于治国理政具有重要价值，已受到当时统治集团重视，并成为王公大臣和太子们的必读书。

明朝开国皇帝朱元璋，就把《老子》当作政治理论经典并用于政治实践。朱元璋说："斯经乃万物之至根，王者之上师，臣民之极宝，非金丹之术也。"并在其所撰《道德经序》中明确指出："自即位以来，罔知前代哲王之道，宵昼遑遑，虑穹苍之切。鉴于是，问道诸人，人皆我见，未达先贤。一日，试览群书，检间有《老子》一册，因便但观，见数章中尽皆明理……见本经云：'民不畏死，奈何以死惧之？'当是时，天下初定，民顽吏弊，虽朝有十人而弃市，暮有百人而仍为之，如此者岂不应经之所云，朕乃罢极刑而囚役之。"①

老子对中国政治的影响是深刻而长远的。一部《老子》，其核心离不开"领导""治理"二题，因为无论是讲"权术"或是讲用兵打仗，都是领导阶层所从事的活动。纵观《老子》上下篇，处处闪耀着治国之道的思想光辉。研究老子的治国之道与领导艺术，汲取其中的精华，可为更新领导观念、开拓领导思维、创新领导方法，强化执政意识，提高治国理政能力提供借鉴。《老子》中包含着丰富的治国理政思想及其领导者的修养准则，这为统治者所重视，历代治国理政者都在有意或无意地学习与运用着老子的方法。今天，我们看到的《老子》一书，是用韵文写成的哲理诗，分上下篇，共81章，5000余言；论治国的有8章，论朝政的有7

---

① 《明太祖〈御注道德真经〉》，唐玄宗、宋徽宗、明太祖、清世祖评注，朱俊红整理：《〈道德经〉四帝注》，海南出版社2012年版，第3、4页。

章，论天下各国的有 5 章，论战争的有 2 章，共 22 章。全书关于政治的有 63 章，占 2/3 以上，这说明，《老子》的主旨偏重于为统治者寻找治国理政的政治哲学，领导艺术是老子思想的旨归。老子的"无为而无不为"的治国谋略，以柔克刚、以退为进、因势利导、后发制人等处世原则和策略至今仍不失睿智。

二、"修之于身"：领导者成功的基石

老子的领导学是建立在领导者修其身、养其性的基础之上的。

面对春秋礼崩乐坏的社会现实状况，老子深刻认识到，在君权高度集中的统治模式中，统治者的素养高下直接关系到国家的兴亡。其时，虽然身处乱世，但不少诸侯不是高度自律，振兴图强，而是身处高位，骄奢淫逸，不思进取。面对这种朝纲不振、天下将倾的危情，老子特别强调统治者道德修养的重要。老子所提出的道德修身方法，形成了影响深远的"德治之道"，成为他治国之道中的闪光点。

老子的修养思想要点集中在：[①]

第一，提出执政者修养的理想目标是"不行而知，不见而明，

[①] 参见赵保佑、卫绍生主编：《老子文化及其当代价值》，社会科学文献出版社 2011 年版，第 142 页。

弗为而成"①。即通过日积月累，不断强化自身修养，在通事明理的前提下，可以知情、明道，最终取得成功。

第二，提出执政者修养的胜境是"无为而无不为"②。即认为达到知物知道和无欲无为的境界，就没有做不成的事情。

第三，执政者修养的基本途径为"四戒""四追求"。

所谓"四戒"，即一戒"感官之伤"，"圣人之治为腹不为目"，③讲究实效，反对形式主义；二戒宠辱若惊，应"贵以身为天下"④，宠辱不惊；三戒不知足、知止，认为"知足，不辱；知止，不殆，可以长久"⑤；四戒把"道"作为谋事的工具，而不把它视为做人成事的根本。

所谓"四追求"，即一要追求"不私不欲"的品行，认为这种品行"禄禄若玉，珞珞若石"⑥；二要追求"上善若水"的境界，因为"水善利万物而不争，处众人之所恶，故几于道"⑦；三要追求"营魄抱一"、高深幽妙、无私无为的"玄德"品格⑧；四要追求"建

---

① 《老子·第四十七章》。
② 《老子·第四十八章》。
③ 《老子·第十二章》。
④ 《老子·第十三章》。
⑤ 《老子·第四十四章》。
⑥ 《老子·第三十九章》。
⑦ 《老子·第八章》。
⑧ 《老子·第十章》。

者不拔"^① 的品质。

俗话说："德润身。"

领导者作为一种特殊的群体，"德"是其安身立命之本。《老子》围绕着领导者生命的研究，把领导者的"德"与个人的生命与国家的长治久安，与领导者个人事业的成功与否紧密联系起来，告诫领导者要重视个人"德"的修养，就像重视和爱惜自己的生命一样"尊道贵德""身重于物"，正确对待人生中的名利富贵，谨行"无为"之道和"不言"之教，这样才能承担治理天下的重任。

两千多年前，老子就很关注领导者个人素质和政治修养。他认为，领导者个人的素质和修养，不但关系到个人事业和工作的成败，而且关系到国家的强衰和民众的利益。他希望领导者在领导工作中能够致虚极，守静笃，努力修养自己的品行，为身、为家、为乡、为邦、为天下而去甚、去奢、去泰，不断加强修养境界，提高个人素质，为君主分忧，为天下百姓造福。

概括起来，老子的修养论主要表现在下列几个方面：

（一）"孔德之容，唯道是从"

《老子》认为，治国者实行无为政治管理，要有一个基本前提，这就是与治理国家相对应的官员的个人道德修养。他说："修

---

① 《老子·第五十四章》。

之于身，其德乃真；修之于家，其德乃余；修之于乡，其德乃长；修之于邦，其德乃丰；修之于天下，其德乃普。"① 在这里，《老子》提出了"德"的概念，并且与治国者联系了起来。

那么，"德"对治国者究竟意味着什么，有哪些实际意义？这要从它与"道"的关系说起。

什么是"德"？

老子说：

> 孔德之容，唯道是从。②

学者陈鼓应认为："形而上学的'道'是我们人类的感觉所不能直接接触到的。这个不为我们所闻所见的'道'，却能落实到现象界对我们产生很大的作用。当'道'作用于各事各物时，可以显现出它的许多特性，'道'所显现的基本特性足可为我们人类行为的准则。""形而上的'道'，落实到物界，作用于人生，便可称为'德'。"③ 这就是说，《老子》书中所阐释的"德"，就是"道"落实到人生层面，成为领导者循"道"而行，为社会、为人们造福的基本条件。老子以是否循"道"为标准来决定领导者"德"

---

① 《老子·第五十四章》。
② 《老子·第二十一章》。
③ 陈鼓应著：《老子注释及评介》，中华书局1984年版，第12页。

的大小。

在《老子》中，老子所阐述的"道"是以宇宙、自然为对象进行开展的，而论述"德"则是以社会、人生为对象开展的。"德"的渊源是"道"，"道"作用于社会、政治、人生的就是"德"，"道"和"德"是合二为一、缺一不可的。"道"是客观规律，是法则，是总的价值目标；"德"是人类认识并按客观规律办事，是德性，是品行，是个体成员体"道"、行"道"过程中所应达到的境界和水平，是领导者个人需要效法和遵守的行为准则。"道"是体，"德"为用。《老子》从第三十八章开始，以天道来演示人道，在书中他列举诸如"自然无为""致虚守静""知足不辱，知止不殆""生而不有""为而不恃""功成而弗居""以正治国""报怨以德""为之于未有，治之于未乱""欲先民，必以身后之"及"慈、俭、朴"等观念和行为，并认为这些观念和行为都是"天道"所表现的基本特性与精神。对于这些基本特性与精神，领导者应努力效法，躬身践行。如果领导者在工作中，能够效法"天道"，躬身践行"人道"，那么这就是老子所赞赏的最大的"德"。因此，老子的"领导观"，就是以"天道"论"人道"，就是要求领导者以"道"养"德"，以"德"促"道"，减少由人的欲望所产生的冲突，能够正确地认识自己，正确地改造自己，有效地抑制自己的丑恶和私欲，使自己成为具有较高道行的优秀领导者。

作为《老子》"领导观"立论的主旨之一的"德"，是老子极为推崇的领导行为。

老子认为，在人类社会活动中，凡是符合于"道"的行为就是有"德"，凡是遵"道"、循"道"、把"道"运用于人类社会而产生的功能，就是"德"；反之，则是失"德"。在老子看来，领导者在实际政治生活中，循"道"的程度与差异，亦决定其"德"的程度与差异。在《道德经》中，老子把领导者的"德"行分为两个类型、五个层次。两个类型即"无为"和"有为"；五个层次是道、德、仁、义、礼。道和德属于"无为"的类型；仁、义、礼属"有为"的类型。这五个层次中，德和仁是最高标准，但"德"只指"上德"，不指"下德"。老子在书中，按领导者尊"道"、体"道"、悟"道"、循"道"行为的程度与差异，把"德"分为不同的等级，并以此来区分领导者的"德"行的强弱和多寡。由此可见，以"德"治国是老子对领导者提出的一个基本要求，同时，也是衡量领导工作好坏的根本标准。

汉代刘向在其《说苑·政理》篇中指出：

> 政有三品：王者之政化之，霸者之政威之，强国之政胁之。夫此三者各有所施，而化之为贵矣。夫化之不变，而后威之；威之不变，而后胁之；胁之不变，而后刑之，夫至于刑者，则非王之所贵也。

在刘向看来，王道是以德化人，霸道是以威服人，强道是以力迫人，王道是最好的，霸道次之，"强道"不得已而用之，完全用刑罚，只有亡国。在这里，刘向的"王者之政化之"的观点，显然是与老子的"以德化人"，具有一定的继承传承的关系。

（二）"含德之厚，比于赤子"

两千多年前，老子有感于其所处社会人际关系恶化，统治者与老百姓之间的对立和冲突愈演愈烈的社会现实，有感于自强自立自律精神已逐渐从统治者的修养思想中消失的事实，为了强化统治者的"德"行修养，强调"德"行之于统治者的重要性，他运用比喻的手法告诫统治者要在道德修养上强化自己的内功，增强自己"拒腐蚀永不沾"纯净的能力。

他说：

> 含"德"之厚，比于赤子。毒虫不螫，猛兽不据，攫鸟不搏。骨弱筋柔而握固。未知牝牡之合而脧作，精之至也。终日号而不嗄，和之至也。知和曰"常"，知常曰"明"，益生曰祥，心使气曰强。物壮则老，谓之不道，不道早已。[1]

这里，老子用赤子（婴儿）来比喻具有深厚修养的领导者，认为具有深厚修养的领导者的"德"性，能使领导者返回到婴儿

---

[1] 《老子·第五十五章》。

般的纯真和柔和。"精之至"是形容其精神充实饱满、精力充沛的状态；"和之至"是形容其心灵纯洁善良和谐的状态。老子在这里对这种类型领导者给予了崇高的评价，他说，含"德"深厚的领导者，就像初生的婴儿一样，毒虫不刺伤他，猛兽不伤害他，凶鸟不搏击他。他筋骨柔弱而拳头却握得很紧，他不知道男女交合但小生殖器却自动勃起，这是精气充足的原因。他整天啼哭，但喉咙却不会沙哑，这是元气淳和的原因。领导者能认识和掌握这一道理，就像认识和掌握事物发展变化的规律一样，就会变得豁然开朗而掌握主动权。反之，领导者一旦被贪婪纵欲的欲念所主使就会遭殃，欲念主使精气任性就叫做逞强，事物过于强盛就会变衰老，这就叫做不合于"道"，不遵守"道"，就会很快地灭亡。

老子赞美赤子（婴儿），赤子纯朴自然与世无争，不为外物所诱惑和吸引，生性羸弱，而又为神灵佑护。老子用"赤子"来比喻他心目中理想的含有厚德、明白天道的领导者，要求领导者亦应如赤子一样含德之厚。赤子之心自然而然，无半点矫揉造作；含德者之如赤子，则是人为的结果，这样，领导者含德就应像赤子一样，纯朴自然而与世无争，不为外物所诱惑和吸引。他认为得"道"的领导者的特征有三：一是专一、纯真、柔和、真知、无争、无为；二是内部精气充足，达于极致，故顺和自然，无为而无不为；三是阴阳和谐，达于极致，趋于自然，有益人生，有益于领导者修身齐家治国平天下。

　　正因为"赤子"是老子心中所期待的圣人，所以老子不但赞颂"赤子"，而且还处处以"赤子"为榜样要求自己和领导者，赞美得"道"的圣人。他在第十章中说，"专气致柔，能如婴儿乎"；在第二十章中又说，"我独泊兮其未兆，如婴儿之未孩"；在第二十八章中说，"常德不离，复归于婴儿"；在第四十九章中又说，"圣人皆孩之"。这些都表明，老子这些关于"婴儿"的赞美和论述绝不是一种纯客观的外表模拟，而是表达其全部主观愿望，对自己、对领导者提出的一种内在修养要求，要求自己、圣人和领导者通过深厚的思想修养，达到"上德"的高深境界。这一境界表现于两个方面，一是"精之至"，即心地真挚善良，精神饱满，精力充沛，生机勃勃；二是"和之至"，即心灵纯洁凝聚，言行和谐有力统一所向无敌①。

（三）少私寡欲，去甚去奢

　　老子认为"尊道贵德"是领导者应有的工作方法，这种工作方法具体表现为：领导者对于人世间的私欲与纷争，不贪婪，不偏私，不占有，不爱慕虚荣，不崇尚奢华，以"无为"的态度来对待生活与处理工作，以"不言"的教导来唤醒民众，一切以自

---

① 参见曾宪年著：《老子领导思想研究》，湖南师范大学出版社 2005 年版，第215—216 页。

然的法则行为办事。

儒家认为"衣食男女，人之大欲存焉"，承认与支持人的原始欲望。老子虽然也承认人的原始需要，也反对禁欲，但他更认为私欲是万恶之源，私欲是没有止境的，它使人贪得无厌；私欲引起纷争，使人世变得永无安宁。所以，老子反对纵欲，提倡领导者通过"少私寡欲"的修养与磨炼，超越自我主观的执著与原始低级的需要，以达到"尊道贵德"的要求和目标。

老子认为，所谓"少私寡欲"，就是领导者极力减少个人的私欲，降低个人的欲望，在名利面前保持清醒的头脑，不使自己被物所役。领导者一旦有了过分的私欲，如果不加以克制，就会变得贪婪，就会逐渐走向堕落，就会自取灭亡。因此，领导者要做到"尊道贵德"，老子认为首先必须做到"少私寡欲"。他告诫领导者戒奢去欲：

> 祸莫大于不知足，咎莫大于欲得。①
>
> 五色令人目盲，五音令人耳聋，五味令人口爽，驰骋田猎，令人心发狂，难得之货，令人行妨。是以圣人为腹不为目。②

---

① 《老子·第四十六章》。
② 《老子·第十二章》。

　　老子警钟长鸣，告诫领导者：祸患，没有比不知足更大的了；失误，没有比想要得利更大的了。声色犬马，饮食男女，本是人的本能和基本的生理需求，但是人如果过分地追求，非但无益于生命健康需要，反而会残生害性。正如老子所说，色欲伤目，声欲伤耳，味欲伤口，情欲伤神，物欲伤心，就是说色欲、声欲、味欲、情欲、物欲，适度无害而有益，过度了就只有百害而无一益。人们的欲望有如无穷的沟壑，得寸进尺，得陇望蜀。一个贪得无厌的人，为了满足自己的贪欲，他势必利令智昏，敲诈勒索，虚伪欺骗，不择手段，最后自酿苦酒，自掘坟墓。基于此，老子十分推崇知足、知止。老子反复告诫领导者，天下最大的祸患莫过于不知足，最大的罪过莫过于贪得无厌，过分地追逐名利，把荣辱名利这样的大患看得与自身生命一样珍贵，势必招来灾祸和不幸。好名之人必为虚名所苦，重利之人必为贪利所困。与其汲汲奔命于功名利禄，不如对功名利禄保持一种恬然淡漠的态度。老子告诫领导者：“知足不辱，知止不殆，可以长久。”[1] 一个领导者对于自己的种种欲望，要有一个正确的认识和把握，要做到适可而止，知足则可使自己免受侮辱，知止则可使自己没有任何危险。领导者在名利富贵面前，只有做到“贵身”“知止”“知足”，

---

[1]　《老子·第四十四章》。

才能使自己立于"不辱""不殆"的地步，才能使自己为百姓而"可托天下"，并且"可以长久"。

明朝文人朱载堉有一首小诗对贪得无厌者作了辛辣讽刺。诗中写道：

> 逐日奔忙只为饥，才得有食又思衣。置下绫罗身上穿，抬头又嫌房屋低。盖下高楼并大厦，床前缺少美貌妻。娇妻美妾都娶下，又虑出门没马骑，将钱买下高头马，马前马后少跟随。家人招下十数个，有钱没势被人欺。一铨铨到知县位，又说官小势位卑。一攀攀至阁老位，每日思想要登基。一日南面坐天下，又想神仙下象棋。洞宾与他把棋下，又问那是上天梯，上天梯子未做下，阎王发牌鬼来催。若非此人大限到，上到天上还嫌低！

读了上面这首诗，就不难理解《老子》会发出"祸莫大于不知足，咎莫大于欲得，故知足之足常足矣"的感叹了。

（四）慈、俭、不敢为天下先

老子说：

> 我有三宝，持而保之。一曰慈，二曰俭，三曰不敢为天下先。夫慈，故能勇；俭，故能广；不敢为天下先，故能成

器长。①

老子指出，领导者有三件法宝：一是慈善；二是俭约；三是不敢把自己的私欲放在民众的前头。以慈爱对待百姓，得到民众的支持，就有勇气；处事节俭，不劳民伤财，就能财用充足；不把自己私欲放在国家百姓之先，就能成为一国之长。治理国家者应该"欲不欲，不贵难得之货"。把自己的欲望不当作欲望，不追求难得的东西。所以，老子主张统治者应"见素抱朴，少私寡欲"。朴德是一种顺任自然之德，统治者见素抱朴，才能以自然之道治民。

"慈"是老子"三宝"中的第一宝，也是领导者修养所必须达到的最重要的一个要求。"慈"者，慈爱、慈祥、爱心也。用现代汉语来解释，就是领导者要仁慈、宽厚、关心群众的疾苦。老子之所以把"慈"列为领导修养素质的首要方面，是因为老子所处的时代，统治者缺乏"慈"，社会缺乏"爱"，以致战乱频繁，百姓流离失所。领导者如果有"慈"爱之心，百姓就不会因无法生存而走上反抗之路；国家之间也就没有给百姓带来深重灾难的战争；广大百姓则会团结在领导者的周围，与领导者同甘共苦，成就事业。所以，老子在第六十七章中指出："夫慈，以战则胜，以

---

① 《老子·第六十七章》。

守则固。天将救之，以慈卫之。"也就是说，领导者如果具有"慈"的品德，那么战则胜，守则固。因为，"慈"就是天道。

"俭"，是老子"三宝"中的第二宝，也是领导者修养所必须达到的第二个基本要求。老子认为，节俭是领导者治国理政必具的品质。俭，就是勤俭朴素。老子认为，"俭"是"有国之母"，就像大树之根深扎而不可动摇，"可以长久"。对于领导者来说，"俭"，应该表现为生活上简单朴素、不铺张浪费；精神上清心寡欲、淡泊名利。如此这样，即能省思虑之费神，食清淡之饮食，顺天道之自然，就能"长生久视"。

"不敢为天下先"是老子"三宝"中的第三宝，也是领导者的一项基本修养要求。"不敢为天下先"，绝不是说凡事都应落在别人后面，只有别人先做了，自己才能做。若这样理解就违背了老子的本意。老子的本意在告诫领导者做任何事情都不要鲁莽，不要急躁，不要抢风头，要冷静观察研究清楚，谋定后动，后发制人，稳扎稳打，在战略上占取主动权，不做则已，做则必胜。

老子三宝，实际上存在着相互联系的关系。俗话说，俭以养德。俭，对一般人来说只是一种美德，但对领导者来说，就不仅是一种美德，而且更是一种领导的艺术。领导者能身体力行做到俭以养德，淡泊明志，不仅能保障自己做好工作，更能起到榜样的作用，以此达到移风易俗、教育民众的效果。如果说"慈"是老子外向无为的心理基础和感情基础的话，那么"俭"指向的则是领导者的内向无为，是外向无为的内在基础。"'慈'以对人，'俭'以待己；'慈'而向外，'俭'而向内。对于这一点，有人说得更明快：慈谁？慈人民；俭谁？俭自己。"①"俭"为"三宝"的"达用之功夫"。"慈，是德之体，其性质即'大仁不仁'之仁；'俭'，是成德达用之功夫，亦即所谓'治人事天莫如啬'之啬；'不敢为天下先'，是德性作用之表现方式，亦即柔弱不争之谓也。合而言之：老子之'三宝'实为其'德性'之全体大用。此所以持以保之，并示以赠人者也。"②

（五）多予少取、功成弗居

老子对领导者立世的关怀是智者的深邃，是长者的仁慈。这一切都来源于他对人生深层中的人性内核的洞察。老子指出，领导者应行"天之道"，在名利、富贵、成绩与地位面前应该做到"知止""知足""功成而弗居"，这样才能达到持荣保泰的目的。

老子说：

> 万物作而弗始，生而弗有，为而弗恃，功成而弗居。③

① 刘笑敢著：《老子古今》上册，中国社会科学出版社 2006 年版，第 683 页。
② 王淮著：《老子探义》，台湾商务印书馆 1972 年版，第 259—260 页。
③ 《老子·第二章》。

生之畜之，生而不有，为而不恃，长而不宰，是谓"玄德"。①

大道氾兮，其可左右。万物恃之以生而不辞，功成而不有，衣养万物而不为主，可名于小；万物归焉而不为主，可名为大。②

持而盈之，不如其已；揣而锐之，不可长保。金玉满堂，莫之能守。富贵而骄，自遗其咎。功成身退，天之道也。③

在老子看来，大"道"广泛流行，无所不到，万物依赖它生长，它从不推辞拒绝；因为"道"养育万物与万物依靠"道"而生长变化，都是自然随顺的，并不存在任何主宰浮沉的神秘力量。"道"养育万物是为了使万物更好地茁壮成长，成为更好的自己，而不是要将其据为己有；"道"养育万物是为了使万物各自按照自然的本性生长繁衍，而不是自恃有功；"道"规范导引万物是为了让万物完善其身，各自依据自己的本性生长兴衰，而不是为了控制和主宰万物。因此领导者应以"道"为楷模，像"道"那样生长万物而不存半点据为己有之心；养育万物而不妄自自恃其能，成就万物让万物各自成长亦不自居其功。

---

① 《老子·第十章》。
② 《老子·第三十四章》。
③ 《老子·第九章》。

唐玄宗对于老子"生之畜之，生而不有，为而不恃，长而不宰，是谓玄德"的观点有着自己的独特见解。他说："谓人君法道清静，令物各遂其生，令物各尽其畜养。遂生而不以为有，为而不恃其功，居长而不为主宰，人君能如此者，是谓深玄之德矣。长而不宰者，居万民之上，故云长，而不恃其功，故云不宰也。如是是谓玄妙之德矣。""玄德"，用我们今天的话来解释和表达，就是一种大公无私的人生态度，一种以创造、奉献为第一需要的人生风范。"生而不有，为而不恃，长而不宰""功成而弗居"就是老子极力推崇和赞颂的领导者应具有的"玄德"在治国理政方面的具体表现。

为了使领导者真正在领导工作中做到"生而不有，为而不恃，长而不宰""功成而弗居"，在《老子》全书中，老子反复讲了不少关于卑谦处下，反居功自傲的道理。如他在第二十二章说："不自见，故明；不自是，故彰；不自伐，故有功；不自矜，故长。"这里，老子接连用了四个重叠句，强调统治者不能仅凭自己的所见行事，不能自以为是，不能自恃有功，不能自高自大，认为这样就能认识清楚事物，做好工作。这一思想，老子在其书中第二十四章又重复了一遍，说："自见者不明，自是者不彰，自伐者无功，自矜者不长。"把第二十二章与第二十四章作一比较，我们就不难看出，在第二十二章，老子指出领导者如果不"自见""自是""自伐""自矜"，就能使自己"明""彰""有功""长"；而在

第二十四章，老子则是从反面入手，认为如果领导者做出这些行为，则会使自己"不明""不彰""无功"、"不长"。老子要求领导者不居功、不自傲、不浮躁、保持谦虚谨慎的工作作风以及以出世的精神做入世济世的事情等利他情怀，对今日领导者的行为修养无疑具有教育意义。

（六）利而不害、为而不争

在老子的领导学说中，"利而不害，为而不争"是老子关于领导者品质修养的一个重要方面。

老子说：

> 天之道，利而不害；圣人之道，为而不争。[1]

"利而不害""为而不争"是领导者所应该具有的道德素质。"利而不害"为天之道；"为而不争"则是人之道。遵天道，守人道，这是老子对领导者素质的基本期许。"为"就是尽心尽力做好自己的本职工作，这是要争的。"不争"，就是对于本职工作能够带来的名与利则要看淡、看轻，不把它们放在心上而斤斤计较，为此烦恼。

对于"为而不争"，老子可以说是推崇备至。据《尚书》记载，

---

[1] 《老子·第八十一章》。

舜曾经告诫禹说："汝惟不矜，天下莫与汝争能。汝惟不伐，天下莫与汝争功。"看来，老子的"为而不争"思想是对前人成果的继承与发扬。

这里主要谈谈"不争"。

南宋朱熹在评论老子"不争"思想时说："老子心最毒，不与人争者，乃所以深争之也。"此话虽尖刻，却切切实实地道出了老子"不争"的本意，即老子的"不争"也并非放弃争，而是以不争为争，是争的一种特殊方式，是一种更有效、更深入的争，是不争于一时而争于久远，不争于表面而争于根本。

前文提到，所谓"不争"，就是领导者对于自己本职工作带来的名与利要看淡、看轻，不把它们放在心上而斤斤计较。因为，一来不争于小名小利，自己可以把精力完全放在应该做好的工作上面，有利于做好工作，出大成就；二来不汲汲于名利，则更有利于团结同志，减少矛盾，使自己立于不败之地。

老子说：

> 上善若水。水善利万物而不争，处众人之所恶，故几于道。居善地，心善渊，与善仁，言善信，正善治，事善能，动善时。夫唯不争，故无尤。①

---

① 《老子·第八章》。

　　由于"不争"，同事彼此之间可以减少矛盾和怨尤，有利于形成和谐的工作环境和气氛。这里的"不争"并不是一团和气，也不是无原则的调和，而是强调与人为善，待人接物应当满怀善意，强调一言一动都以"善"为圭臬。至善的领导就好比是水，像水那样利泽万物而不与万物相争；处于众人所不喜欢的卑下之地，故近于"道"。这样的人善于找准自己的坐标，努力做好自己的工作，不会计较名位。正因为他具有"不争"的美德，所以别人对他的成就也就不会有什么怨言，"圣人后其身而身先，外其身而身存。非以其无私邪？故能成其私"。①

　　由于"不争"，故能做到"功遂身退，天之道"②。领导者必须认识到，功成身退，是与天道相合的。做成事情，不但不能居功自傲，而且在完成任务后还要适当交出权力。只有这样，才能真正成就"以其终不自为大，故能成其大"③，"功成而弗居。夫唯弗居，是以不去"④"以其不争，故天下莫能与之争"⑤的圆满结局。正因为不居功，功绩才不会被埋没；正因为"不争"，才能使自己

① 《老子·第七章》。
② 《老子·第九章》。
③ 《老子·第三十四章》。
④ 《老子·第二章》。
⑤ 《老子·第六十六章》。

立于不败之地。

三、"无为而无不为"：领导者管理的最高境界

"无为而无不为"是老子治国之道与领导艺术的核心，学习老子治国之道与领导艺术，吸取其中的精华，必须牢牢把握和领会这个核心。

在《老子》全书中，领导学可谓是老子学说的主体部分。"道"既是老子哲学的主导思想，也是老子政治学的主要结晶。老子将他的领导管理思想用于国家治理领域，希望治政者能够循"道"而实施"无为"的领导方法，努力工作，实现其"无不为"的领导目标——天下安宁，社会秩序井然有序，国家富强，百姓富裕，政治清明，万象和谐。

老子通过总结历史，提炼历代帝王治理经验进而得出结论说："道常无为而无不为，侯王若能守之，万物将自化。"① 这种思想，可以划归领导者的领导方法论范畴。

确实，就领导学而言，领导方法是领导学体系中最为生动最为重要的组成部分，是领导者发挥其决策力、管理执行力、影响力等方面的最为广阔的领域。所谓领导方法，就是领导者为达到

---

① 《老子·第三十七章》。

一定的领导目标，按照领导活动的规律采取的领导手段。老子推天道，明人事，援"道"入"治"，提出了"无为而无不为"的著名方法论命题，这是老子对理想社会管理方式和方法的一种向往和构想。

1. 老子认为，领导者应该"为无为，不妄为"

老子提倡的"无为"领导工作方法，是一种辩证的否定之否定的统一。单纯从字面上理解，"无为"好像是对人们行为的禁止。但实际上，"无为"绝不是常人所理解的"什么都不做""什么都不管"，处于一种消极颓废的怠工状态。老子所谓的"无为"，是要求领导者不要违背事物自身发展变化规律，不要违背事物的自然禀性，不要违背常理，而去做一些不该做、不应做或者暂时不需要做的事情。实际上，在《老子》中，"无为"在否定了一个方面的"为"的同时，又肯定另一方面的"为"。换句话说，老子是以否定的、批判的形式来表达一种肯定的、嘉许的行为。这样，"无为"的概念中本身就包含了"有为"的内容。这样，在领导者的工作方法中，"无为"也就成为"有为"的代名词。由此可见，老子提倡的"无为"就是"不妄为""不盲动"，主要代表着领导者认识客观规律，实事求是，并按客观规律办事的一种理智成熟的工作艺术，是对领导者遵循客观规律、顺应民意从而达到"取天下""莅天下""治天下"的领导工作方式方法的肯定和提倡；而老子观念中的"有为"，则是代表着那种不按客观规律办事，或

主观主义、或形式主义、或教条主义、或"左"或"右"的领导
工作方法的"妄为"，是对领导者不顾客观实际情况，主观妄动或
轻举盲动行为的斥责和批判。

　　据不完全统计，《老子》全书 81 章，"无为"一词共在 10 章
中出现 12 次。"即'无为'在《老子》中第二、三、十、三十七、
三十八、五十七、六十三、六十四章各出现一次，第四十三、
四十八章各出现两次。"① 其中五章讲的"无为"都与领导者有直接
关系，"无为"的主体显然是领导者，如第二章"是以圣人处无为
之事，行不言之教"，非常明确地要求领导者实行"无为"的工
作方法。在另外四章中，老子虽然没有直接说明要求谁实行"无
为"，但从全章的叙说中不难看出这些"无为"也都与领导者的
工作艺术有关，都是间接地要求领导者实行"无为"。如第四十三
章中说："天下之至柔，驰骋天下之至坚，无有入无间。吾是以
知无为之有益。不言之教，无为之益，天下希及之。"这里，老
子虽然没有直接提出"吾"是谁，但"不言之教，无为之有益"
与第二章"圣人处无为之事，行不言之教"完全一致。因此，这
一章所主张的"无为"的实行者是领导者，应该是没有疑义的。
而第三十七章"道常无为而无不为，侯王若能守之，万物将自

---

①　曾宪年著:《老子领导思想研究》，湖南师范大学出版社 2005 年版，第
177 页。

化"则更是明确"无为"就是"侯王"的"无为",亦就是领导者的"无为"。在这里,老子的"道常无为而无不为",把"道"与"无为"紧密联系在一起,把"无为"作为贯穿形而上与形而下之"道"的特质,为领导者"无为"领导方法提供了形而上的根据。

2. 从《老子》全书来看,老子的"无为而无不为"是一个有着丰富政治治理内容的系统的领导思想体系

从"君人南面之术"的角度来考察,老子的领导哲学主要有清静无为、少私寡欲、为而不争、后发制人、以柔克刚、以正治国、以奇用兵等内容表述,其特色则集中表现在"无为而无不为"和"柔弱胜刚强"两个不同层面上。

应该看到,"道"与"德"是老子政治思想的理论基础和领导学逻辑的出发点。从道德观出发,老子认为:人和宇宙万物皆源自道,蕴含道的本质,依道而行,与道同在,这一观点适合任何领域,包括政治领域。

老子说,域中有"四大":"道大、天大、地大、王亦大。域中有四大,而王居其一焉。"[1] 这四者的关系是:"人法地,地法天,天法道,道法自然。"[2] "王"应效法"地""天""道"和"自然"。

---

[1] 《老子·第二十五章》。
[2] 《老子·第二十五章》。

老子从"道法自然""道常无为而无不为"的视点来审察社会政治，提出了"无为而治"的一整套政治学说。

老子说："无为而无不为。取天下常以无事，及其有事，不足以取天下。"① 这句话颇为精到地概括了"无为"和"无不为"两者之间的辩证关系。句中的两个"取"字，都含有"治理""掌握"的意思。"取天下"即"无不为"；"无事"即"无为"；"有事"即"妄作"；而"不知常，妄作，凶"②。老子又说："爱民治国，能无为乎？"③ 这一句中的"无为"乃是"无为而无不为"一语的省略，老子言"无为"往往如此。一方面，老子认为，执政者如果做不到"无为"，也就做不到"爱民治国"。另一方面，与"无为"相对立的是"有为"，而"民之难治"，老子统统归因于"其上之有为"④。在老子看来，执政者"为无为，则无不治"⑤，如果领导者总是想着"有为""有事"，就绝不可能把天下国家治理好。

在老子看来，领导者要实现"无为而治"，就必须以"行道"为根本原则。他说："立天子，置三公，虽有拱璧以先驷马，不如坐进此道。古之所以贵此道者何？不曰：求以得，有罪以免邪？

---

① 《老子·第四十八章》。
② 《老子·第十六章》。
③ 《老子·第十章》。
④ 《老子·第七十五章》。
⑤ 《老子·第三章》。

故为天下贵。"① 意思是就帝位，拜大臣，虽有宝玉驷马以作献礼，不如先行学道，这样才能求善得善，求功得功。

老子还说："道常无名。朴，虽小，而天下弗敢臣。侯王若能守之，万物将自宾。天地相合，以降甘露，民莫之令，而自均焉。始制有名。名已既有，夫亦将知止，知止，所以不殆。譬道之在天下，犹川谷之于江海也。"② 道是永久存在的、超越时空的精神实体，它永恒存在，如无名之朴，幽微深妙。侯王若能遵守道，万物都会自然进化而自动地服从。制度、方针、政策，一经制定，各种名分、地位也就随之确立。名分、地位既然已经确立，侯王们掌握它，也就有了分寸，国家就不会发生危险。为政治者就在于效法、奉行自然之道，奉行真理，顺势而为，这是老子政治观的核心和最高原则。

在老子的心目中，无为并不是不作为，而是指人们在面对自然和客观现实时，为政处事必须依照客观规律办事，而不是主观地任意妄为，按照自己的嗜好随意变动国策。老子说："不上贤，使民不争；不贵难得之货，使民不为盗；不见可欲，使民不乱。是以圣人之治也，虚其心，实其腹，弱其志，强其骨，恒使民无

---

① 《老子·第六十二章》。
② 《老子·第三十二章》。

知无欲。使夫智者不敢为也，为无为，则无不治。"① 我想，这大概才是老子在政治上的真正"无为而治"之道。

老子认为，真正能体现"道"的"领导者"，要治理百姓，就应当不尊尚贤才异能，不鼓励民众去争夺权位和汲汲于功名利禄。

任用贤才，富国强兵，开疆拓土，而后取列国为一统，这本是春秋战国时代从以血缘关系为纽带的世卿世禄制向封建的中央集权制国家发展的一大时代特征。对人才的重视、使用，早已经成为先秦社会中的热点政治问题。老子在这种背景下提出"不尚贤"的观点，敢于与百家诸子对立，似乎不合时宜。不过，仔细品读《老子》，还是明显可以感到，在老子的政治治理观点中，并不包含贬低人才、否定人才的意思。他只是希望统治者不要给贤才过分优越的地位、权势和功名，以免使"贤才"成为一种诱惑，引起人们纷纷争权夺利，从而导致天下大乱。

老子认为，不使人们贪欲，并不是要剥夺人们的生存权利，而是要尽可能地"实其腹""强其骨"，使民众的生活温饱，身体健壮。在此基础上，还要"虚其心""弱其志"，使百姓们没有盗取利禄之心，没有争强好胜之志，这样做，才算是顺应了自然规律，做到了无为而治。

墨家、法家对人性作出了"恶"的假定，并因之而提出"崇

---

① 《老子·第三章》。

贤尚才"的主张。主张用积极、斗争的方式来促进社会的改良。他们高扬人类的创新精神，为先秦社会的发展起到了良好的积极作用。与之相反，道家认为人的本性是善良、纯真的。而种种人类丑恶行为，则应当是不合理不完善的社会制度造成了人性的扭曲。由此，老子坚持去伪存真，主张保留人性真善美而契合自然之道的东西。摒弃所有引起人的贪欲的东西，尤其是当时流行的推崇贤能的风尚，更被他认为是最易产生罪恶的渊薮。

老子的政治思想，在今天看来，似乎是有点难以理解。因为他的理想社会中的民众，都是些四肢发达、头脑简单，没有奢侈的物质享受欲望，也没有被各种令人头晕目眩的文化或知识困扰的百姓。在老子的眼里，让人们在一种自由宽松的社会环境中保持人类纯朴天真的精神生活，与自然之道相契合，比物质文明虽然发达，但充满着危机、争斗、谋杀和阴谋的社会更符合人类的本性。老子强调的"无为"，即是顺应自然，其治理社会的效力，显然要比用法令、规章、制度、道德、知识来约束人的社会行为要合理得多，有力得多。这就是"无为而无不为"的基础含义。

在主张"无为而无不为"的基础上，老子对国家治理者提出了这样几条要求与告诫：

（1）重静重实力，反对轻浮、急躁。老子说："重为轻根，静为躁君。是以君子终日行不离辎重，虽有荣观，燕处超然。奈何万乘之主，而以身轻天下？轻则失根，躁则失君。"①老子认为，统治者应以持重、镇静治天下，主张培植势力，打牢基础，反对轻浮、急躁。如果轻浮、急躁，就会"失根""失君"。

（2）在工作方法上主张以柔克刚。为了丰富"无为而治"的内涵，老子提出了"至柔"观。认为"天下之至柔，驰骋于天下之至坚"，以柔克刚，施行"不言之教"，以"至柔"达于"至坚"。

（3）"守中"。老子提倡以"守中"②治天下，主张顺其自然，因势利导，保持政策的稳定性与权威性，使百姓有自主的活动空间，自由自在地繁衍生息，而不是靠繁多的政令教喻，事事处处替百姓筹划安排。禁锢太多，会适得其反。

（4）去甚，去奢，去泰。老子说："将欲取天下而为之，吾见其弗得已。夫天下神器也，非可为者也。为者败之，执者失之……是以圣人去甚，去奢，去泰。"③

老子明言，谁总是想着占有天下并且按照自己主观意图去治理它，是达不到目的的。因为，天下是自然的现象，是不可以用"有为"的机智乱搞的。用"有为"之机智欲取天下者，必不能成功。坚持执用机巧之心，其结果必定也是铩羽而归。因此，圣人

---

① 《老子·第二十六章》。

② 《老子·第五章》。

③ 《老子·第二十九章》。

必须不走极端，杜绝奢侈，不采取过度的措施。"三去"的目的，是在于让领导者回归自然，少私寡欲。落实到具体措施，就是要求统治者轻刑罚，慎用兵，薄税敛。

（5）去智。去智，是指消除统治者的心智技巧。老子说："绝圣弃智，民利百倍；绝仁弃义，民复孝慈；绝巧弃利，盗贼无有。此三言也，以为文未足，故令之有所属。见素抱朴，少私寡欲，绝学无忧。"①

老子认为，在人类的原始状态，人们不知痛苦为何物。智慧出现后，才知痛苦与愉悦。他又说："大道废，有仁义。智慧出，有大伪。六亲不和，有孝慈。国家昏乱，有忠臣。"②老子认为，智慧是人间伪诈祸乱的根源，会让人们迷失本性，这是导致国家昏乱之由。

（6）寡欲。寡欲，指约束统治者内心的欲望。不把自己的私欲放在百姓之先。治理国家者应该"欲不欲，不贵难得之货"③。把自己的欲望不当作欲望，不追求难得的东西。所以，老子主张统治者应"见素抱朴，少私寡欲"。朴德是一种顺任自然之德，统治者见素抱朴，才能以自然之道治民。

---

① 《老子·第十九章》。
② 《老子·第十八章》。
③ 《老子·第六十四章》。

（7）以百姓之心为心。在对待民众的态度上，老子主张圣人"以百姓之心为心"。以"道"为最高原则，改变统治者对民众的态度。他说："圣人常无心，以百姓之心为心。善者，吾善之，不善者，吾亦善之；德善。信者，吾信之，不信者，吾亦信之；德信。圣人在天下，歙歙焉，为天下浑其心，百姓皆注其耳目，圣人皆孩之。"① 圣人没有固定不变的动向，以百姓的动向为动向。对有道德知识的，我以善意对待他，对无道德知识的，我亦以善意相待他，这样才合乎道德。信实的，我以信实对待他；不信实的，我亦以信实对待他，结果得到信实的效果。执政者任天下事，不怀成见，和和恰恰地处世做事。执政者做天下事无所不可，浑浑然不独自主张，百姓都注意其行动，但他都不去计较。表现了圣人治身浑身于道，治国浑心于民的思想。

（8）欲先民，必以身后之。老子主张统治者不与民争利，才能得到民众的拥戴。"江海之所以能为百谷王者，以其善下之，故能为百谷王。是以圣人欲上民，必以言下之；欲先民，必以身后之。是以圣人处上而民不重，处前而民不害。是以天下乐推而不厌。以其不争，故天下莫能与之争。"② 江海之所以能为百川的总汇，因为它处在百川的下游。所以，圣人虽身居上位，但对待民

① 《老子·第四十九章》。
② 《老子·第六十六章》。

众必须表示谦下。虽然领导群众，必须把自己的利益放在后头。所以圣人在上而百姓不觉得有很重的负担。领导百姓，而百姓不觉得有什么妨害。因此，民众都推崇他，而不讨厌他。由于他不与民争，所以天下没有谁和他相争。因此，为政者不能自私自大，与民争利。老子还认为，理想的执政者不仅不应与民争利，而且还应当做到大公无私。"天长地久。天地所以能长且久者，以其不自生，故能长生。是以圣人后其身而身先；外其身而身存。非以其无私邪？故能成无私。"①当政者应该为百姓精心打算，而把自己的利益放在后头，这样才能领导群众而保存自己。

（9）老子提出了"无为而治"的四项基本原则。在老子看来，"无为而治"不仅是对执政者提出的修养原则，也是统治者为政治国的原则。

老子说：

> 以正治国，以奇用兵，以无事取天下。吾何以知其然哉？以此。天下多忌讳，而民弥贫；民多利器，国家滋昏；人多技巧，奇物滋起，法令滋彰，盗贼多有。故圣人云："我无为而民自化，我好静而民自正，我无事而民自富，我无欲

---

① 《老子·第七章》。

而民自朴。"①

由此可以看出，老子无为取天下的四项原则是指：

第一，在教化方面，统治者"无为"，民众便可以自我教化。

第二，在治理社会方面，统治者"好静"，不临之以法，威之以刑，民众自然会安分守己。

第三，在民生问题上，统治者"无事"，无事则无战，无劳役兵役，少赋税，民众便可以安心农事，自然富足。

第四，在民风民俗方面，统治者"无欲"，顺任自然，不尚奢华，民众自然质朴。

老子认为，为政者如果能以这四项基本原则来要求自己，真正做到以"无为""好静""无事""无欲"的方式来治理民众，民众就会自然顺化、自然规矩、自然富足、自然纯朴。可以说，这四个原则具体体现在老子的诸多政治思想方面。

（10）"重积德"。

老子说："治人事天，莫若啬。夫唯啬，是谓早服；早服谓之重积德；重积德则无不克；无不克则莫知其极，莫知其极，可以有国；有国之母，可以长久。是谓深根固柢，长生久视之道。"②

---

① 《老子·第五十七章》。

② 《老子·第五十九章》。

老子认为，个人修养和治理天下，没有比不断地积德更重要的了，只有不断地积德，才能够克服和化解治人事中的重重困难和风险，国家才可以实现长治久安，从而达到"上德无为，而无不为"①的理想境界。

（11）主张给民众以宽松、自由的政治环境。

先秦道家思想中蕴含着丰富的关于政治自由观念的文化遗产。如果说，老子主张提倡政治自由的话，那么杨朱追求的主要是个性自由，而庄子所倡导的则更侧重于人的精神自由。

老子认为，高明的当政者和领导者应懂得自然之道，顺应人的天性，让下属和百姓各尽其能，各守其职，各得其所，相安无事，而切忌用过多的条规制度来进行强制性约束，否则会适得其反。老子一再强调：只要"我无为"就会"民自化""民自正""民自富""民自朴""民自均""民自治"。这里，老子主张实行"无为"的"我"，不是别人，正是指执政者自己。他要求执政者发掘民众的无限生机，给民众宽松自由的环境，造成一个自正、自化、自富、自治的天下平治局面，让百姓通过自救来解决自己的问题。

在 2500 年前，老子能提出这样的政治治理思想，真具有惊世骇俗的意味。

3. 老子的"无为而无不为"是儒家"无为而治"的理论来源

---

① 《韩非子·解老》。

之一

纵观经史，儒家也同样推崇"无为而治"。

与老子同时代的孔子就极为推崇老子政治治理上的"无为"之法，这很可能与孔子在东周访学时受老子的影响有一定的关系。

后人耳熟能详的"无为而治"一语就是出自于孔子之口。

孔子曾感叹说："无为而治者，其舜也与！夫何为哉？恭己正南面而已矣。"[①]　此外，孔子所作的《易·系辞》中也言及"无为"。《易传》说："《易》无思也，无为也，寂然不动，感而遂通天下之故。"同样，《易传》又有"黄帝、尧、舜垂衣裳而天下治"的说法。黄帝和尧、舜都是儒家理想中的"圣王"。孔子等儒家人物认为，只有这样的圣王才有可能做到"无为而治"。由此可见，"无为而无不为"或"无为而治"是道家、儒家领导学共同向往的理想治理境界，是领导者管理国家的最上乘的领导艺术。

老子、孔子"无为而治"的领导艺术启迪我们：一方面，在治国理政实践中，时时处处都要注意按照客观规律办事；如果不顾客观规律而师心自用，乱决策、瞎指挥，这种领导行为必然会导致失败，将会给国家或者单位带来不必要的损失。另一方面，"无为而无不为"的原则也要求领导者要善于审时度势，有所为而有所不为。正如孟子所说："人有不为也，而后可以有

---

① 《论语·卫灵公》。

为。"① 因为在许多现实情况下，领导者所掌握的资源往往不足以解决他所面对的全部问题，这时就必须准确判断轻重缓急，学会取舍，敢于放弃，有所不为，方能调动和集中现有的资源，充分发挥其最大效益，而后才可以有所作为，最终取得事业上的成功。②

四、"柔弱胜刚强"：圆润型领导的工作艺术

老子的政治思维方式与孔子及其儒家的中庸之道大有不同，表现出了极其鲜明的独特个性。

在老子的政治思想中，包含着十分丰富的辩证法思想。

《老子》提出了一系列哲学意义上的矛盾概念。如：大小、高下、长短、前后、难易、美丑、有无、损益、强弱、刚柔、祸福、荣辱、智愚、拙巧、成败、生死、攻守、进退、静躁、轻重等。

老子比较系统地揭示出事物的存在是运动的、相互依存的，而不是静止的、相互孤立的。他说："天下皆知美之为美，斯恶已；天下皆知善之为善，斯不善已。故有无相生，难易相成，长

---

① 《孟子·离娄下》。
② 参见李锡炎主编、罗振宇副主编：《中国古代、近代领导思想述评》，人民出版社2008年版，第33、34页。

短相形，高下相倾，音声相和，前后相随。是以圣人处无为之事，行不言之教。万物作焉而不辞，生而不有，为而不恃，功成而弗居。夫唯不居，是以不去。"意思是，当天下人都知道美之所以为美，这就知道丑了；当天下人都知道善之所以为善，这就知道恶了。所以有与无、难与易、长与短、高与下、音与声、前与后，都是相互对立又相互依存的。功成身退，知足不辱，这是人类社会永恒的真理。

从事物及其现象相互对立又相互依存的永恒性出发，老子提出了道的运动的普遍性法则，即"反者道之动"。所谓"反者道之动"，意即道的运动原则是向自己相反的方向转化。

老子描述了大量事物向自己相反方面转化的现象。如："物或损之而益，或益之而损。""甚爱必大费，多藏必厚亡。""物壮则老。""躁胜寒，静胜热。""祸兮，福之所倚；福兮，祸之所伏。""曲则全，枉则直，洼则盈，敝则新，少则得，多则惑。""天下万物生于有，有生于无。"等等。

在政治领域，老子同样遵循"反者道之动"的运动规律，提出了所谓"其政闷闷，其民淳淳；其政察察，其民缺缺"的政治现象。老子认为，政治越是宽厚清明，民众反而淳朴敦厚；为政者过于明察秋毫，政治严厉苛刻，为了生存，民众反而会变得更为狡诈。

"反者道之动"意味着事物向自己的对立面转化，事物的否定是自我否定，是合乎规律的否定，所以，老子利用道的这种运动规律，提出了"弱者道之用"的全新政治思维逻辑。

老子把"柔弱胜刚强"作为人世间普遍运动变化的原则。他认为，万事万物之间都是相生相克，不断地在发生着变化。

老子的政治思维达到了很高的辩证法水平，是对春秋以前古代辩证法的发展和理论的总结。原始五行、阴阳学说中的矛盾及其依存、转化等等思想，都被《老子》经过扬弃、综合而纳入自己的体系。这些都体现出了《老子》对古代辩证法进行理论总结的思想水平与高度。

古往今来，很多研究者把老子的"贵柔""尚弱"思想说成是懦弱、胆怯、不敢进取，把老子对领导学领域的认识以及分析问题解决问题的领导哲学称之为阴柔哲学或阴谋哲学等。其实，这些看法和认识虽有一定的道理，但绝不能说是客观与准确的。因为，问题并非如此简单。

春秋末年，老子以他睿智深邃的目光，从自然界、人类社会的发展变化中，观察到"柔"与"弱"是天地间万事万物中的一种难得的优秀品质，是"刚"与"强"的平衡、对手与克星。于是，老子提出"弱之胜强，柔之胜刚"①"天下至柔，驰骋天下至坚"②的

---

① 《老子·第七十八章》。
② 《老子·第四十三章》。

领导学观点，主张领导者在体"道"、悟"道"的过程中，能够把握"道"所具有的"柔弱胜刚强"的特征，把柔弱作为领导者应该具备的重要品格与素质，作为领导者认识问题、分析问题、作出决策、解决问题的必要手段；主张把"柔弱"提高到"道"的层次加以诠释和认识，并提出了"弱者道之用"①，即柔弱是"道"的主要特征和运用的重要观点，主张领导者在决策与实践中切实贯彻和运用好这一工作法宝。

　　为了使领导者在决策中能够正确把握和运用"柔弱胜刚强"这一基本原则，老子把这一特征和原则与水的品性联系起来，告诉领导者通过认识和体味水的品性，认识和掌握"道"的"柔弱胜刚强"的特性。他说："天下莫柔弱于水，而攻坚强者莫之能胜，以其无以易之。弱之胜强，柔之胜刚，天下莫不知，莫能行。"② 在自然界，水确实集"柔"与"弱"于一身。老子以水做比喻，突出体现了贵柔的思想。水虽表面上看来柔弱处下，实际上却是柔中带刚、柔之胜刚、坚韧无比。它能穿山透石，冲毁一切，任何坚强的东西都阻止不了它，战胜不了它。弱胜过强，柔胜过刚，天下没有人不知道，但是真正能够在实践中身体力行地做到这一点的人并不多。正因为这样，老子才大声疾呼："江海

---

① 《老子·第四十章》。
② 《老子·第七十八章》。

所以能为百谷王者，以其善下之，故能为百谷王。是以欲上民，必以言下之；欲先民，必以身后之。是以圣人处上而民不重；处前而民不害。是以天下乐推而不厌。以其不争，故天下莫能与之争。"①

在老子看来，柔弱是水的法则，也是领导者决策力量与效果的象征。老子说："人之生也柔弱，其死也坚强。"②在老子的认识中，"柔弱"并不是"懦弱"，而是真正意义上的强大。从老子的"柔弱"观来看，"柔弱"体现在人性上便是一种韧性，是一种"绳锯木断，水滴石穿"的锲而不舍的韧劲。一个人只有具备这种韧性和韧劲，才能艰难困苦，玉琢汝成，才能在工作和生活中能屈能伸，游刃有余。这里所说的韧性和韧劲都是老子心目中理想领导者所应具有的意志承受力和坚韧性，即为追求真理忍辱负重坚韧不拔的精神。一个成熟的领导者，一定是如水之"善下"，永不言败，坚韧不拔。

至于领导者在决策与实践中如何运用和贯彻"柔弱胜刚强"的领导艺术，老子提出了下列几种可以遵循的原则和方法。

1. 不自见、不自是、不自伐、不自矜

老子认为，任何事物都是对立辩证的统一，领导者必须对事

---

① 《老子·第六十六章》。
② 《老子·第七十六章》。

物对立的两端都认真仔细加以观察，在对事物正面的认识中把握负面的意义，只有这样才能显现正面的内涵。

老子指出，"圣人之道"就是"为而不争"。为此，他告诫领导者：

> 曲则全，枉则直，洼则盈，敝则新，少则得，多则惑。是以圣人抱一为天下式。不自见，故明；不自是，故彰；不自伐，故有功；不自矜，故长。夫唯不争，故天下莫能与之争。①

这里，老子列举委曲与保全、弯屈与伸直、不满与盈溢、陈旧与新生、缺少与获得、贪多与迷惑六对意义相反相成的具有辩证关系的形态，作为领导者行为"不争"的思想理论基础。老子认为，领导者以委曲求全，以弯屈求直，以低洼待盈溢，以破旧待新生，少取就会获得，贪多就会迷惘，如果在工作中做到"不自见""不自是""不自伐""不自矜"，那么领导者的行为就能够得到社会和人们的"明"见和表"彰"，即领导者的功劳不用自我表白，人们都会看在眼里、记在心里，其思想和功绩不用自我夸大也会长久，这样，领导者则能以"不争"而得到比"争"还要好的效果，从而实现"天下莫能与之争"的最佳境界。

---

① 《老子·第二十二章》。

2. "为之于未有，治之于未乱"

老子认为，世界上任何事物都有一个从小到大自身生成、发展和变化的过程。这一过程，对于身肩决策重任的领导者来说，应该在事物发展变化过程中，对有可能发生祸患而影响工作步骤或环节的事情要特别注意，一发现苗头，就要及时采取正确的决策，一是防患于未然，把问题消灭在萌芽状态；二是无论做何种决策，都应从小事谋起，不要因为小事情而妨碍重大决策的制定和实行。老子说：

> 其安易持，其未兆易谋；其脆易泮，其微易散。为之于未有，治之于未乱。合抱之木，生于毫末；九层之台，起于累土；千里之行，始于足下。为者败之，执者失之。是以圣人无为故无败，无执故无失。民之从事，常于几成而败之。慎终如始，则无败事。是以圣人欲不欲，不贵难得之货；学不学，复众人之所过。以辅万物之自然而不敢为。①

老子认为，天下安宁时容易保持局面稳定，事情还未出现变化征兆时容易谋划成功，事物脆弱时容易消解，事物处于细小时容易解散。要在事情未发生之前就处理妥善，治理天下要在未形成混乱局面以前就安排妥当。合抱的大树，生长于细小的嫩芽；

---

① 《老子·第六十四章》。

九层的楼台，筑起于一点点泥土；千里远行，开始于脚下。不遵循自然法则，有意强为，就会招致失败；不固执己见，就不会失去权力。因此，有作为的领导者不强为、不妄为，就不会失败，不出于私利而固执己见，就不会失去权力。

在这一章中，老子主要阐述事物发展变化的两个规律，这两个规律均是领导者在决策制定和执行过程中应该掌握的基本原则。一是决策应防微杜渐；二是积微成著。领导者在决策过程中，要认真分析和把握影响领导决策的关键因素，把握事物发展变化的趋势和结果，以及这些因素和事物本身的发展变化规律。对于有利于领导决策目标实现的因素就应积极地维护，对于不利于决策目标实现的因素，就应及早发现，尽快采取有效的预防决策和措施，防患于未然，做到防微杜渐。

3. "知其雄，守其雌"

老子认为，任何事物的发展变化，在刚开始时，其征兆极其微小，往往很难发现，这就是考验其领导力的时刻，谁在这种变化开始之时，就能察觉到，并预测到这种变化的趋势，把握事物发展的脉络，采取恰当决策，谁就能争取主动，占取先机。根据这一道理，老子告诫领导者：

知其雄，守其雌，为天下溪。为天下溪，常德不离，复归于婴儿。知其白，守其黑，为天下式。为天下式，常德不忒，复归于无极。知其荣，守其辱，为天下谷。为天下谷，常德乃足，复归于朴。朴散则为器，圣人用之则为官长。故大制不割。①

老子在这里列举三对意义相反且相互对立的矛盾状态，即"雄"与"雌"、"白"与"黑"、"荣"与"辱"，其意在于告诫领导者，在现实工作中，认识社会与事物的发展变化，就应该既要认识和掌握在自然和社会中处于"雄、白、荣"等强势方面的事物，也要认识和掌握在自然和社会中处于"雌、黑、辱"等劣势或弱势方面的事物；同时，他也认识到，在自然和社会的发展变化中，处于强势方面的事物与处于弱势方面的事物之间的对立不是一成不变的，而是按照"反者道之动"②的原则，各自向着其对立面的方向转化。所以，老子要求领导者在决策时，在"知其雄"时，应采取"守其雌"的决策；在"知其白"时，应采取"守其黑"的决策；在"知其荣"时，应采取"守其辱"的决策。这样，领导者才能"为天下溪""为天下式""为天下谷"。这里，溪为山间沟溪，喻幽静清纯；式为楷模、范式；谷为山谷，喻心胸广阔。应当指出的是，老子在知"雄、白、荣"的条件下，要求领导者

---

① 《老子·第二十八章》。
② 《老子·第四十章》。

反其道而行之，作出"守雌、守黑、守辱"的决策，这是为一般人难以理解的。老子出于自己对"反者道之动"规律的了解和掌握，不是自愿甘于选择"守雌、守黑、守辱"，而是从发展战略入手，为今后长期永久地居于"雄、白、荣"的地位而采取的权宜之策，一旦时机成熟，"雄、白、荣"与"雌、黑、辱"各自向其对立面转化发展，就应该立即抓住时机采取决策，促成迅速转化，以出奇制胜，真正达到"守雄、守白、守荣"的目的。

4. 将欲取之，必固与之

纵观《老子》全篇，"守拙抱朴""持盈保泰""物极必反""盛极必衰"的观点贯穿全书。老子认为，要做到"持盈保泰"，防止"物极必反""盛极必衰"，应该辅助一定的手段，这就是："将欲歙之，必固张之；将欲弱之，必固强之；将欲废之，必固兴之；将欲取之，必固与之。"①朱熹认为："将欲取之，必固与之，此老子之体用也。"确实，从历史上看，体与用，是中国人的一种独特思维方式。体，可说是根本、是原则，不可改变；用，则是根据实际情况在不违反根本和原则的情况下灵活处理和运用。朱熹深知老子之学的奥妙所在，所以认为老子虚静无为的政治主张，并不是告诉领导者不要作为，而是在体用模式下要求领导者在采取"知雄守雌"策略与行动之时，还应辅之以"必固张之"的手段，

---

① 《老子·第三十六章》。

对那些即将"歙之、弱之、废之、取之"的事物，先采取"张之、强之、兴之、与之"的策略，加速其向相反方向发展变化的速度，最终达到"歙之、弱之、废之、取之"的目的。

5．"贵以贱为本，高以下为基"

老子说："贵以贱为本，高以下为基，是以侯王自谓孤、寡、不谷。"①

在老子看来，贵以贱为根本，高以下为基础，所以凡身为国君诸侯者都用孤、寡、不谷这类意思不怎么好的词语作为自称和谦称。领导者要想长治久安，就应该做到：其一，不能因为自己身份高贵就盛气凌人，应该学会谦下待人。老子说："江海所以能为百谷王者，以其善下之，故能为百谷王。是以欲上民，必以言下之；欲先民，必以身后之。是以圣人处上而民不重，处前而民不害。是以天下乐推而不厌。"想要成为民众的领袖，就应该做到先天下之忧而忧，后天下之乐而乐，将民众的利益放在自己治国理政的首要地位。只有这样，百姓才会心悦诚服地推戴他、拥护他。反之，如果身居高位作威作福，则"强梁者不得其死"，是不可能有什么好下场的。其二，领导者应该胸襟开阔，海纳百川，容受不同的意见乃至民众的批评、指责。其三，在处理国与国的关系上，领导者也必须怀抱谦下待人的态度。老子认为，国

① 《老子·第三十九章》。

家不论大小，与别国交往时都应当谦下，"大国以下小国，则取小国；小国以下大国，则取大国"①。大国对小国谦下，就能得到小国的信任与支持；小国对大国谦下，就能得到大国的善待与帮助。

6. "有之以为利，无之以为用"

哲人之敏，在于他能察觉一般人所不能察觉的地方；哲人之慧，在于他有一颗灵感、理智而又睿智的慧心。老子不失为哲人中的巨匠，他的辩证思维不但注意观察和思索现实生活中实有的东西及其作用，而且还注意观察思索现实生活中虚空的东西及其作用，并且在说明实在之物"有"与虚空部分"无"之间的相互关系的同时，突出说明"无"的作用，说明"有"与"无"是相互依存、相互为用的。② 老子说：

> 三十辐，共一毂，当其无，有车之用。埏埴以为器，当其无，有器之用。凿户牖以为室，当其无，有室之用。故有之以为利，无之以为用。③

这里，毂：车轮中心有圆孔的圆；埏：制造陶器的模子；埴：

---

① 《老子·第六十一章》。

② 参见曾宪年著：《老子领导思想研究》，湖南师范大学出版社 2005 年版，第119页。

③ 《老子·第十一章》。

黏土；埏埴：作动词用，把黏土放到模子里去；户：房门；牖：窗户。这一章大意是：30 根车轮的辐条共同辏集在 1 个车毂上，就在于车毂的中空，才有车子的作用。把黏土填入模子制造器皿，就在于器皿的中空，才有器皿的作用。开凿门窗建造房屋，就在于门窗和墙内的中空，才有房屋的作用。所以实体的"有"带来了便利，虚空的"无"发挥了作用。

"无"与"有"是老子辩证思维中一对重要的概念。这里，"无"是指现象界的非具体存在物，"有"是指现象界具体存在物。老子重视"无"的作用，将之用到领导学领域，旨在让领导者认识到"无"与"有"在化生万物、治理国家中的重要作用。

五、"治大国若烹小鲜"：老子的治国方略

"治大国若烹小鲜。"这是老子对国家治理在领导学策略层面所作的一个总体思考。

老子说：

> 治大国若烹小鲜。以道莅天下，其鬼不神。非其鬼不神，其神不伤人；非其神不伤人，圣人亦不伤人。夫两不相伤，

故德交归焉。①

治理大国就像煎烹小鱼一样，切记不能经常翻动，国策一旦制定，就要力争保持稳定。以符合道的原则来治理天下，那些有违道的精神的鬼怪之事就不再显得变化莫测了；不但鬼怪之事不再显得神秘莫测，即使它们神秘莫测也难以伤人；不仅鬼神的神秘莫测难以伤害民众，治国者的治理政策也力争做到不伤害民众。这样，天下交归有德之人管理，谨慎决策，社会秩序就会稳定，民众就会和谐相处。

关于"治大国若烹小鲜"，河上公这样作注："烹小鱼不去肠、不去鳞、不敢挠，恐其糜也。"高延第注："《庄子》'一心定而王天下，其鬼不祟。'又云：'阴阳和静，鬼神不扰。'皆此义也。"王弼注："神不害自然也，物守自然则神无所加，神无所加则不知神之为神也。道洽则神不伤人，神不伤人则不知神之为神，道洽则圣人亦不伤人，圣人不伤人，则不知圣人之为圣也，犹云不知神之为神，亦不知圣人之为圣也。"②

老子认为，领导人领导和治理国家，必须小心翼翼，其政策和措施的颁行须掌握火候，治理国家不宜折腾、不宜轻易变动政

---

① 《老子·第六十章》。
② 施保国著：《〈道德经〉智慧新探》，中国社会科学出版社 2015 年版，第226 页。

策，改革要有步骤，不能操之过急，应当平缓渐进，有前提、有基础，以不扰民、不妨碍百姓的正常生活为原则；同时，政策还必须保持一定的连续性，不可朝令夕改、频频变动。譬如煎鱼，如果既不掌握好火候，又翻动个不停，鱼就会煎得一塌糊涂、不成模样了。煎鱼如此，治理国家更是如此。韩非在《解老》篇中说道："烹小鲜而数挠之则贼其泽，治大国而数变法则民苦之。是以有道之君贵静，不重变法。故曰治大国者若烹小鲜。"治理天下国家，政策措施一旦颁行，而后却又不断更改，原来与之相联系的利益关系就会随之屡屡变动，这样，在位者政策摇摆不定，百姓不得不"下有对策"，以趋利避害。如此翻来覆去，民众必然不堪其扰，甚者带来社会动荡、国家糜烂。故韩非承老子遗意，指出如果"令朝至暮变，暮至朝变，十日而海内毕矣"。宋代苏辙的理解却稍有不同，他更着眼于不可扰民，说："烹小鲜者不可挠，治大国者不可烦。烦则人劳，挠则鱼烂。"综合两家之说，我们或许对"治大国若烹小鲜"的解读会比较完整、比较全面了。老子一贯主张"清静为天下正"①，治国之道当以简易为贵，为政须当奉守"清静""无事""循道而行"的原则。

老子说："将欲取天下而为之，吾见其不得已。天下神器，不

---

① 《老子·第四十五章》。

可为也。为者败之，执者失之。"①老子明确断言，要想治理好天下却又多欲多为，他是不可能达到目的的。天下乃是神圣的"器物"，只可以顺应，而不能试图去操纵或者控制，否则必定会把天下搞糟、搞乱。所谓"清静""无事"，就意味着不多事更张、不扰乱民众日常生活，这就是老子的"无为"。

对民众的力量，老子有着深刻的认识，他说："民不畏死，奈何以死惧之！"②又说："天之道，损有余而补不足；人之道则不然，损不足以奉有余。"③老子认为天下治理不好，其根源正在于执政者不遵循天道，除了上面提到的瞎折腾外，还包括为逞一己之私欲而大肆搜刮，所以"民之饥，以其上食税之多，是以饥；民之难治，以其上之有为，是以难治；民之轻死，以其上求生之厚，是以轻死"④。民众的疾苦都由不道的执政者一手造成。民众铤而走险、轻死抗争，皆因不道的执政者无休无止地"损不足以奉有余"。然而，面对"民之难治"等，无道的执政者不但不反躬自省、改弦更张，用道德修养来约束自己的多欲多动，反而变本加厉只知道使用严刑峻法加以镇压，结果是"法令滋彰，盗贼多有"⑤，而

① 《老子·第二十九章》。
② 《老子·第七十四章》。
③ 《老子·第七十七章》。
④ 《老子·第七十五章》。
⑤ 《老子·第五十七章》。

"民不畏威，则大威至"①。

关于治理大道，老子说："其政闷闷，其民淳淳；其政察察，其民缺缺。"② 执政者施行宽厚之政，治下的百姓就淳朴敦厚；执政者施行烦苛之政，百姓就奸猾难治。因此，"圣人"应当"以无事取天下"③，应当"以百姓心为心"④，"不欲以静"，则"天下将自正"⑤。

纵览中国历史，"治大国若烹小鲜"这一领导策略思想，在中国政治史上产生了相当大的影响。从历史上看，对老子"治大国若烹小鲜"这一治国谋略娴熟运用并得以成就治国大业的最典型案例当数西汉文帝刘恒了。汉文帝执政，以道家清静无为的指导思想治理国家。文帝在位，"萧规曹随"，朝廷继续遵从刘邦与萧何留下来的治国之策，约法省刑，主持刑制改革，废除连坐，废除肉刑，实行罪人有期，使刑由重至轻。他轻徭薄赋，不仅不扰民，还多次减免税收。在个人生活方面，汉文帝自己也身体力行做到了勤俭节约。汉文帝在位期间，宫室、园林、服饰器具都没有增加。其治国政策也保持连续稳定。结果，"无为"政治收到

① 《老子·第七十二章》。
② 《老子·第五十八章》。
③ 《老子·第五十七章》。
④ 《老子·第四十九章》。
⑤ 《老子·第三十七章》。

了"有为"的良好效果。汉文帝以黄老之术治国，生产得到发展，经济得到恢复，社会矛盾缓和，百姓也安居乐业，从而迎来了中国君主集权历史上的第一个伟大的盛世——文景之治。自汉以后2000余年，每当改朝换代之际，新上台的执政者大多也都懂得在一个相当长的时期内推行宽松简约之政，轻徭薄赋，明慎用刑；这种不事扰攘、与民休息的做法往往大见功效，社会安定，经济发展，国力增强。然而，一旦政权得以巩固，府库略见充盈，执政者们便头脑发热，开始享用"无为而治"的"红利"了，"治大国若烹小鲜"的原则自然也被抛到了九霄云外，到头来，不免又堕入"其亡也忽焉"的怪圈。时光荏苒，历史的车轮驶入全球化的今天，现代世界政治更加多姿多彩，现代的国家，其事务治理的规模、范围和复杂程度，与老子时代不可同日而语，且差别之大，不啻霄壤。不过，"无为而无不为"的治国原理却没有发生根本性的改变，"治大国若烹小鲜"仍然有着现实的意义，仍然可以作为领导者们不妨时时参详的警语。人们已经充分认识到，政府不可能是而且也不应该是万能的。作为社会管理者的政府应当抓大放小，在降低执政成本的同时提高执政能力，"小政府，大社会"就是探索的一种治理模式。这里面，当然有"清静"和"辅万物之自然"的意味。①

　　总之，老子运用他的智慧将国家治理概括为煎烹小鱼，告诫治理者在制定与贯彻国策时不要不停地来回翻动，这是老子在领导学领域的一大发明。路线与政策一旦制定出来，就应该具有长期稳定性，应小心翼翼以不扰民为上。治理国家，一旦路线、方针、政策、法令制定下来，就应当坚定不移地长期坚持与贯彻执行。大到一个国家，小到一个单位，都是如此。如果君主或单位领导朝令夕改，以个人的主观愿望去不断改变社会，调整政策，改变工作秩序，百姓就会无所适从，国家就会动荡不安。"治大国若烹小鲜"这个比喻，形象地概括了"无为而治"的高明治国谋略。

六、"以正治国"：老子的治国艺术

　　老子的以正治国思想是老子对历史上统治者治理国家思想的继承与总结。周公等统治者在国家治理上，一向主张"以德治国"与统治者要做好天下表率作用，这对老子"以正治国"政治思想的形成具有重要的作用。在总结历史经验教训的基础上，老子说：

---

① 参见李锡炎主编、罗振宇副主编：《中国古代、近代领导思想述评》，人民出版社 2008 年版，第 38、39、40 页。

　　以正治国，以奇用兵，以无事取天下。吾何以知其然哉？以此：天下多忌讳，而民弥贫；民多利器，国家滋昏；人多伎巧，奇物滋起；法令滋彰，盗贼多有。故圣人云，我无为而民自化，我好静而民自正，我无事而民自富，我无欲而民自朴。[①]

　　老子认为，以正大光明的法则治国，以奇谲诡异的策略用兵，以不扰民的方法来对待天下，这就是治国理政的最佳办法。因为，天下的禁令、忌讳越多，百姓就越贫困；百姓的刀锋利器越多，国家就越混乱；百姓的巧技越多，各种不实用的物品就越多；法令越突出彰显，盗贼就越多。所以执政者说：我无所作为而百姓自然顺化；我爱好虚静，百姓也自然端正；我不加干扰，百姓自然富足；我没有贪欲，百姓自然淳朴。

　　老子的以正治国思想为庄子所继承。《庄子》一书中多次对这一思想加以发挥。《庄子·应帝王》篇中说："夫圣人之治也，治外乎？正而后行。"圣人之治的核心在于"以正治国"。《庄子·在宥》篇中"汝徒处无为而物自化"，由老子的政治用语引申为养生学用语。《庄子·天地》："故曰：古之畜天下者，无欲而天下足，夫为而万事化，渊静而百姓定。"篇中"行言自行而天下化"与"我

――――――――――――

[①] 《老子·第五十七章》。

无为而民自化，我好静而民自正，我无欲而民自朴"文句略异。河上公注："我常无欲，去华文，微服饰，民则随我为多质朴也。"王弼注："上之所欲，民从之速也。我之所欲，唯无欲，而民亦无欲而自朴也。此四者，崇本以息末也。"

实际上，老子的"以正治国"思想也为儒家所肯定与主张。"为政以德"是孔子在政治上的重要主张。孔子说："为政以德。譬如北辰，居其所而众星拱之。"①北极星稳定不动，正因为它的表率与光明的德性，起到了领袖群伦的效果与作用，所以才会"居其所而众星拱之"。老子主张以"无为"治国，孔子亦格外推崇"无为而治"。他们都主张不可以一己之私意来取代民意，来治理天下国家。当鲁哀公三问"何谓为政"，孔子回答道："政者正也。君为正，则百姓从政矣。君之所为，百姓之所从也。君所不从，百姓何从？"②孔子对主持鲁国政事的权臣季康子也说过类似的话："政者正也，子帅以正，孰敢不正？"当时鲁国多"盗"，季康子为此十分头痛，于是向孔子讨教对策，孔子却回答说："苟子之不欲，虽赏之不窃。"③假如您不贪得无厌，与民休息，那么即使鼓励偷盗，也没有人会去干。朱熹在其《朱子集注》中对"以正治国"

①　《论语·为政》。
②　《礼记·哀公问》。
③　《论语·颜渊》。

思想解释更明白："政之为言正也，所以正人之不正也。德之为言得也，得于心而不失也。……为政以德，则无为而天下归之"，"为政以德，则不动而化、不言而信、无为而成。所守者至简而能御烦，所处者至静而能制动，所务者至寡而能服众"。

七、"为之于未有，治之于未乱"：老子领导学中的忧患意识

老子的"为之于未有，治之于未乱"领导思想主要包括两个方面：

1. "作于易""作于细"原则

老子说：

> 天下难事，必作于易，天下大事，必作于细。①

老子主张，干大事应从小事做起，解决难题要从其薄弱环节下手。事物的变化与发展总是由小到大、由细而巨，有一个由简单而复杂、由量变到质变的形成发展过程。所以，治国理政一定要遵循规律，图难于其易，为大于其细。老子又说："合抱之木，

---

① 《老子·第六十三章》。

生于毫末；九层之台，起于垒土；千里之行，始于足下。"①任何大事业都是具体而琐细的小事情的集合，都是积少成多、积小成大，不可能一蹴而就；领导者应从大处着眼、小处着手，踏踏实实地从小事抓起、从基层抓起。如果一味好高骛远、急功近利，只会欲速不达，给国家与事业造成损失。此外，老子还强调应当善始善终。"民之从事，常于几成而败之"，一般人做事情，往往在开始的时候很小心、很仔细，而当快要成功之际却失败了，这是因为未能始终如一，如能够做到"慎终如始，则无败事"②。事情越接近完成，越应该像开始时一样慎重对待，"战战兢兢，如临深渊，如履薄冰"③。果能如此，就会鲜有败事了。

2. 防患于未然原则

老子认为，对于违背政治与社会规律的潜在不利因素，对于政治上的潜在祸患，都应当及时想方设法地加以解决，最好是把它们消除在萌芽状态。为此他告诫领导者："其安易持，其未兆易谋；其脆易泮，其微易散。为之于未有，治之于未乱。"④大意是说：祸乱处于静止状态、尚未发作之时就容易掌握、控制，其征兆还没有显山露水时便容易设法对付；事物脆弱时则易于分解，

---

① 《老子·第六十四章》。
② 《老子·第六十四章》。
③ 《诗经·小雅·小旻》。
④ 《老子·第六十四章》。

微细时则易于处置。所以，在祸乱还没有产生的时候就要预作对策，在祸乱还没有扩大的时候就要着手整治。这就要求领导者具有足够的政治敏感性和政治警惕性，面对纷繁复杂的事务，能够从中及时捕捉潜在的热点和焦点，并给予足够的关注，以做到防患于未然。整合社会种种矛盾冲突，最好是在它们尚未形成气候之际，或者还没有酿成变乱之先，即使一时未能消弭祸患于无形，也要防微杜渐、及时处治，绝不可因循苟且、养痈遗患，以致不可收拾的地步。老子认为，只有这样，才能切实做到"制治于未乱，保邦于未危"，从而为社会和谐、平稳、持续发展提供坚强有力的可靠政治保证。①

---

① 参见李锡炎主编、罗振宇副主编：《中国古代、近代领导思想述评》，人民出版社 2008 年版，第 52 页。

第四章
领导力核心：管理好自己与管理好属下

——《韩非子》："圣人执要，四方来效"

《韩非子》是后人根据韩非的著述编辑、增述而成的一部东方领导学宝典。全书共 55 篇，成书于战国末年。作为中国古代最重要的君主政治学文献，《韩非子》的主题是讲君主政治，讲统治术，讲治吏之策。该书从不同角度记述了韩非关于君臣关系、"治吏""治民"举措以及对法术势的具体内涵及其在现实政治实践中的灵活运用等问题的认识。自大秦帝国将韩非学说作为治国思想的理论基础和指导方针、建立了完整的君主政治制度后，其后2000 多年，韩非的"君主论"就始终为历代封建统治者所奉行，成为他们枕边常翻常新的红宝书。可以说，《韩非子》一书是理解和研究中国古代政治学的必由门径。

一、君主的道术

（一）虚静无为

讲政治，韩非是以君主专制为主体来谈的。

在韩非看来，一人兴国，一人亡国。君王的作用别人根本无法替代。国家治理的好坏得失，最后总决定于君主是否遵循了政治治理的基本法则。

作为君主，其治理国家的最重要的法则应该是什么？或者说，其"贤主之经"是什么？

《韩非子·主道》给出了明确的答案。这就是：

1. 君主要"虚静以待令，令名自命也，令事自定也"

《韩非子》说：

> 道者，万物之始，是非之纪也。是以明君守始以知万物之源，治纪以知善败之端。故虚静以待令，令名自命也，令事自定也。虚则知实之情，静则知动者正。有言者自为名，有事者自为形；形名参同，君乃无事焉，归之其情。故曰：君无见其所欲，君见其所欲，臣自将雕琢；君无见其意，君见其意，臣将自表异。

　　故曰：去好去恶，臣乃见素；去旧去智，臣乃自备。故有智而不以虑，使万物知其处；有贤而不以行，观臣下之所因；有勇而不以怒，使群臣尽其武。是故去智而有明，去贤而有功，去勇而有强。群臣守职，百官有常；因能而使之，是谓习常。故曰：寂乎其无位而处，漻乎莫得其所。明君无为于上，群臣竦惧乎下。明君之道，使智者尽其虑，而君因以断事，故君不穷于智；贤者勅其材，君因而任之，故君不穷于能；有功则君有其贤，有过则臣任其罪，故君不穷于名。是故不贤而为贤者师，不智而为智者正。臣有其劳，臣有其成功，此之谓贤主之经也。①

　　道，是产生天地万物的本原，是判定是非的准则。因此英明的君主遵循着这个本原来了解万事万物的根源，研究这个准则来了解善恶成败的起因。所以君主要用虚无安静的态度来对待一切，使名称根据它所反映的内容自己来给自己命名，使事情按照它所具有的性质自己来确定自己的内容。内心虚无而没有成见，就能了解事实的真相；安静不急躁，就能了解到行动的规律。让进说的人自己来发表言论，君主不要事先规定言路；让办事的人自己去做事，君主不要事先规定他怎么做；只要拿臣下做的事和他发

────────────

① 《韩非子·主道》。

表的言论互相对比验证、看是否互相契合，在这方面君主用不着做其他的事，臣下就会说真话、做实事了。所以说：君主不要表现出自己的欲望。君主显露出自己的欲望，臣下便将粉饰自己的言行来迎合君主的欲望；君主不要表现出自己的想法，君主泄露了自己的想法，臣下将利用君主的想法而独自表现出异常的才能。所以说：君主不流露出自己的爱好，不显出自己的厌恶，臣下就会表现出真情；君主不用自己的心机，不用自己的智慧，臣下就会自己防范自己，不敢出现差错。所以君主有了智慧也不用它来谋划事情，而是一切按法办事，使各种事物都明了它们各自的处所；君主有了德才也不用它来做事，而是用它来观察臣下立身行事的依据；君主有了勇力也不用来逞强，而是让群臣使尽他们的勇力。所以君主不用自己的智慧，一切依法办事，就有了明智；不用自己的德才，使臣下各尽其能，就有了治国的功绩；不用自己的勇力，用群臣的勇力，就有了国家的强大。群臣都坚守自己的岗位，各尽职责，百官的行动都有常规；君主根据各人的才能来使用他们，这叫做遵循常规。所以说：是多么的寂静啊，君主没有把自己放置在尊贵的君位上；是多么的空廓啊，臣下没有一个能知道君主的处所。英明的君主在上面无所作为，群臣便在下面提心吊胆了。英明君主的统治方法，是使聪明的人绞尽他们的脑汁来出谋划策，而君主便根据他们的考虑来决断事情，所以君主在智慧方面不会枯竭；使贤能的人锻炼自己的才干，君主便根据他们的才能来任用他们，所以君主在才能方面也不会穷尽；如果有功劳，那么因为是君主决断、君主用人所取得的，所以君主就有了那贤能的名声，一旦有了失误，那么由于是臣下出的主意、是臣下干的，所以臣下就得承担那失误的罪名，所以君主在名誉方面也不会不得志。所以没有才能的君主却可以做能人的老师，不聪明的君主却可以做聪明人的君长。臣下承担那劳苦，君主享受那成功，这是贤明的君主应该永远遵守的法则。

2. 君主要"道在不可见，用在不可知"

《韩非子》说：

> 道在不可见，用在不可知。虚静无事，以暗见疵；见而不见，闻而不闻，知而不知。知其言以往，勿变勿更，以参合阅焉。官有一人，勿令通言，则万物皆尽。函掩其迹，匿其端，下不能原；去其智，绝其能，下不能意。保吾所以往而稽同之，谨执其柄而固握之。绝其望，破其意，毋使人欲之。不谨其闭，不固其门，虎乃将存。不慎其事，不掩其情，贼乃将生。弑其主，代其所，人莫不与，故谓之虎。处其主之侧，为奸臣，闻其主之忒，故谓之贼。散其党，收其余，闭其门，夺其辅，国乃无虎。大不可量，深不可测，同合刑名，审验法式，擅为者诛，国乃无贼。是故人主有五壅：臣闭其主曰壅，臣制财利曰壅，臣擅行令曰壅，臣得行义曰壅，

臣得树人曰壅。臣闭其主，则主失位；臣制财利，则主失德；臣擅行令，则主失制；臣得行义，则主失明；臣得树人，则主失党。此人主之所以独擅也，非人臣之所以得操也。[1]

　　君主的统治术在于隐蔽，使臣下无法测度；术的运用在于变幻莫测，使臣下不能了解。君主应该毫无成见、平心静气、无所作为，从暗地里来观察臣下的过错；看见了好像没有看见，听见了好像没有听见，知道了好像不知道。了解了臣下的意见以后，不要去改变它，不要去更动它，而是用对照验证的形名术去考察它。每个官职只配置一个人，不要让他们互相通气，那么一切事情都会暴露无遗。君主掩盖起自己的行踪，隐藏起自己的念头，臣下就无法推测了；排除自己的智慧，抛弃自己的才能，臣下就不能揣测了。君主应该不泄露自己的意向来考核臣下是否和自己一致，谨慎地抓住自己的权柄而牢固地掌握它。君主应该抛弃自己的才能，来破除臣下对自己的测度，不要使别人来图谋自己。君主如果不谨慎地搞好自己的防守，不加固自己的大门，弑君篡权的老虎就将存在。不谨慎地处理自己的政事，不掩盖隐藏自己的真情，贼就将产生。他们杀掉自己的君主，取代君主的地位，而人们没有一个不顺从的，所以我把他们叫做老虎。他们待在自

---

[1] 《韩非子·主道》。

己君主的身边，做奸臣，偷偷地窥测他们君主的过失，所以我把他们叫做贼。解散他们的朋党，收拾他们的残渣余孽，封闭他们的家门，夺取他们的帮凶，国家就没有老虎了。君主的统治术，大得不可以度量，深得不可以探测，考核形和名是否相合，审查和检验法规的实施情况，擅自胡作非为的就给予惩罚，国家就没有贼了。所以，君主有五种被蒙蔽的情况：臣下封闭他们的君主而不让他们的君主料理国家政事叫做君主被蒙蔽；臣下控制了国家的财富和利益叫做君主被蒙蔽；臣下擅自发号施令叫做君主被蒙蔽；臣下可以施行仁义给人好处叫做君主被蒙蔽；臣下可以扶植人叫做君主被蒙蔽。臣下封闭了他的君主而不让君主处理政务，那么君主就会失去尊贵的地位；臣下控制了国家的财富和利益，那么君主就失去了奖赏的大权；臣下擅自发号施令，那么君主就失去了用来控制臣民的命令；臣下能施行仁义给人好处，那么君主就失去了民众；臣下能扶植人，那么君主就失去了党羽。这处理国家政事、使用国家财富、发布命令、给人好处、提拔官员的权力，都是君主应该独揽的，而不是臣下可以把持的。

3."人主之道，静退以为宝"

《韩非子》认为：

> 人主之道，静退以为宝。不自操事而知拙与巧，不自计虑而知福与咎。是以不言而善应，不约而善增。言已应，则

执其契；事已增，则操其符。符契之所合，赏罚之所生也。
故群臣陈其言，君以其言授其事，事以责其功。功当其事，
事当其言，则赏；功不当其事，事不当其言，则诛。明君之
道，臣不得陈言而不当。是故明君之行赏也，暖乎如时雨，
百姓利其泽；其行罚也，畏乎如雷霆，神圣不能解也。故明
君无偷赏，无赦罚。赏偷，则功臣堕其业；赦罚，则奸臣易
为非。是故诚有功，财虽疏贱必赏；诚有过，则虽近爱必诛。
疏贱必赏，近爱必诛，则疏贱者不怠，而近爱者不骄也。①

　　君主的统治原则，以安静退让为法宝。君主不亲自操劳事务
而能知道臣下的事情办糟了还是办好了，不亲自谋划而能知道臣
下的计谋是得福还是得祸。因此，君主虽然不说话，但臣下却能
提出很好的意见来报答君主；君主虽然对臣下做的事情不作硬性
规定，但臣下却能用很好的技能来增加做事的功效。臣下的言论
已经汇报上来了，君主就把它当作券契握在手中；臣下做的事已
经增加了功效，君主就把它当作信符拿在手里。信符和券契对合
验证的结果，就是赏罚产生的依据。所以群臣陈述自己的意见，
君主根据他们的意见分别给他们事做，然后根据他们的职事来责
求他们的成绩。如果取得的成绩和他的职事相当，完成职事的情

————————
① 《韩非子·主道》。

况和他的报告相符合，就给予奖赏；如果取得的成绩和他的职事不相当，完成职事的情况和他的报告不相符合，就加以惩处。英明君主的统治原则，是臣下不可以陈述了意见而做不到。所以，英明的君主施行奖赏，充沛得就像那及时雨，百姓都贪图他的恩惠；英明的君主执行刑罚，威严就像那雷霆，就是君主本人也不能解除它。所以英明的君主没有随随便便不合法度的奖赏，没有可以赦免的刑罚。奖赏如果苟且随便，那么就是有功之臣也懒得去干自己的事业；刑罚如果可以赦免，那么奸臣就会轻易地为非作歹。所以，如果确实有功劳，那么即使是疏远卑贱的人也一定给予奖赏；确实有过错，那么即使是君主亲近喜爱的人也一定加以惩处。那么疏远卑贱的人做事就不会懈怠，而君主亲近喜爱的人也不会骄横放纵了。

在《韩非子》中，韩非突出地阐明了君主的统治术的理论来源和哲学基础。他扬弃了老子的哲学思想，把老子哲学思想中最为核心的"道""虚静"等概念改造成了法家的政治思想原则，用来指导君主的统治。老子所说的道，是一种先于物质而存在的精神实体，是产生天地万物的总根源。韩非从这一点加以引发，认为既然道生万物，那么道也就是判定万物是非的准则，这一准则在政治生活中的反映，就是顺自然之道而立的反映社会现实要求的常规法纪。老子宣扬道，是主张一切听凭自然，让社会自然地发展，反对人们对社会的强行干涉，所以主张虚静无为的处世哲学。韩非则把老子放任而无法度的虚静无为发挥成为君主驾驭臣下的一种政治手段。

《韩非子》认为，君主统治臣民的基本原则，首先是君主应该掌握反映社会规律的"道"，以便"知万物之源""知善败之端"。这种"道"的主要内容之一是虚静无为。即君主不暴露自己的欲望和见解，"见而不见，闻而不闻，知而不知"，使臣下无法算计自己。君主应该"有智而不以虑""有贤而不以行""有勇而不以怒"，应该充分利用臣下的智慧、才能和勇力。这样才能做到"有功则君有其贤，有过则臣任其罪"，是"臣有其劳，君有其成功"。其次，《韩非子》主张君主应该对臣下加以严格的考核，实行严格的赏罚。君主无为，并不是让君主什么事都不做，而只是要君主"虚静以待"，使"有言者自为名，有事者自为形"，然后参合形名，根据考核的结果实施赏罚，做到"无偷赏，无赦罚"，"诚有功则虽疏贱必赏，诚有过则虽近爱必诛"。再次，《韩非子》主张君主应该牢牢掌握国家大权，不能让臣下"闭其主""制财利""擅行令""行义""树人"。否则，君主就有大权旁落，甚至被弑的危险。

（二）赏罚利器

"人主者，以刑德制臣者也。"赏罚利器不可以示人，君主要独立实行赏罚，不可以将赏罚二柄借给臣下。

　　明主之所尝制其臣者，二柄而已矣。二柄者，刑、德也。何谓刑德？曰：杀戮之谓刑，庆赏之谓德。为人臣者畏诛罚而利庆赏，故人主自用其刑德，则群臣畏其威而归其利矣。故世之奸臣则不然，所恶，则能得之其主而罪之；所爱，则能得之其主而赏之。今人主非使赏罚之威利出于己也，听其臣而行其赏罚，则一国之人皆畏其臣而易其君、归其臣而去其君矣。此人主失刑德之患也。夫虎之所以能服狗者，爪牙也，使虎释其爪牙而使狗用之，则虎反服于狗矣。人主者，以刑德制臣者也。今君人者释其刑德使臣用之，则君反制于臣矣。故田常上请爵禄而行之群臣，下大斗斛而施于百姓，此简公失德而田常用之也，故简公见弑。子罕谓宋君曰："夫庆赏赐予者，民之所喜也，君自行之，杀戮刑罚者，民之所恶也，臣请当之。"于是宋君失刑而子罕用之，故宋君见劫。田常徒用德而简公弑，子罕徒用刑而宋君劫。故今世为人臣者兼刑德而用之，则是世主之危甚于简公、宋君也，故劫杀拥蔽之。主非失刑德而使臣用之，而不危亡者，则未尝有也。^①

　　明君用来控制臣下的手段，主要是两种权柄。这两种权柄，就是刑和德。什么是刑德？杀戮的权力叫做刑，奖赏的权力叫做

① 《韩非子·二柄》。

德。做臣下的害怕杀头惩罚而贪图奖励赏赐，所以，君主如果使用刑赏的大权，群臣就会害怕君主用刑的威势，追求君主行赏的好处。但是当世的奸臣却不是这样，他对所憎恶的人，能从君主那里取得刑赏大权来惩治他们；对所喜欢的人，能从君主那里取得刑赏大权来奖赏他们。现在如果君主不使赏罚的威势和好处出于自己，而听任他的臣下去行使自己的赏罚大权，那么全国的民众就都会害怕他的臣子而看轻他们的君主、归附他的臣子而背离他们的君主了。这是君主失去刑赏大权的祸害啊。常言道，老虎之所以能够制服狗，是因为它的脚爪和牙齿，假使老虎去掉了它的脚爪和牙齿而让狗来使用它们，那么老虎反而要被狗制服了。因此，君主是依靠刑赏大权来控制臣下的。现在君主如果抛弃了自己的刑赏大权而让臣下去使用它，那么君主反而要被臣下控制了。过去田常在朝廷向君主求取爵位、俸禄而把它赐给群臣，在民间加大斗、斛来把粮食施舍给百姓，这使齐简公丧失了奖赏大权而田常使用了它，所以齐简公被杀掉了。子罕对宋桓侯说："奖赏恩赐这种事，是民众所喜欢的，请您自己去施行它吧；杀戮惩罚这种事，是民众所憎恶的，请让我来承担它吧。"于是宋桓侯失去了用刑的权力而子罕使用了它，所以宋桓侯被劫持。田常单单用了奖赏的权力，齐简公就被杀掉了；子罕单单用了刑罚的权力，宋桓侯就被劫持了。所以，当今做臣子如果兼并了刑罚和奖赏两种大权来使用它们，那么君主的危险就比齐简公、宋桓侯更厉害了，所以现在的臣子劫持、杀害、隔绝、蒙蔽君主。君主同时失去刑罚和奖赏两种大权而让臣下去使用它们，却又不危险灭亡的，那是从来没有过的呀。

（三）审合刑名

韩非的虚静参验和赏罚是紧紧联系在一起的，坚守虚静参验，进而实行赏罚，这是《韩非子》理想中的明君的为君之道。虚静参验是过程和手段，而赏罚则是虚静参验的举措和结果。虚静、参验、赏罚一起构成明君之道的内涵。

> 人主将欲禁奸，则审合刑名者，言异事也。为人臣者陈而言，君以其言授之事，专以其事责其功。功当其事，事当其言，则赏；功不当其事，事不当其言，则罚。故群臣其言大而功小者则罚，非罚小功也，罚功不当名也；群臣其言小而功大者亦罚，非不说于大功也，以为不当名也害甚于有大功，故罚。昔者韩昭侯醉而寝，典冠者见君之寒也，故加衣于君之上。觉寝而说（悦），问左右曰："谁加衣者？"左右对曰："典冠。"君因兼罪典衣与典冠。其罪典衣，以为失其事也；其罪典冠，以为越其职也。非不恶寒也，以为侵官之害甚于寒。故明主之畜臣，臣不得越官而有功，不得陈言而不当。越官则死，不当则罪。守业其官，所言者贞也，则群

臣不得朋党相为矣。①

　　君主将要禁止奸邪，就得审察考核实际情况是否与名称相合，这也就是看臣下的言论是否不同于他们所做的事。让做臣下的陈述他们的意见，君主便根据他们的意见交给他们职事，然后专门根据他们的职事来责求他的成绩。如果取得的成绩和他的职事相当，完成职事的情况和他们的话相符合，就给予奖赏；如果取得的功绩和他们的职事不相当，完成职事的情况和他们的话不相符合，就加以惩罚。所以，群臣之中那些话说大了而功绩小的就要惩罚，这不是惩罚他们取得的功绩小，而是惩罚他取得的功绩与他的言论不相当；群臣之中那些话说小了而功绩大的也要惩罚，这并不是不喜欢大功，而是认为功绩与言论不相当的危害超过了他们所取得的大功，所以要惩罚。从前韩昭侯喝醉了酒睡着了，掌管君主帽子的侍从看见君主受寒了，所以把衣服盖在君主的身上。韩昭侯睡醒后很高兴，问身边的侍从说："盖衣服的是谁？"身边的侍从回答说："是掌管帽子的侍从。"于是韩昭侯同时惩处了掌管衣服的侍从和掌管帽子的侍从。韩昭侯惩处掌管衣服的侍从，是认为他没有尽到他的职责；惩处掌管帽子的侍从，是认为他超越了他的职责范围。韩昭侯并不是不怕着凉，而是认为侵犯

―――――――――――

① 《韩非子·二柄》。

他人职权的危害比自己着凉更加危险。所以英明的君主驾驭臣下时，臣下不得超越了职权去立功，也不可以说话与做事不相当。超越了职权就处死，言行不一致就治罪。诸臣都在他们自己的职权范围内恪守职务而不越职取功，所说的话与所做的事相当，那么群臣就不能拉党结派、互相帮助、狼狈为奸、危害君主了。

（四）使法择人，使法量功

韩非主张以法治国，要求君主按照法律规定严格执法，以维护君主的权威。"法也者，官之所以师也。"[①]"法不阿贵，绳不挠曲……刑过不避大臣，赏善不遗匹夫。"[②]

> 当今之时，能去私曲就公法者，民安而国治。能去私行行公法者，则兵强而敌弱。故审得失有法度之制者加以群臣之上，则主不可欺以诈伪；审得失有权衡之称者以听远事，则主不可欺以天下之轻重。今若以誉进能，则臣离上而下比周；若以党举官，则民务交而不求用于法。故官之失能者其国乱。以誉为赏、以毁为罚也，则好赏恶罚之人，释公行，行私术，比周以相为也。忘主外交，以进其与，则其下所以

---

① 《韩非子·说疑》。
② 《韩非子·有度》。

为上者薄矣。交众、与多，外内朋党，虽有大过，其蔽多矣。故忠臣危死于非罪，奸邪之臣安利于无功。忠臣之所以危死而不以其罪，则良臣伏矣；奸邪之臣安利不以功，则奸臣进矣。此亡之本也。若是，则群臣废法而行私重、轻公法矣。数至能人之门，不壹至主之廷；百虑私家之便，不壹图主之国。属数虽多，非所尊君也；百官虽具，非所以任国也。然则主有人主之名，而实托于群臣之家也。故臣曰：亡国之廷无人焉。廷无人者，非朝廷之衰也；家务相益，不务厚国；大臣务相尊，而不务尊君；小臣奉禄养交，不以官为事。此其所以然者，由主之不上断于法，而信下为之也。故明主使法择人，不自举也；使法量功，不自度也。能者不可弊，败者不可饰，誉者不能进，非者弗能退，则君臣之间明辩而易治，故主雠法则可也。①

当今之世，能够除去臣下谋取私利的歪门邪道而追求实施国法的国家，民众就安定，国家就太平；能够除去臣下谋取私利的行为而实行国法的国家，就兵力强大，而敌人相对变得弱小。所以，审察是非得失时掌握了法度的规定的君主凌驾在群臣之上，那么君主就不可能被臣下用狡诈虚伪的手段来欺骗；审察是非得

---

① 《韩非子·有度》。

失时拥有了如秤锤秤杆的秤这种法度的君主来听取远方的事情，那么君主就不可能被臣下用天下的轻重来欺骗了。现在如果根据声誉来提拔人才，那么臣下就会背离君主而在下面紧密勾结；如果根据朋党关系来推举官吏，那么臣民就会致力于勾结拉拢而不再在法律的规定内凭功劳求得任用。所以任命官吏不拿才能作为标准而只根据声誉和朋党关系的，那国家就会混乱。如果拿赞颂的好话作为奖赏的依据，拿诋毁的坏话作为惩罚的依据，那么喜欢奖赏、厌恶惩罚的人，就会抛弃国家的法度，玩弄阴谋手段，抱成一团来互相帮助吹捧。他们不顾君主的利益而在朝廷外面私下结交，重用他们的党羽，那么这些下层官吏替君主着想和尽力的地方也就少了。这些人结交广泛、党羽众多，在朝廷内外结成私党，即使犯了大罪，为他们掩盖罪责的人也多得很。所以忠臣在无罪情况下也遭受到危难与死亡，而奸臣在无功的情况下却得到平安与利益。忠臣遭受到危难死亡的原因并不是因为他们有罪，那么贤良的臣下就会潜伏退隐；行奸作恶的臣下平安得利并不是因为有功，那么奸臣就会钻营进来。这是国家衰亡的根本原因。如此下去，群臣就会废弃法治而玩弄自己的权势、轻视国法了。他们屡次奔走于权贵的门下，百般考虑私家的利益，一点也不为君主的国家着想。这样的下属数量即使再多，也不是使君主尊贵的人；各种官员虽然都具备了，也不是用来担当国家大事的人。这样，君主虽然有了君主的名义，而实际上却依附于群臣私门。之所以造成这样的状况，是由于君主不按法裁决事情，而将法令职权交给了臣下。因此，英明的君主用法制来选择人才，不凭借自己的感觉来提拔；用法制来衡量功劳，不凭自己的主观意识来估量。这样，有才能的人就不会被埋没，败坏事情的人就不能文过饰非，徒有虚名的人就不能够当官晋升，有功劳而被毁谤的人就不会被降职或罢官。可见，一切依法办事，那么君臣双方都能够明确地辨别功过是非，而国家也就容易治理了，所以说，君主的统治术，重要在于用法就可以了。

（五）防范"八奸"

韩非认为，人臣所能够危害君主的地方，主要表现为八个方面：

> 凡人臣之所道成奸者有八术：一曰在"同床"。何谓"同床"？曰：贵夫人，爱孺子，便僻好色，此人主之所惑也。托于燕处之虞，乘醉饱之时，而求其所欲，此必听之术也。为人臣者内事之以金玉，使惑其主，此之谓"同床"。二曰"在旁"。何谓"在旁"？曰：优笑侏儒，左右近习，此人主未命而唯唯、未使而诺诺、先意承旨、观貌察色以先主心者也。此皆俱进俱退、皆应皆对、一辞同轨以移主心者也。为人臣者内事之以金玉玩好，外为之行不法，使之化其主，此之谓

"在旁"。三曰"父兄"。何谓"父兄"？曰：侧室公子，人主之所亲爱也；大臣廷吏，人主之所与度计也。此皆尽力毕议、人主之所必听也。为人臣者事公子侧室以音声子女，收大臣廷吏以辞言，处约言事，事成则进爵益禄，以劝其心，使犯其主，此之谓"父兄"。四曰"养殃"。何谓"养殃"？曰：人主乐美宫室台池，好饰子女狗马以娱其心，此人主之殃也。为人臣者尽民力以美宫室台池，重赋敛以饰子女狗马，以娱其主而乱其心，从其所欲，而树私利其间，此谓"养殃"。五曰"民萌"。何谓"民萌"？曰：为人臣者散公财以说民人，行小惠以取百姓，使朝廷市井皆劝誉己，以塞其主而成其所欲，此之谓"民萌"。六曰"流行"。何谓"流行"？曰：人主者，固壅其言谈，希于听论议，易移以辩说。为人臣者求诸侯之辩士，养国中之能说者，使之以语其私——为巧文之言、流行之辞，示之以利势，惧之以患害，施属虚辞以坏其主，此之谓"流行"。七曰"威强"。何谓"威强"？曰：君人者，以群臣百姓为威强者也。群臣百姓之所善，则君善之；非群臣百姓之所善，则君不善之。为人臣者，聚带剑之客，养必死之士，以彰其威，明为己者必利，不为己者必死，以恐其群臣百姓而行其私，此之谓"威强"。八曰："四方"。何谓"四方"？曰：君人者，国小则事大国，兵弱则畏强兵。大国之所索，小国必听；强兵之所加，弱兵必服。为人臣者，重赋敛，尽府库，虚其国以事大国，而用其威求诱其君；甚者举兵以聚边境而制敛于内，薄者数内大使以震其君，使之恐惧，此之谓"四方"。凡此八者，人臣之所以道成奸，世主所以壅劫、失其所有也，不可不察焉。[1]

大凡臣下所以能够挟制君主，阴谋得逞，主要使用有八种手段：第一"同床"。什么叫做"同床"？高贵的皇后夫人、得宠的姬妾妃子、善于逢迎谄媚的美女，这是君主所醉心的。依靠君主退朝后和她们同居时的欢乐，趁君主酒醉饭饱的时候，来求取她们想要的东西，这是一种使君主一定能听从的手段。做臣子的在内中用金玉珍宝来奉承贿赂她们，让她们去蛊惑君主，这就叫"同床"。第二"在旁"。什么叫做"在旁"？就是供君主取乐能使人发笑的滑稽演员和矮人、君主身边的侍从和亲信，这些都是君主还没有下命令就说"是是是"、还没有使唤他们就说"好好好"、在君主的意思还没有表达出来之前就能奉承君主的意图、能靠察颜观色来事先摸到君主心意的人。他们是联合起来，进一起进、退一起退、共同应诺、共同回答，靠统一口径和一致行动来改变君主主意的人。做臣子的在内中用金银玉器、珍贵的玩物奉承贿赂他们，在外面替他们干非法的事，然后让这些能够接近君主之

---

[1] 《韩非子·八奸》。

人腐蚀改造他们的君主，这就叫做"在旁"。第三"父兄"。什么叫做"父兄"？就是君主的兄弟儿子，是君主亲近宠爱的人；权贵大臣、朝廷上的官吏，是和君主一起谋划国家大事的人。这些都是竭尽全力一起议论而君主一定能听从他们意见的人。做臣子的用动听的音乐和美丽的少女来侍奉讨好君主的儿子和兄弟，用花言巧语来笼络收买权贵大臣和朝廷上的官吏，和他们订立盟约，叫他们按他的意图去和君主谋划事情，事情如果成功，就答应给他们晋级加薪，用这种方法使他们去干扰君主，这就叫做"父兄"。第四"养殃"。什么叫做"养殃"？就是君主喜欢修筑美化宫殿房屋、亭台楼阁、池塘园林，爱好装饰打扮少女狗马来寻欢作乐，这是君主的祸殃啊。做臣子的用尽民力来修筑美化宫殿房屋、亭台楼阁、池塘园林，重征赋税来装饰打扮少女狗马，以便使他们的君主寻欢作乐而神魂颠倒，他们顺从了君主的欲望而在修饰亭台楼阁和美女狗马的过程中大捞油水，这就叫做"养殃"。第五"民萌"。什么叫做"民萌"？就是做臣子的挥霍公家的财物来讨好民众，施行小恩小惠来收买百姓，使朝廷和城市乡村的人都称赞他们自己，用这种办法来蒙蔽他们的君主而使他们的欲望得逞，这就叫做"民萌"。第六"流行"。什么叫做"流行"？就是君主本来就不畅通他的言路，很少去听取别人的议论，所以很容易被动听的游说打动而改变主意。做臣子的就搜罗各国能言善辩的说客，收养国内能说会道的人，派他们为自己的私利去向君主进说，让他们设计巧妙文饰的话语和流利圆通的言辞，用有利的形势启发君主，用灾难祸害来恐吓君主，杜撰虚假的言辞来损害君主，这就叫做"流行"。第七"威强"。什么叫做"威强"？就是统治民众的君主，是靠群臣百姓来形成强大的威势的。群臣百姓认为好的，君主就认为它好；群臣百姓不认为好的，君主也就不认为它好。做臣子的，聚集携带刀剑的侠客，豢养亡命之徒，借此来显示自己的威势，说明为自己的一定有好处，不为自己的一定要被杀死，用这个来恐吓他的群臣百姓而谋求他的私利，这就叫做"威强"。第八"四方"。什么叫做"四方"？就是当君主的，自己国家小就得侍奉大国，兵力弱小就害怕强大的军队。大国的勒索，小国一定听从；劲旅压境，弱小的军队一定屈服。做臣子的，重征赋税，耗尽国库，挖空自己的国家去侍奉大国，而利用大国的威势来勾引诱惑自己的君主；厉害的，还发动大国的军队聚集在边境上来挟持国内，轻一点的，便屡次招引大国的使者来恐吓自己的君主，使君主害怕，这就叫做"四方"。大凡这八种方法，是臣子用来使他们的阴谋得逞的手段，也是君主受蒙蔽胁迫、以致丧失了自己所拥有的权威的原因。对于危害君主利益的"八奸"，英明君主不可不仔细审察呀。

（六）人主应该杜绝十项过错

韩非认为，人君应该杜绝危害国家与自身利益的十项过错。

这"十过"具体就是：

> 一曰行小忠，则大忠之贼也。二曰顾小利，则大利之残也。三曰行僻自用，无礼诸侯，则亡身之至也。四曰不务听治而好五音，则穷身之事也。五曰贪愎喜利，则灭国杀身之本也。六曰耽于女乐，不顾国政，则亡国之祸也。七曰离内远游而忽于谏士，则危身之道也。八曰过而不听于忠臣，而独行其意，则灭高名为人笑之始也。九曰内不量力，外恃诸侯，则削国之患也。十曰国小无礼，不用谏臣，则绝世之势也。①

十种过错：

一是奉行对私人的小忠，那是对大忠的一种戕害。

二是只顾小利，那是对大利的一种残害。

三是放肆作恶，刚愎自用，对待诸侯没有礼貌，那是使自己身亡的成因。

四是不致力于治理国政而爱好音乐，那是使自己陷于困境的事情。

五是贪婪固执、利迷心窍，那是亡国杀身的祸根。

六是沉迷于女色享乐，不顾国家的政事，那就有国家灭亡的

---

① 《韩非子·十过》。

祸害。

七是离开朝廷到远处游玩，面对劝谏的大臣不加理睬，那是危害自身的做法。

八是犯了错误而不听忠臣的劝告，一意孤行，那是丧失崇高的名声而被人讥笑的开始。

九是对内不衡量一下自己的力量，而去依靠外国诸侯，那就有国土被割削的祸患。

十是国家弱小而没有礼貌，又不听劝谏的大臣，那就有断绝后嗣的危险。

常言道，治理国家者，首先应该从修身做起，做到有理想，有道德，有文化，有能力，高瞻远瞩，具备战略眼光，防微杜渐，懂得"生于忧患死于安乐"的道理，懂得大小之辨，谨慎小心，这样才能治理好国家。

二、君臣关系的真相

（一）从"竖习现象"看君臣间关系的真相

《韩非子》治吏理念的理论基础是来自他对历史上君臣关系真相的探讨与研究。

在《韩非子》中，韩非为我们讲了这样一个故事：

　　管仲有病，桓公往问之，曰："仲父病，不幸卒于大命，将奚以告寡人？"管仲曰："微君言，臣故将谒之。愿君去竖刁，除易牙，远卫公子开方。易牙为君主味，君惟人肉未尝，易牙蒸其子首而进之。夫人情莫不爱其子，今弗爱其子，安能爱君？君妒而好内，竖刁自宫以治内。人情莫不爱其身，身且不爱，安能爱君？开方事君十五年，齐、卫之间不容数日行，弃其母，久宦不归。其母不爱，安能爱君？臣闻之：'矜伪不长，盖虚不久。'愿君去此三子者也。"管仲卒死，桓公弗行。及桓公死，虫出尸不葬。①

　　管仲有病，齐桓公前往问政。桓公咨询："仲父病了，假如由于自然寿数的关系而不幸逝世，您将用什么来劝告我呢？"管仲回答说："即使没有您的问话，我本来也要告诉您。希望您去掉竖刁，除掉易牙，疏远卫国公子开方。易牙为您主管伙食，您只有人肉还没有吃过，易牙就把自己儿子的头蒸了进献给您。人的感情没有不爱自己儿子的，现在他不爱自己的儿子，哪会爱君主呢？您忌妒卿大夫而爱好后宫的女色，竖刁就自己割去了睾丸来管理后宫。人的本性没有不爱自己身体的，自己的身体尚且不爱，哪能爱君主呢？开方侍奉您十五年，齐国、卫国之间要不了

―――――――――
① 《韩非子·难一》。

几天的行程。他却抛弃了他的母亲，长期在外做官而不回家探望。连自己的母亲都不爱，哪能爱君主呢？我听说过这样的话：'从事诡诈，不会久长；掩盖虚假，不能经久。'请君主除去这三个人。"管仲死后，齐桓公没按管仲的话去做。齐桓公晚年到外地游猎时，三人果然趁间作乱，将齐桓公囚禁起来，发动变乱，齐桓公被饿死，好几个月都无人问及，尸体上的蛆虫爬出了门也没有收葬。

其实，管仲的君臣关系论是符合常人的基本思路的，如果一个人为了达到某种目的连自己的身体、自己的亲生儿子、自己的亲生母亲都不爱，那么他怎么可能会发自内心地爱戴并效忠于自己的君主呢？

然而，韩非子对管仲的这种观点并不认同。

韩非认为："臣尽死力以与君市，君垂爵禄以与臣市。君臣之际，非父子之亲也，计数之所出也。君有道，则臣尽力而奸不生；无道，则臣上塞主明而下成私。"君臣之间不能靠亲情感情来维系，而要依靠利益这一纽带作用来维系。管仲之论是不懂得用法度来管理臣下。

韩非说：

> 或曰：管仲所以见告桓公者，非有度者之言也。所以去竖刁、易牙者，以不爱其身、适君之欲也。曰："不爱其身，

安能爱君?"然则臣有尽死力以为其主者,管仲将弗用也。曰:"不爱其死力,安能爱君?"是欲君去忠臣也。且以不爱其身度其不爱其君,是将以管仲之不能死公子纠度其不死桓公也,是管仲亦在所去之域矣。明主之道不然,设民所欲以求其功,故为爵禄以劝之;设民所恶以禁其奸,故为刑罚以威之。庆赏信而刑罚必,故君举功于臣,而奸不用于上,虽有竖刁,其奈君何?且臣尽死力以与君市,君垂爵禄以与臣市。君臣之际,非父子之亲也,计数之所出也。君有道,则臣尽力而奸不生;无道,则臣上塞主明而下成私。管仲非明此度数于桓公也,使去竖刁,一竖刁又至,非绝奸之道也。且桓公所以身死虫流出尸不葬者,是臣重也。臣重之实,擅主也。有擅主之臣,则君令不下究,臣情不上通。一人之力能隔君臣之间,使善败不闻,祸福不通,故有不葬之患也。明主之道:一人不兼官,一官不兼事;卑贱不待尊贵而进,大臣不因左右而见;百官脩通,群臣辐辏;有赏者君见其功,有罚者君知其罪。见知不悖于前,赏罚不弊于后,安有不葬之患?管仲非明此言于桓公也,使去三子,故曰:管仲无度矣。①

———————————

① 《韩非子·难一》。

　　韩非认为，管仲用来面告齐桓公的，不是懂法度的人应该说的话。管仲要除去竖刁、易牙的原因，是因为他们不爱自身而去迎合君主的欲望。管仲说："一个人不爱他自身，哪会爱君主呢？"按照这样的逻辑，那么臣下有为他们君主拼命出力的人，管仲就不会任用了。因为管仲会说："不爱自己的生命和气力，哪会爱君主呢？"这是要君主去掉忠臣啊。况且用不爱他自身来推断他不爱君主，这样的话，就会用管仲不能为公子纠而死来推断出他不能为齐桓公而死，那么管仲也在被革除的范围之内了。根据这样的矛盾法则，韩非指出，英明君主的治国原则不应该是管仲之论，而是设置臣民想要得到的东西来争取他们为自己立功，所以制定了爵位俸禄来鼓励他们；设置臣民厌恶的东西来禁止他们为非作歹，所以建立了刑罚来威吓他们。奖赏遵守信用而刑罚一定要严格执行，所以君主能在臣子中选拔有功的人，而奸邪的人不会被君主任用，即使有竖刁那样的人，他们又能把君主怎么样呢？况且臣子拼死出力来和君主换取爵位俸禄，君主用国家的爵位俸禄来和臣下换取智慧气力。君臣之间，并不是父子那样的骨肉血缘之亲，而是以互相计算利害得失为出发点的。君主如果掌握了这样的治国原理和方法，那么臣下就会为君主竭尽全力而奸邪不会产生；君主如果没有掌握这样的原理和方法，那么臣下就会对上堵塞君主的明察之路而在下面用公权谋取自己的私利。管仲不是向齐桓公讲清这种法术，而是让他除掉竖刁，但除掉了一个竖刁，另一个竖刁又会出现，所以这绝不是消灭奸邪的办法。而且，齐桓公之所以自己死后尸体腐烂还得不到安葬，这是因为臣下的权力太大。臣下权大的结果，就会控制君主。有了控制君主的臣子，那么君主的命令就不能向下贯彻到底，群臣的情况也不会被及时向上通报到君主那里。一旦权臣有力量能够隔开君主与臣下之间的联系，架空君主，君主就会有齐桓公那种不得安葬的祸患。因此，君主的治国理政原则应该是限制权臣的产生，用法律制度规定一个人不兼任其他的官职，担任一个官职不兼管其他的事情；地位低下的人不必等待地位高贵的人来推荐，大臣不必依靠君主身边的亲信来引见；百官整饬而君主通晓他们的情况，群臣就像车轮上的辐条聚集在车毂上那样依附君主；受到奖赏的人，君主一定要看到他的功劳；受到惩罚的人，君主一定了解他的罪过。在赏罚之前君主对功过的观察了解必须正确无误，那么在后来实行赏罚时就不会受蒙蔽了。如果做到这些，怎么还会有齐桓公那种不得善终的祸患呢？管仲不是向齐桓公讲清这个道理，而是要他除掉 3 个人，从这个意义上讲，管仲并不懂得国家法度建设对君主治国理政的重要性。

在韩非看来，政治领域的人际关系法则实质上表现为权力与利益的一种"互市"关系。决定君臣处理权力与利益关系的原则，不在领导与被领导之间的内在的情感与动机，而在执政者是否"有道"，即是否建立合适的法度。换言之，决定人臣最终政治行为的关键因素，不在他们的动机如何，而在君主是否能够有切实的措施来加以应对，即所谓"君有道，则臣尽力而奸不生；无道，则臣上塞主明而下成私"①。韩非认为，人们追求利益之动机并不可怕。人各自利，这是一个必须面对的事实。人的动机与行为都是为了追求自身利益最大化，这是权力场的法则。权力与利益之间的博弈，可以通过外在的制度规则加以引导与约束。一方面，可以通过利益驱动机制，引导人们最大限度地发挥个人潜能及创造力，将个人利益与国家利益融为一体；另一方面，对于邪恶动机所具有的破坏倾向，可以通过外在的一系列制度规范加以最大限度的规避。所谓明主之道，"设民所欲以求其功，故为爵禄以劝之；设民所恶以禁其奸，故为刑罚以威之。庆赏信而刑罚必，故君举功于臣，而奸不用于上，虽有竖刁，其奈君何？"

韩非认识到，君臣异利，蕴含着正负两面的可能性。关键在于执政者的治吏理念，是否意识到君臣之间实质为利益与权力的博弈关系，并且加以有效引导与防范。如果君主认识到君臣不同道、君臣不同利这两个关键点，引入客观规则加以引导与防范，那么，君臣之间就可能由"异利"转变为"互利"；如果君主没有意识到君臣异利所蕴含的权力与利益之博弈，盲目信任，忽视监管，其负面后果也是不堪设想。

---

① 《韩非子·难一》。

韩非认为，既然君臣关系的实质是一种权力与利益的互市关系，君臣之间的博弈就不可避免。在这种现实情况下，君臣关系就不能用感情关系来维系，不能将私人情感夹杂其中，而应该建立"互市规则"，即国家政治的法度秩序，在买卖博弈关系中达到一个稳定的"双赢"或者"多赢"的满意结局与比较理想的状态。

（二）君臣不同利

在韩非的政治思想中，君主与群臣地位不同，利益也不相同。韩非说：

> 臣主之利与相异者也。何以明之哉？曰：主利在有能而任官，臣利在无能而得事；主利在有劳而爵禄，臣利在无功而富贵；主利在豪杰使能，臣利在朋党用私。是以国地削而私家富，主上卑而大臣重。故主失势而臣得国，主更称蕃臣，而相室剖符。此人臣之所以谲主便私也。[1]

君臣的利害关系是不同的。如何知道这点呢？君主的利益在于谁有才能就任命他当官，臣子的利益在于没有才能而能得到官职；君主的利益在于谁有了功劳就给他爵位和俸禄，臣子的利益

---

[1] 《韩非子·孤愤》。

在于没有功劳却能富裕高贵；君主的利益在于发现豪杰而使用他们的才能，臣子的利益在于拉帮结派而任用自己的党羽。因此，君主的国土被侵占割削而大臣私人家邑反而富裕，君主权势衰微而大臣权势更重。因此君臣易位，权臣窃国。这就是大臣欺诈君主满足私利的原因。因为君臣利益不同，利君则害臣，利臣则害君，"君臣之利异，故人臣莫忠。故臣利立而主利灭"。① 因此，君主与臣下时时处在尖锐的冲突之中。正因为如此，韩非才会总结"凡人臣之所道成奸者有八术"。提出臣下会利用"同床""在旁""父兄""养殃""民萌""流行""威强""四方"等八种方法来实现其阴谋。同样，君主的法、术、势三宝所要对付的，主要也是人臣。因为君臣的利益是对立的、此消彼长的关系，为了维护君主的地位和利益，君主要注意削弱臣下的利益，也就是臣下的权势和富贵。君主不能让臣下太贵、太富，以防止发生君臣易位的后果。正如韩非所讲：

> 爱臣太亲，必危其身；人臣太贵，必易主位；主妾无等，必危嫡子；兄弟不服，必危社稷。臣闻千乘之君无备，必有百乘之臣在其侧，以徙其民而倾其国；万乘之君无备，必有千乘之家在其侧，以徙其威而倾其国。是以奸臣蕃息，主道

---

① 《韩非子·内储说下·六微》。

衰亡。是故诸侯之博大，天子之害也；群臣之太富，君主之
败也。将相之管主而隆家，此君人者所外也。万物莫如身之
至贵也，位之至尊也，主威之重、主势之隆也，此四美者，
不求诸外，不请于人，议之而得之矣。故曰人主不能用其富，
则终于外也。此君人者之所识也。^①

　　君主宠爱臣下过分亲近，一定会危害到君主本人；大臣过
分尊贵，一定会改变君主的地位；王后和妃子如果不分等级，一
定会危害到王后所生的儿子；国君的兄弟如果不服从国君，一定
会危害到国家。拥有千辆兵车的国君，如果没有防备，就一定有
拥有百辆兵车的大臣在他的身旁，来夺走他的民众而颠覆他的国
家；拥有万辆兵车的国君，如果没有防备，就一定有拥有千辆兵
车的大夫在他的身旁，来夺走他的威势而颠覆他的国家。因此奸
臣繁殖滋长起来，君主就会衰亡。所以诸侯的领地广阔。兵力强
大，是天子的祸害；大臣们过分富裕，是君主的失败。大将宰相
控制了君主而使大臣私门兴盛起来，这是君主应该摒除的事情。
世间各种事物之中，没有什么能及得上君主身体的极端宝贵、君
主地位的极端尊严、君主威势的极端重要、君主权力的至高无
上。这四种美好的东西，不必从本身之外来寻觅，不必向别人来

---

① 《韩非子·爱臣》。

求取，君主只要合理地使用它就能得到它了。所以说，君主如果不会使用他的这些财富，就会被奸臣排斥在外。这是君主所要牢记的。

总之，按照《韩非子》的政治设计，君臣的正常关系应该是君臣之间，君上臣下，君主地位尊贵，臣下地位低下。但因为君臣一不同道，二不同利，客观上存在着博弈的关系，如果臣下地位尊贵，又拥有财富和权势，就会威胁君主的地位，因此君主必须利用好刑赏法度，以保证君主的至高无上的地位，臣下服从君主的意志，竭尽全力为君主服务。

（三）正常政治关系中的官吏责任与义务

既然在传统政治结构中君臣之间是一种"君臣异利""君臣互市""君臣互利"的实质性关系，那么保证这个结构正常运转就必须是君主与臣下都要做到各尽其职，努力做好自己的本分。君主的统治要求前面已经专门谈到，现在专门谈谈韩非眼中臣下应该做到的标准与义务。

在传统政治运作结构中，韩非特别强调人臣在君臣利益交换过程中的基本要求，这就是人臣必须忠于职守，尽力做好自己的本职工作，保持一个"忠臣"形象。

按照韩非的设计，在正直透明规则体系之中，人臣可以不必对人主有个人情感，比如报恩、爱戴、效死之类，但必须做到忠于职守，因为这是他们分内应尽之义务，即所谓食君之禄，忠君之事也。人臣在获得爵禄得偿所愿、达到目的之后，需要诚信地履行自己的责任和义务，做到尽职尽责。在《韩非子》中，韩非用大量的故事多次提到了这一点。这里仅选几个典型案例加以说明一下。

第一个故事：严格执法的廷理。

> 楚王急召太子。楚国之法，车不得至于茆门。天雨，廷中有潦，太子遂驱车至于茆门。廷理曰："车不得至茆门。至茆门，非法也。"太子曰："王召急，不得须无潦。"遂驱之。廷理举殳而击其马，败其驾。太子入，为王泣，曰："廷中多潦，驱车至茆门，廷理曰'非法也'，举殳击臣马，败臣驾。王必诛之。"王曰："前有老主而不逾，后有储主而不属。矜矣！是真吾守法之臣也。"乃益爵二级，而开后门出太子，"勿复过。"①

楚庄王紧急召见太子。楚国的法律，（大臣和贵族的）车子不能行驶到茆门。那天下了雨，朝堂前的院子里有积水，太子便径直驾车穿过院子往茆门驶去，廷理（拦下车子）说："法令规定，车驾不能驶到茆门。"太子说："君王紧急召见我，我等不到将积

---

① 《韩非子·外储说右上》。

水处理干净。"于是就赶着马车直奔茆门。廷理举兵器击向太子的马，结果马被打倒，车子也翻倒了。太子跑进去流着泪对父王说："院子里有好多积水，我就驾车到茆门，廷理说这样不合乎法令，举起兵杖打倒了我的马，把我的车子弄翻了。父王一定要重重处罚他。"楚庄王知道后，不但没有顺从太子的话降罪于廷理，而且还给廷理提高了两级爵位，并打开王宫的后门让太子出去，并且叮嘱太子别再犯这样的过错。

王子犯法，与庶民同罪。正是因为楚庄王法度严明，他才能够不鸣则已，一鸣惊人，成为春秋战国历史上唯一跻身春秋霸主行列的君王。

第二个故事，管仲不荐鲍叔牙。

　　昔者齐桓公九合诸侯，一匡天下，为五伯长，管仲佐之。管仲老，不能用事，休居于家。桓公从而问之，曰："仲父家居有病，即不幸而不起此病，政安迁之？"管仲曰："臣老矣，不可问也。虽然，臣闻之，知臣莫若君，知子莫若父。君其试以心决之。"曰："鲍叔牙何如？"管仲曰："不可。鲍叔牙为人，刚愎而上悍。刚则犯民以暴，愎则不得民心，悍则下不为用。其心不惧，非霸者之佐也。"①

————————

① 《韩非子·十过》。

　　管仲与鲍叔牙的友情为后世赞颂不已。管鲍之交，被视为真正的君子之交。鲍叔牙信守约定，在帮助公子小白做了国君之后，政治前途不可限量；当齐桓公请他出任相国时，他毫不迟疑地拒绝并向齐桓公举荐了管仲；他举荐管仲并非出自兄弟情义，而是认为管仲确实有能力使齐国强盛。管仲平时与齐桓公谈论到鲍叔牙时，从不因两人的私交而无原则地褒扬，而是从国家利益指出鲍叔牙的不足；他告诉齐桓公，鲍叔牙"好直"，这是优点；但是不能为国家大事而屈己，这就是缺点。当管仲年老有病无力执政时，齐桓公首先想到让鲍叔牙接掌国政，可管仲认为他并非合适的人选。管仲的评论，同样是出自公心，是为国家的未来考虑，而非顾全老友情谊，报答鲍叔牙当年的知遇、救命和举荐之恩，在人事举荐及职位安排方面，真正做到公正无私。

　　第三个故事：公仪休的清醒。

　　公仪休相鲁而嗜鱼，一国尽争买鱼而献之，公仪子不受。其弟子谏曰："夫子嗜鱼而不受者，何也？"对曰："夫唯嗜鱼，故不受也。夫即受鱼，必有下人之色；有下人之色，将枉于法；枉于法，则免于相。虽嗜鱼，此不必能致我鱼，我又不能自给鱼。即无受鱼而不免于相，虽嗜鱼，我能长自给鱼。"此明夫恃人不如自恃也，明于人之为己者不如己之自为也。①

公仪休担任鲁国的相国，极爱吃鱼。全国的人都抢着买鱼奉献给他，公仪休一概不接受。他弟弟劝道："您酷爱吃鱼，别人送你鱼你又不接受，这是为啥呀？"公仪休回答说："正因为我酷爱吃鱼，所以才不能接受别人送鱼。假如我接受了别人奉献的鱼，那就必然会有迁就别人的心理和表现；有了迁就别人的想法和表现，就难免会做些损害法度的事情出来；损害了法度，就会被罢免相位。失去了相位，我虽然爱吃鱼，可别人就不会再给我送鱼了；我（没有相国的俸禄，）也就没有能力自己买鱼。我现在不接受别人送的鱼，就不至于被罢免相位，虽然爱吃鱼，我还是有能力长久地给自己买条鱼吃的。"这是明白靠别人不如靠自己，明白别人帮助自己不如自己帮助自己的道理。这则故事中，公仪休的一番话，合乎情，达乎理，令人信服。只是读过故事的官员能真正认同其中的道理并将其作为自己行为指南者，实在太少了。毕竟，欲望与生俱来；放纵欲望易，节制欲望难；畏难喜易，同样是人的本性。可见清醒如公仪休者，不仅洞察人性，且有强大的意志力约束自己，方能达到如此境界。其实，民间俗语就有"吃人嘴软，拿人手短""拿人钱财，替人消灾"之类的警言警句。"无

---

① 《韩非子·外储说右下》。

欲则刚"，"无欲"或许不那么符合人性，像公仪休那样能够有意识地把无限膨胀的欲望控制在合理的范围之内，主要不是因其修养高，而是不敢，因为有伸手必被捉的法度在，权衡利弊之下，正常的选择自然是不肯铤而走险。因此，治理国家而依赖官员的道德品性超过一般人，希望他们自觉地节制欲望、廉洁自律，在韩非看来是愚蠢可笑的；真正有效力的是法律，有了完备的制度，官员都会高风亮节如公仪休。所以君主只要做到"正赏罚"的法度，就可以让官员做到清正廉洁，君主自己也就高枕无忧了。

第四个故事：操其利害之柄以制之。

> 中山之相乐池以车百乘使赵，选其客之有智能者以为将行，中道而乱。乐池曰："吾以公为有智，而使公为将行，今中道而乱，何也？"客因辞而去，曰："公不知治。有威足以服之，而利足以劝之，故能治之。今臣，君之少客也。夫从少正长，从贱治贵，而不得操其利害之柄以制之，此所以乱也。尝试使臣：彼之善者我能以为卿相，彼不善者我得以斩其首，何故而不治！"①

中山国相乐池带着 100 辆车子出使赵国，他选拔手下门客里一位最聪明能干的担任统率随行人马的总管。走到半路，出使的

---

① 《韩非子·内储说上·七术》。

团队变得混乱无序。乐池把那位总管叫来责问："我以为你聪明能干，所以让你做总管；如今半路上乱成这个样子，你是怎么搞的？"那位门客当即提出要告辞离开，说："您不懂管理人的道理。有威权足以使人服从，有利益足以使人卖力，这样才能够管理好。如今，我只是您属下一个既年轻地位又低下的门客。由年轻的来管理年长的，由卑贱的来管理尊贵的，却又没有操控给人以利益或惩罚的权柄，这才是队伍混乱无序的原因。试试让我有这样的权力，随从人员中表现好的人我能够用他担任卿相，而表现不好的人我可以杀他，哪有管理不好的道理！"

确实，在实际生活中，有效管理一个团队，关键在于"操其利害之柄以制之"，这也是《韩非子》管理思想的核心理念。对于一个数百人的使团来说，一名被临时指定的负责人虽然既年轻且身份卑微，但只要掌握了这个使团的赏罚大权，向团队成员申明赏罚的规定，然后严格按照规定执行，就可以将这个团队管理得井井有条。同样，对于一个国家来说，通过完备的法律严格规定赏善罚恶的具体条文，以赏利为诱饵，以罚害为威慑，则臣工百姓就都不敢犯上作乱以避害。在这样的前提下，即使是平庸的君主也可以治理好国家。

总之，在韩非子的政治学中，君臣之间是一种基于利益与权力为基础而建立起来的博弈关系。理想的君臣状态应为正当规则主导之下的利益交换关系。君臣各自利，自利同时又利他，故而能够促成君臣合作，实现共赢。君臣能否实现共赢的关键，在于合作规则是否公平、公正、公开、透明并且切实得到贯彻实施。如果指导君臣雇佣关系之规则没有瑕疵，那么，人臣就会像庸客为主人那样尽心尽责干活一样，恪尽职守，廉洁奉公，为人主尽心竭力，全心全意地做好职责范围内的事情。

三、官吏滥权成因及主要表现

君臣之利益博弈与权力较量，若缺乏正当规则的引导，势必酿成公权之滥用，腐败由此产生。腐败概念，外延很广，长期以来，众说纷纭，很难有一个绝对准确的说法。然而，腐败概念的内核却非常清晰，那就是滥用公权力以及以权谋私。作为人类社会的一种普遍现象，腐败在国家机器尚存之时代，根本无法彻底消除。腐败涉及政治、经济、军事、文化教育等多个领域，现代社会之腐败除了政治领域诸如以权谋私、任人唯亲之外，还更多表现为"权力寻租"，当权者彼此之间形成权权交易、政治领域与经济领域之间形成权钱交易、当权者与异性之间形成权色交易等。在特定时代背景下，韩非子对腐败现象的分析，主要集中在政治领域，应该说，这是各种官吏滥权现象中最核心部分。或者说，所有腐败，其实都与公权力之滥用密切相关，而公权力之滥用，实为政治领域腐败之最基本特征。①

（一）官吏滥权之主要成因

从历史上看，对于公权力滥用之成因，先秦儒家将之归结为人性的贪欲。既然"衣食男女人之大欲"是人的自然天性，那么因为"衣食男女"所引发的人之贪欲也就不可避免。孔子、孟子都对于人欲泛滥所蕴含的潜在破坏性抱有深刻的戒心。因此，儒家往往避免正面谈论利欲，强调诉诸内在之心性涵养，见贤思齐，修身、慎独、自律以节制个人私欲之泛滥。

与孔、孟等人对人之欲望认识的思路不同，韩非子分析政治现象，并不讳言人们追求利益之动机，他不主张运用好坏道德这个标准去判断人之动机；相反，他要求执政者要根据实际情况充分利用与疏导人的这种欲望，以调动人的积极性，充分让官吏和民众为自己谋利益的动机去驱动他们为国家服务、为社会服务。在韩非子看来，人的动机如何并不重要，与其挖空心思去追究难以捉摸之内在动机，还不如立足于简单明白之实际行为，即执政者承认人之欲望，然后建立法度利用和控制好这些欲望。

1. 韩非子认为，政治腐败之产生，君主负有不可推卸之责任

---

① 参见宋洪兵著：《循法成德：韩非子真精神的当代诠释》，生活·读书·新知三联书店 2015 年版，第 176 页。

　　马基雅维利在《论李维》一书中认为："君主不应抱怨他所统治的人民犯下的罪行，因为这些罪行不是来自他的疏忽大意，就是因为他的诸如此类的过失。"[①]与马基雅维利的观点一样，韩非子认为，政治腐败之直接原因，首先应该归责于奸臣当道，而奸臣当道又应归责于君主之昏聩无能。因此，在韩非子看来，政治腐败之产生，君主负有不可推卸之责任。"君臣异利"，这是一个无法回避的事实，此时，决定大臣忠奸、廉污取向的关键因素，就在于君主是否意识到"君臣异利"之事实，并且采取有效之规则来加以约束与防范。如果意识到君臣异利并加以正确引导，就会有效防止人臣权力之滥用；相反，如果一厢情愿地认定君臣同利，忽视引导与防范，就会导致权臣当道及朋党政治等腐败现象。君主的政治见识及其采取的政治行为，乃是决定人臣是否腐败之关键。

　　2. 权力与利益之内在关联是导致腐败产生之根本原因

　　如果说权力滥用是腐败之表象的话，那么，在韩非子看来，人类需要权力，离开权力，人类社会之正常秩序就很难得以维持，所谓"尧为匹夫，不能正三人"[②]。作为维持人类社会秩序的基本要

---

① ［意］马基雅维利著，冯克利译：《论李维》，上海人民出版社2005年版，第397页。

② 《韩非子·难势》。

素之一，权力具有强制性特征："柄者，杀生之制也；势者，胜众之资也。"[1] 权力之强制性特征，又与人的利益密切相关。可以说，如果没有利益内涵之权力，对于人类来说，是缺乏吸引力的。一般说来，与权力相关的利益主要包含尊重、安全与收入三个方面。韩非子对此具有深刻的认识，他认为权力如果没有蕴含尊重、安全与收入等方面的利益，即使是天子这样的位置，也不会具有吸引力，所以在三代时期才会出现轻辞天子之位的"禅让"现象；相反，一旦权力与利益挂钩时，即使县令这样的小官，人们也会争相夺取，原因无他："薄厚之实异也。"[2] 正是因为权力与利益密切相关，才会导致手握权力之人为了攫取更多利益不择手段甚至铤而走险，从而导致权力被滥用，腐败由此滋生。

3. 腐败形成与产生的深层面原因源自官僚体制之层级分权

韩非子的政治思想具有明显的官僚制色彩。在官职层级制层面，韩非子敏锐地发现了一个治理该困境的思路，这就是任何统治机构的运转无法凭借一个或几个人就能实现，势必需要一个统治集团，由此就意味着统治权力的等级分配。只要政治权力不是完全集中于一人并由其单独行使，那么就无可避免地存在统治集团中的个人或群体利用手中权力谋取私利之可能性。如何借人成

---

① 《韩非子·八经》。

② 《韩非子·五蠹》。

势实现统治的同时又不致使公权力被滥用而最终损害最高统治者之利益，在韩非子看来，是一件非常困难的事情。这个困境直接使得根除腐败成为一件不可能实现的目标。

4. 政治腐败之产生，还与权力之可传递性密切相关

由于政治统治之实现离不开层级分权，分权导致官员自身滥用权力之可能性难以避免。同时，权力可传递性特质，更使得权力滥用成为一种普遍的政治现象。所谓"权力可传递性"特质，是指与权力所有者关系亲密之人利用亲近关系形成的优势影响力，进而以此谋取私利。权力的可传递性特征，在政治领域无处不在，无时无刻不在影响着正常的政治运作，如此，权力滥用之可能亦随之无限增大，政治腐败亦因此成为人类难以根除之痼疾。或许，腐败是人类社会根深蒂固的宿命。只要有权力的地方存在，就会存在权力滥用之可能性。就此而言，彻底消除腐败，追求绝对的河清海晏，终究是一种虚无缥缈的政治幻想。[1] 由此可见，反对腐败是一个伴随人类社会发展的永久性的政治工程。

（二）官吏滥权之主要表现

在韩非子看来，政治领域的腐败现象主要表现在以下几个

---

[1] 参见宋洪兵著：《循法成德：韩非子真精神的当代诠释》，生活·读书·新知三联书店 2015 年版，第 186—190 页。

方面：

1. 官员收受贿赂，徇私枉法

韩非子发现，在政治领域普遍存在着利用私人情感关系在人事安排及赏罚方面违背正当规则的腐败行为。韩非子将这种腐败现象描述为"货赂"（财物贿赂）、"请谒"（托关系）、"私门之请"（托关系）。《韩非子·说疑》篇说"为人臣者，有侈用财货赂以取誉者"，将这种向上级行贿以博取好名声的做法视为"五奸"之一；《韩非子·五蠹》篇也称："其患御者，积于私门，尽货赂而用重人之谒，退汗马之劳。"所谓患御者，即指那种只享受利益而不承担任何义务之极端自利之人，他们为了达到自身利益之最大化，通过贿赂及托关系的方式来逃避兵役及劳役等政治义务。

《韩非子》有这样一个故事，意在阐明政治领域金钱贿赂之危害。

> 鲁丹三说中山之君而不受也，因散五十金事其左右。复见，未语，而君与之食。鲁丹出，而不反舍，遂去中山。其御曰："反见，乃始善我，何故去之？"鲁丹曰："夫以人言善我，必以人言罪我。"未出境，而公子恶之曰："为赵来间中山。"君因索而罪之。[1]

---

[1] 《韩非子·说林上》。

鲁丹三次游说中山国的君主都没有被接受，因而用 50 两黄金贿赂奉承中山君的侍从。然后再去拜见中山君，还没有开口说话，中山君便赐给他食物了。鲁丹出来后，不回旅馆，马上就离开中山国。他的车夫说："这次进见，中山君不是已经开始待我们好了吗，为什么还要离开中山国呢？"鲁丹说："中山君因为别人的话而待我好，也一定会因为别人的话而加罪于我。"果然，他们还没有走出中山国的国境，而公子就毁谤他说："鲁丹是为赵国来探测中山国的。"中山国君主于是便捕捉并惩处了鲁丹。

在上述故事中，鲁丹向中山之君表达自己的政治见解以期获得重用。刚开始，鲁丹试图通过正当渠道向中山国君表达自己的政治见解，但并未获得认同。于是，鲁丹用 50 金贿赂国君身边之人，再次拜见中山国君时待遇已是迥异于前，没说一句话就获得君主赏赐。这对于鲁丹个人来说，本是一件好事，因为已经得到国君的赏识。但是，鲁丹深知，他之所以获得赏识，并非是国君看重其才能，而是因为国君左右之人为他说了好话的缘故。在这一过程之中，不是正当规则在起作用，而是国君左右之人的看法影响着君主的判断。贿赂之所以能够盛行并在实际生活中切实发挥作用，关键就在于正当规则之缺失。鲁丹之所以离开中山国，原因亦在于此。

2. 请托之风盛行

《韩非子》中有一个故事，说明请托说情在政治领域尤其人事安排层面具有极大的危害性，因为它破坏了政治规则之公平性。

> 韩昭侯谓申子曰："法度甚不易行也。"申子曰："法者，见功而与赏，因能而受官。今君设法度而听左右之请，此所以难行也。"昭侯曰："吾自今以来知行法矣，寡人奚听矣。"一日，申子请仕其从兄官。昭侯曰："非所学于子也。听子之谒，败子之道乎，亡其用子之谒？"申子辟舍请罪。[①]

韩昭侯对申不害说："法度很不容易实行。"申不害说："所谓法，就是看到谁有功劳就给予赏赐，依据才能而授予官职。如今君主设立了法度，而又听从左右近臣的请托，这就是法度实行起来很困难的原因。"昭侯说："我从今以后知道怎样实行法度了。我还听什么请托呢？"有一天，申不害请求任用他的堂兄为官，昭侯说："这不是我从您那儿学来的道理呀。我是听从您的请托，从而破坏您的治国思想呢？还是忘掉请托这件事呢？"申不害听后后悔不已，赶紧退出宫殿并请求治罪。

事实上，所谓请托就是跑关系、走门路、通关节。这是中国传统人情社会最常见的现象。在这样的社会里，人际关系具有至

---

① 《韩非子·外储说左上》。

高无上的神通，几乎所有的事情都需要找熟人、跑关系。有关系一路畅通，无所不能；没有关系则寸步难行，至少会遭遇冷脸和刁难。关系型社会实际意味着无序和规则的缺失。即便建立了法度，也只能是一种装饰和摆设，无法真正起到约束和制衡作用。因为法律规定在人情关系面前可能会不堪一击。韩非等先秦法家努力倡导的，便是要使国家走出关系型社会，让完善的法律成为规范整个社会生活的唯一标准，从而实现社会的有序化。申不害是战国时期法家的代表人物之一，他在理论上对于法治的认识和论述非常系统和深刻。他告诫韩昭侯做事严格依照规矩，不在法度之外答应近臣的请托，全社会树立法律的权威和尊严。可是，当申不害遇到人情与请托二难时，他还是首先选择了破坏他政治法度主张的人情社会规则，向君主请求给自己的堂兄一个官职，而没有想到堂兄是无功受禄，也没有考虑堂兄的能力如何。这个事例说明了在中国建立法治社会的必要性与艰难性。

3. 滥用职权，谋取私利

韩非子身处战国末期，亲眼目睹韩国当时政治生态中广泛存在的卖官鬻爵、滥用职权的腐败现象，感到十分忧虑。在韩非子看来，官职爵禄之功能，在于君主进贤才劝有功，从而治理好国家。然而，如果金钱与权力形成合谋关系，权钱交易介入政治领域，势必导致官职爵禄原有的奖赏激励功能根本丧失，其结果便是"劣币驱逐良币"，真正有才能的人被排斥，从而引发"亡国之风"①。

韩非子认为：

> 释法禁而听请谒，群臣卖官于上，取赏于下，是以利在私家而威在群臣。②

韩非子还说：

> 亡国之廷无人焉。廷无人者，非朝廷之衰也。家务相益，不务厚国；大臣务相尊，而不务尊君；小臣奉禄养交，不以官为事。此其所以然者，由主之不上断于法，而信下为之也。故明主使法择人，不自举也；使法量功，不自度也。能者不可弊，败者不可饰，誉者不能进，非者弗能退，则君臣之间明辨而易治。故主雠法则可也。③

将要灭亡的国家，朝廷上是没有人的。说朝廷上没有人，并不是说朝廷里的官员数量减少了，而是指卿大夫们都专心一意地互相帮忙谋私利，却没人致力于国家富强；位高权重的朝廷大臣拼命互相吹捧提携，而不致力于尊奉国君；普通官吏则是拿着国

---

① 《韩非子·八奸》。
② 《韩非子·饰邪》。
③ 《韩非子·有度》。

君给的俸禄供养私交，以图结成朋党谋取个人的权力和利益，没有人真正把自己的工作当回事。造成这种状况的原因，就是由于君主不能在上面依据法律裁断事务，而是完全听信下面的官吏为所欲为。所以英明的君主用法度来选拔人才，而不凭自己的意愿来举用；使用法度来衡量功绩，而不凭自己内心的揣度加以衡量。有才能的人不允许被埋没，做坏事的人不能被掩饰，徒有虚名的人不能进用，而受到诋毁的人也不会被免职。这样，君主和臣子之间的关系就可以明白地区分而且容易治理。所以君主使法令应验就可以了。

韩非子强调君臣之间本质上虽然是一种基于利益基础上的买卖互换关系，但这种关系是基于能力与爵禄之政治权利规则上的公平交换，而非通常意义上金钱与权力之间形成的滥用职权，谋取私利。朝堂上官员济济，然而各怀鬼胎，阳奉阴违，欺上瞒下，人浮于事；各打自己的算盘，一门心思巩固已有的地位和既得利益，并寻求一切可能的机会投机钻营往上爬，或者拼命为自己捞取更多的实惠。没有人真心实意地为国家的现实问题和长远利益考虑。韩非认为，在这样的政治氛围下，满朝文武竟然找不到为国为君之臣，岂不等于无臣？如此说来，一眼望去，人满为患的朝堂，实质上竟是空空荡荡！因此国政徒有其表，实际上已经陷入深重的危机。一旦有风吹草动，无论是内忧还是外患，都足以导致君主身亡政息。

4. 中饱私囊，贪污公家财物

贪污公家财物亦是古今政治腐败的一种突出现象。韩非子对此也有相当深刻的阐述。

《韩非子》中记载了这样一个故事：

> 韩宣子曰："吾马菽粟多矣，甚臞，何也？寡人患之。"周市对曰："使驺尽粟以食，虽无肥，不可得也。名为多与之，其实少，虽无臞，亦不可得也。主不审其情实，坐而患之，马犹不肥也。"①

韩宣子说："我的马，豆类谷物等饲料已经给得很多了，却很瘦，为什么呢？我对此十分担忧。"周市回答说："假如马夫把所有的饲料都拿来给马吃，就是不要它肥，也不可能。名义上是给了马很多饲料，实际上马吃到的饲料很少，即使不要它瘦，也不可能。主上不去仔细考察它的实际情况，只是坐着为此发愁，马还是不会肥的啊。"

通过韩宣子与周市的对话可知，马料不可谓不丰富，然而却因为喂马之人克扣马料，贪污公家财物，致使马瘦弱不堪。喂马如此，治理国家何尝不是如此呢？韩非子是在借这个故事揭露官吏中饱私囊从而导致了国家贫弱。

---

① 《韩非子·外储说左下》。

5. 利用裙带关系谋取私利

利用裙带关系谋取私利也是政治腐败的一个重要表现。政治领域的裙带关系，直接侵蚀了公平与公正的政治原则。所谓裙带关系，就是亲属及关系亲近者之间形成的利益同盟关系。具体呈现于政治领域，大多表现为任人唯亲、为亲谋利。作为手握权势一方，在人事任免及利益分配方面，倾向于为那些与自己关系亲近的人谋利，此为第一层级的裙带关系腐败；作为有权势之人的亲属或亲近之人，亦可因裙带关系而获得优势影响力，进而为自己及身边的人谋取私利，这是第二层级的裙带关系腐败。①

韩非子在《韩非子·八说》中描述了当时盛行的第一层级的裙带关系腐败状况：

> 为故人行私谓之"不弃"，以公财分施谓之"仁人"，轻禄重身谓之"君子"，枉法曲亲谓之"有行"，弃官宠交谓之"有侠"，离世遁上谓之"高傲"，交争逆令谓之"刚材"，行惠取众谓之"得民"。"不弃"者，吏有奸也；"仁人"者，公财损也；"君子"者，民难使也；"有行"者，法制毁也；"有侠"者，官职旷也；"高傲"者，民不事也；"刚材"者，令

---

① 参见宋洪兵著：《循法成德：韩非子真精神的当代诠释》，生活·读书·新知三联书店 2015 年版，第 179 页。

不行也；"得民"者，君上孤也。此八者，匹夫之私誉，人主之大败也。反此八者，匹夫之私毁，人主之公利也。人主不察社稷之利害，而用匹夫之私誉，索国之无危乱，不可得矣。"①

为老朋友奔忙私事叫做"不抛弃朋友"，拿公家财物散发施舍叫做"仁爱之人"，轻视俸禄而看重自身叫做"君子"，歪曲法制来偏袒亲人叫做"有德行"，放弃官职看重私交叫做"有义气"，逃离现实回避君主叫做"清高傲世"，互相争斗违抗禁令叫做"刚强之才"，施行恩惠收买民众叫做"得民心"。"不抛弃朋友"，官吏就会有邪恶的行为了；有了"仁爱之人"，国家的财产就会受到损害了；有了"君子"，民众就难以驱使了；有了"有德行"的行为，法制就会遭到破坏了；有了"有义气"的行为，官职就会出现空缺了；有了"清高傲世"的道德观，民众就不侍奉君主了；有了"刚强的人才"，禁令就不能实行了；有了"得民心"的行为，君主就孤立了。这八种道德说教，使普通百姓得到了有利于个人的赞誉，但却使君主受到了极大的损害。和这八种相反的道德观念，会使普通百姓得到有害于自己的毁谤，但却符合君主的国家利益。君主不去考察它们对国家是有利还是有害，却听从这些使

① 《韩非子·八说》。

普通百姓获得个人声誉的道德说教，这样，想求得国家不危险混乱，就不可能了。

虽然韩非子说的这八种现象并不都是指裙带关系腐败，但这八种腐败多少都与人情社会裙带关系息息相关。

归根结底，第二层级的裙带关系腐败，源自君主第一层级的裙带关系腐败。

在《韩非子·八奸》中，则深刻揭示了第一层级与第二层级裙带关系腐败的内在关联，这种腐败现象被韩非子命名为"父兄"现象：侧室公子、大臣廷吏作为君主的亲近之人，深获君主信任，言听计从，这些人之所以能够获得重用进而手握重权，本身就是君主任人唯亲的一个结果，这是第一层次意义上的裙带关系腐败；同时，这些与君主关系亲近的人又充分利用裙带关系形成的政治影响力，在次级政治生态领域任用与自己关系亲近的其他臣子，狼狈为奸，结成利益攻守同盟，最终侵犯君主利益。在韩非子看来，君主利益代表着公利或社稷之利，因此他劝解君主应对"父兄"保持警惕。这是第二层级的裙带关系腐败。

6. 权臣当国与朋党政治

韩非子认为，当权重臣之所以能够结党营私、以权谋私，害君害国，根本原因就在于他们手中拥有权势，而当权重臣的权势又源自君主的信任与授权。在韩非子看来，权臣所以能够得逞其私欲，正在于他们善于揣摩君主心思，充分利用君主的人性弱点，投其所好，阿谀奉承，从而骗取君主信任并授权。而当权重臣一旦大权在握，势必充分利用自身已经获得的政治影响力，在人事任免及政治考核过程中，举荐自己的亲信，排斥异己，拉帮结派构建自己的小利益集团，从而谋取私利，胡作非为，甚至擅权以害君乱政。有鉴于权臣当国与朋党政治在政治领域之腐败情状及其巨大危害，韩非子主张将其绳之以法，判处死刑："故当世之重臣，主变势而得固宠者，十无二三。是其故何也？人臣之罪大也。臣有大罪者，其行欺主也，其罪当死亡也。"①

四、韩非子的治吏术

（一）治国就是治吏

治理方略是治理国家中的具有战略性的指导原则和策略。韩非子的治理方略，有着一个完整的逻辑体系结构。《韩非子》的核心内容就是努力在大乱之世为君主寻找到一套能够拨乱反正、长治久安的治国之策。

① 《韩非子·孤愤》。

　　韩非子为君主提供的治理方略主要有：①

　　第一，循天守道。即遵循和顺应自然规律——"道"。老子说："道恒无名，侯王若能守之，万物将自化。"②

　　第二，因情而治。即遵循和顺应社会规律，根据人情的实际需要治理国家，不违背人情世故。韩非子说："凡治天下，必因人情。"③

　　第三，中央集权。即"事在四方，要在中央。圣人执要，四方来效"。④

　　第四，依法赏罚。即以法治国。赏罚是君主治理国家的两个最重要的权柄，赏罚要依法度行事。韩非子说："以刑治，以赏战，厚禄以周术。"⑤

　　第五，治吏引纲。即治吏是治国抓纲的表现，君主治国重在治吏。韩非子说："明主治吏不治民。"⑥

　　第六，务力尚力。即国家要靠实力发展，发展农战，务力尚力才能使国家强大。韩非子说："故国多力，而天下莫能侵

①　参见王立仁著：《韩非的治国方略研究》，中国社会科学出版社 2012 年版，第 118 页。

②　《老子·第三十七章》。

③　《韩非子·八经》。

④　《韩非子·扬权》。

⑤　《韩非子·饰令》。

⑥　《韩非子·外储说右下》。

也。"① "力多，则人朝；力寡，则朝于人。"②

以上六项内容中，治吏引纲可谓是韩非提供给君主治国理政的最为关键性的一项方略。

治国就是治吏。治吏是任何政权维持民心，维护统治秩序的必要条件。

在韩非子的吏治思想中，"治吏"不仅是为了维护专制主义中央集权，更好地发挥官僚机构的统治效能，而且也是为了更好更有效地"治民"。

韩非说：

> 人主者，守法责成以立功者也。③

作为君主，就是要依靠法律制度和官吏履行职责来建立自己的功绩。就是说君主治理国家主要凭借两种武器：一是法律，二是官吏。由于法律也是通过官吏来执行的，君主治理国家不能离开官吏，因而，对官吏的治理就成为君主治理国家的关键之关键。

韩非又说：

---

① 《韩非子·饬令》。
② 《韩非子·显学》。
③ 《韩非子·外储说右下》。

人主者，以刑德制臣者也。①

在韩非看来，君主的工作就是以刑德来控制臣下、监督臣下完成既定目标。刑是刑罚，德是奖赏。这一方面是说，君主治理官吏不能离开刑德二柄，离开刑德二柄就无法做到有效治理官吏；另一方面是说，君主就是治理官吏的人，他的使命和责任就是做好治理官吏的工作。

由于臣下或官吏是君主治理国家的关键所在，因此，韩非告诫君主：

明主治吏不治民。②

为什么说君主治理国家只治吏不治民呢？韩非子给出了两点理由：

第一，官吏是国家乱与不乱的关键所在，官吏如果不乱，国家就不会乱。

韩非说：

闻有吏虽乱而有独善之民，不闻有乱民而有独治之吏。③

---

① 《韩非子·二柄》。
② 《韩非子·外储说右下》。
③ 《韩非子·外储说右下》。

中外古今大量历史事实表明，在官吏作乱时还能有遵守规矩的百姓，而在百姓作乱时却不会有遵守规矩的官吏。这说明百姓乱时则官吏必乱，百姓不乱时官吏也会乱，官吏决定着百姓乱与不乱，官吏是国家乱与不乱的关键。这话的潜在意义是，治理好官吏，使官吏不乱国家就不会乱，而要使国家不乱，就必须治理好官吏。为什么？这是因为官吏是国家行政部门的具体管理者、执法者，是负责民众的教化者、示范者，是民的榜样。把官吏治理好了，国家就会安宁，官吏治理不好，国家就会混乱。

第二，官吏是君主治理国家的工具。

韩非说：

> 吏者，民之本、纲者也。
>
> 圣人不亲细民，明主不躬小事。[1]

官吏是什么？官吏是君主治理国家、治理百姓的纲。俗话说，纲举目张。君主治吏不治民，并不是说君主治理国家不需要治理百姓，而是说君主不需要直接治理百姓。君管官，官管百姓，各司其职。选官就是为了治理百姓。君主选用官吏，就是通过他们来治理百姓，以实现国家的治理。"对于君主来说，对民众的统

---

[1] 《韩非子·外储说右下》。

治必须通过官吏来进行，官吏的好坏直接关系到君主的利益，因而'治吏'比'治民'显得更为迫切、更重要。"① "韩非的思路是君主'治吏不治民，能掌握臣下也就自然能统治民众，治理民众应当是间接的，君主不宜亲自去做。"② "君主最终的统治对象虽然是民，然而君主却不能直接面对民众，而必须通过官吏这一环节，才能理顺上下统治关系，取得事半功倍的效果，所以为政的重点是'治官'。""官吏如网中之纲，民如网中之目。"③

（二）治吏的关键是选用能人为官

在韩非看来，选择什么样的人作官吏来替君主管理民众，完成政事，这是决定国家与君主存亡的大事。君主若没有选用官吏的正当方法、手段和标准，就会导致治理国家的失败。既然官吏是君主治理国家的重"纲"，是国家治乱的关键所在，那么，君主治理国家就应该把选吏与治吏作为治国理政之首要大事。

治吏首要之事就是要选拔有才能的合适官吏。

韩非子说：

---

① 杨鹤皋主编：《中国法律思想史》，北京大学出版社 1988 年版，第 188 页。
② 施觉怀著：《韩非子评传》，南京大学出版社 2002 年版，第 188 页。
③ 纪宝成主编：《中国古代治国要论》，中国人民大学出版社 2004 年版，第 110 页。

任人以事，存亡治乱之机也。无术以任人，无所任而不
败。[①]

把政事交给什么人，是国家存亡治乱的关键。如果君主没有
手段来任用人，那么无论任用什么人都会把事情搞坏。因而，必
须有一个正确的标准来选择官吏，这个标准就是能者居其劳，以
治理才能大小而授其官。

除了才能外，韩非子也同意把个人品行作为君主选择官吏的
重要标准。

韩非子揭示了当时政治上存在的一种普遍现象，这就是：

人君之所任，非辩智则洁修也。[②]

即君主选拔官吏不是根据其智慧才能，就是根据其道德品行。

就是说，君主选择官吏有两个标准：一个是人的才能，另一
个是人的品行。尽管只有这两个用人标准，但是选择有能力之人
为官还是选择有德行之人为官，却是很让人为难的事。因为"任
人者，使有势也。"[③]君主任用大臣和官吏，就是使他们掌握权势。
而"智士者未必信也，为多其智，因惑其信也。以智士之计，处

---

① 《韩非子·八说》。
② 《韩非子·八说》。
③ 《韩非子·八说》。

乘势之资而为其私急，则君必欺焉。为智者之不可信也，故任修士者，使断事也。修士者未必智，为洁其身，因惑其智。以愚人之所悄，处治事之官而为其所然，则事必乱矣"。①韩非告诫人们，智士未必受到信任，原因在于他们富有才智，因而君主怀疑他们的诚实。在人们的眼里，凭智士的聪明，加上君主给他们的权势，如果他们极力为个人打算，君主一定会受到欺骗。由于智者不可信任的缘故，于是君主便任用有德行的人，让他们去决断政事。可由于有德行的人未必有智能，因为他们品行端正，所以人们又怀疑他们的能力。如果使用庸人担任行政官员，让他们根据自己的认识行事，事情就一定会办糟糕。在这两种标准或两种人面前，"人主有二患：任贤，则臣将乘于贤以劫其君；妄举，则事沮不胜"。②君主的两种忧患是：任用能干的人，那臣子将会凭借能干来夺取君位；随便提拔人，那事情又可能会半途而废做不好。在这样的情况下，君主"无术以用人，任智则君欺，任修则君事乱，此无术之患也"③。君主如果缺乏正确的方法，就会出现任用聪明人欺骗君主，任用有德行的人为君主做坏事的恶果。这是君主治国理政中无法规避的一个矛盾而又两难的问题。治理国家不能

---

① 《韩非子·八说》。
② 《韩非子·二柄》。
③ 《韩非子·八说》。

离开官吏，而任用官吏又存在着用智士（有能力的人）被欺，用修士（有德行的人）坏事的实际，"今舜以贤取君之国，而汤、武以义放弑其君，此皆以贤而危主者也。"[①]舜以贤能夺取了君主尧的政权，汤、武以道义流放和弑杀了自己的君主，这都是凭借能力危害君主。那么在这两难中到底应该怎么办呢？在智能之人和修士之间，在被欺和坏事的可能之间，韩非主张选择前者即选用有能力的人作为官吏来为君主治理国家，而不是选择有德行而坏事的人。有德行的人品行端正却不一定有才智，不一定有能力，而有能力的人品行又未必优秀。面对这个两难的问题，韩非给出的答案是，选用能人来治理国家，选拔官吏的根本标准应该是有没有能力。

韩非子说：

> 官之失能者，其国乱。[②]

在官职上任用没有治理能力的官员，国家就会混乱。

总之，韩非处在乱世尚力的时代，面对这样一个时代，治理国家的难度要比和平稳定时期困难得多。这个时代，更需要有能力的官员，这也是韩非子特别重视以才能选拔官员的一个重要

---

① 《韩非子·忠孝》。
② 《韩非子·有度》。

原因。

韩非子说：

> 上古竞于道德，中世逐于智谋，当今争于气力。①

在一个靠实力说话的时代，选用官吏就更需要他的实际能力。有富国强兵能力就可以做官，没有富国强兵能力就不能做官，这就是韩非在治吏或选拔官吏时坚持的一个基本标准，或者说是韩非子选拔官吏的一个根本思想或者是指导原则。②

（三）君主的课能之术

韩非子的课能之术是君主使用和考验人才的方法。其要点是：

> 术者，因任而授官，循名而责实，操杀生之柄，课群臣之能者也，此人主之所执也。③

所谓术治，就是根据各人的能力来授予相应的官职、按照官职名分来责求其实际的功效、掌握生杀大权、考核各级官吏的才能这么一整套的方法。这是君主所必须掌握的驾驭官吏的手段。

---

① 《韩非子·五蠹》。
② 王立仁著：《韩非的治国方略研究》，中国社会科学出版社 2012 年版，第121、122 页。
③ 《韩非子·定法》。

　　术者，藏之于胸中，以偶众端而潜御群臣者也。故法莫如显，而术不欲见。①

　　所谓"术"，就是藏在君主心里用来验证各方面的事情从而暗地里用它来驾驭群臣的方法。

　　为人臣者陈而言，君以其言授之事，专以其事责其功。功当其事，事当其言，则赏；功不当其事，事不当其言，则罚。②

　　就是说，君主根据臣下所作的保证和诺言，授予某种职事，然后按其职事检查其功效。对功效与职事和诺言相符合的官吏进行奖赏，对功效与职事和诺言不相符合的官吏则实施惩罚。

　　由此可见，韩非子的"术"，是特指君主驾驭群臣的统治术，也可称之为"刑德之术"。这种统治术要求君主暗中综合研究各方面的情况，对照群臣的职分和诺言，检查群臣活动的效能和事实真相，然后予以赏罚进退，借以达到任能、禁奸、维持统治稳定的目的。

　　据孙实明在《韩非思想新探》一书中总结，韩非子政治思想

――――――――――

① 《韩非子·难三》。
② 《韩非子·二柄》。

中课能之术的具体步骤和方法大致有九项：

（1）君主遇事首先要集中群臣的智慧，以便确立工作方案。

（2）君臣订立工作合同。方案进言者和实行者要对方案实施的后果承担相应的责任。

（3）订立工作合同一定要讲究功效。

（4）在订立合同、考验功效时，必须将责任具体落实到臣下个人。

（5）审合形名时，必须要求形与名、功效与诺言完全相符。

（6）审合形名之后，要实行"必罚明威"和"信赏尽能"。

（7）君主所亲自考验和任用的贤能，必须通过自下而上的逐级考验和提拔，不宜单凭虚名重用那些未经实际考验的人。

（8）君主所亲自任用和考验的贤能系由群臣推荐，明君不自举臣。举贤者举得其人则与之俱得赏，否则同受罚。

（9）要防止大臣为避免负责而不说话——包括不议论、不请事、不荐贤。[①]

就以上九项"课能之术"，进一步加以简要说明。

第一项，君主遇事要集中群臣的集体智慧，逐一听取群臣个人意见，然后公开集会进行讨论辩难，最终果断将工作方案确定

---

① 参见孙实明著：《韩非思想新探》，湖北人民出版社 1990 年版，第 77—81 页。

下来。

韩非子说：

> 力不敌众，智不尽物；与其用一人，不如用一国。故智力敌而群物胜，揣中则私劳，不中则有过。下君尽己之能，中君尽人之力，上君尽人之智。是以事至而结智，一听而公会。听不一，则后悖于前；后悖于前，则愚智不分。不公会，则犹豫而不断；不断，则事留。自取一，则毋堕壑之累。故使之讽，讽定而怒。是以言陈之日，必有英籍。结智者事发而验，结能者功见而谋成败。成败有征，赏罚随之。事成，则君收其功；规败，则臣任其罪。君人者合符犹不亲，而况于力乎？事智犹不亲，而况于愚乎？故非。用人也不取同，同则君怒。使人相用，则君神；君神，则下尽；下尽，则臣上不因君；而主道毕矣。[①]

君主一个人的力量敌不过众人，一个人的智慧不能全部了解所有的事物；所以，与其使用自己一个人的智慧和力量，还不如利用全国臣民的智慧和力量。君主如果拿自己的智慧与力量去和众人万物较量，那么众人万物就会胜过君主；君主即使凭智力把事情猜测到了，那自己也会劳累；如果猜不中，那还会犯过错。

[①] 《韩非子·八经》。

下等的君主只是竭尽自己的才能，中等的君主能充分发挥别人的力量，上等的君主能充分利用别人的智慧。因此，遇到事情就应该集中众人的智慧，——听取意见以后再把大家公开集合起来讨论。听取意见时如果不是先一个一个地分别进行而马上集中起来讨论，那么臣下在后来讲的话就会参照别人的观点而和他先前想讲的话相反；后来讲的话和原先想讲的相反，那么臣下的愚蠢和聪明也就无法辨别清楚。如果逐一听取意见后不把大家公开集合起来讨论，那就会犹豫而不能决断；不能决断，那么事情也就拖下去了。君主对臣下的意见能独立自主地择取其中的一种，那就不会有掉入臣下所设的陷阱而导致祸害。所以，君主先让臣下提意见，等他们把意见确定之后再严厉地斥责他们。臣下发表言论的时候，一定要有簿册加以记录。集中众人智慧的，等事情发生以后，再检验一下谁的计谋正确；集中众人才能的，等功绩表现出来以后，再考察一下各人的成败得失。成功和失败有了证验，奖赏和惩罚就按照它来进行。事情办成了，那么君主就收取它的功劳；谋划失败了，那么臣下就承担它的罪责。君主对于验合符信这种重要而又不费力的事尚且不亲自去做，更何况是那些要用力的事呢？君主对于稍动脑筋的事尚且不亲自去做，更何况是那些要费尽心机凭空推测的事情呢？所以君主要在具体的事情上费心尽力。君主任用官吏时，不应该录用彼此意见相同的人；如果臣下相互附和，那么君主就应该严厉地加以斥责。使臣下相互对立而为君主所利用，那么君主就神妙莫测了；君主神妙莫测，那么臣下就会尽心竭力地为君主效劳；臣下尽心竭力地为君主效劳，那么臣子就不会向上来利用君主；这样，君主统治臣下的方法也就完备了。

第二项，君臣订立工作合同。方案实施的后果，要由进言者和实行者承担责任。

在第一项中，韩非子已经说过：

> 结智者事发而验，结能者功见而谋成败。成败有征，赏罚随之。事成，则君收其功；规败，则臣任其罪。

为了追究责任，对群臣的建议和诺言一定要作书面记录以待后验："陈言之日，必有荚籍。"这种载之于册籍之言，相当于军令状式的工作合同，是君主对臣工进行奖赏的重要参考依据。

第三项，订立工作合同一定要讲究功效。君主应该注意办事的功利性，必须是收入超出支出而且有利可图的事情才可以做，决不能让"人臣出大费而成小功"来损害君主的利益。

韩非子说：

> 人主欲为事，不通其端末，而以明其欲，有为之者，其为不得利，必以害反。知此者，任理去欲。举事有道，计其入多，其出少者，可为也。惑主不然，计其入，不计其

出，出虽倍其入，不知其害，则是名得而实亡。如是者，功小而害大矣。凡功者，其入多，其出少，乃可谓功。今大费无罪而少得为功，则人臣出大费而成小功，小功成而主亦有害。[①]

君主想做某事，如果还没有搞清楚那事情的头绪以及后果，就已经把自己的想法透露了出来，有这种行为的君主，他做的事不但不能得利，而且一定会以受害作为对他的报应。懂得了这种道理的君主，就会顺应客观的事理办事而去掉自己的主观欲望，做事情有一定的原则，计算那收入多而支出少的事情，是可以做的。糊涂的君主却不是这样，他们只盘算那收入，而不考虑支出的成本，支出即使是那收入的一倍，他们也不知道那害处，这样表面上看，虽然是得到了，但实际上却是失去了。像这样，那么功效微小而损失就十分重大了。大凡功效这东西，那收入多而支出少的，才可以称为功效。现在耗费大了并没有罪过而稍有所得就被认为有功，那么臣下就会支出大量的费用去成就小的功效，这微小的功效即使成就了，而君主也还是有损失的。因此，韩非子认为，功效的概念应包含成本观念在内，"凡功者，其入多，其出少乃可谓功"。因此，在订立获取功效的合同时，一定要有成本

---

① 《韩非子·南面》。

规定。成本规定也是名的一部分。为追求功效而不计成本的做法是愚蠢而有害的。

第四项，在订立合同、考验功效时，必须将责任落实到臣下个人的人头上。这包括两个方面：

其一，人主应"一听则愚智不分，责下则人臣不参"①。君主要逐一听取臣下的意见和诺言，并一一考验其功效，只有这样才能有效地分辨贤愚，避免混淆视听。韩非子用齐王听竽的故事形象地说明了这个道理：

> 齐宣王使人吹竽，必三百人，南郭处士请为王吹竽，宣王说之，廪食以数百人。宣王死，湣王立，好一一听之，处士逃。②

齐宣王让人吹竽，一定要 300 个人一起吹。南郭先生请求为宣王吹竽，宣王很喜欢他，由官仓供给他的粮食与几百个人一样多。宣王死了以后，湣王登上了王位，喜欢一个一个地听人吹竽，南郭先生就逃跑了。

其二，君主要贯彻"一听责下"，严格划分臣下个人的职权范围，"不得越官而有功，不得陈言而不当"。英明的君主驾驭臣

---

① 《韩非子·内储说上七术》。
② 《韩非子·内储说上七术》。

下时，臣下不得超越了职权去立功，也不可以说话与做事不相当。超越了职权就处死，言行不一致就治罪。各个臣子都在他自己的职权范围内恪守职务而不越职去取功，所说的话与所做的事相当，那么群臣就不能拉党结派、互相帮助、狼狈为奸了。

第五项，君主审合形名时，必须严格执行合同，要求形与名、功效与诺言完全相符。

韩非子说：

> 人主有诱于事者，有壅于言者，二者不可不察也。
>
> 人臣易言事者，少索资，以事诬主。主诱而不察，因而多之，则是臣反以事制主也。如是者谓之"诱"，诱于事者困于患。其进言少，其退费多，虽有功，其进言不信。不信者有罪，事有功者必赏，则群臣莫敢饰言以惛主。主道者，使人臣前言不复于后，后言不复于前，事虽有功，必伏其罪，谓之任下。
>
> 人臣为主设事而恐其非也，则先出说，设言曰："议是事者，妒事者也。"人主藏是言，不更听群臣；群臣畏是言，不敢议事。二势者用，则忠臣不听而誉臣独任。如是者谓之"壅于言"，壅于言者制于臣矣。主道者，使人臣必有言之责，又有不言之责。言无端末、辩无所验者，此言之责也；以不言避责、持重位者，此不言之责也。人主使人臣，言者必知

其端以责其实，不言者必问其取舍以为之责，则人臣莫敢妄言矣，又不敢默然矣，言、默则皆有责也。[①]

韩非子说：君主有被事情诱惑的，有被言论蒙蔽的，这两种情况不可不加审察。

臣子中把做事说得很容易的人，他们索取的费用很少，用自己能办事来欺骗君主。君主受到他们的诱惑后不加审察，便夸奖他们，这样的话，臣下就会反过来用办事来控制君主了。这样的情况就叫做"被事情诱惑"，被事情诱惑的君主就会被祸患搞得焦头烂额。他们进见君主时所说的费用很少，但他们回去办事时花费却很多，他们即使办事有了成效，他们进见君主时讲的话也是不诚实的。不诚实的人有罪，他们即使办事有了成效也不给奖赏，那么群臣就没有谁再敢吹牛夸口来迷惑君主了。君主的统治手段应该是，假如臣下先前说的话和后来办的事不合，或者后来说的话和先前办的事不合，事情即使办成了，也一定要使他们受到应得的惩罚，这叫做使用臣下的方法。

臣下为君主筹划了事情而又怕被别人非议，就预先出外游说，使人扬言说："议论这件事情的人，就是嫉妒这件事情的人。"君主心里记住了这种话，就不再听信群臣了；群臣害怕这种话，就

---

① 《韩非子·南面》。

不敢议论这件事了。君主不听群臣、群臣不敢议论这两种情形起
了作用，那么君主就不听信忠臣的话而专门任用那些徒有虚名的
臣子了。像这样的情况就叫做"被言论蒙蔽"，被言论蒙蔽的君主
就会被臣下控制了。君主的统治手段应该是，使臣下一定负有说
话不当的罪责，又负有该说不说的罪责。说话无头无尾，辩词无
从验证的，这就是说话不当的罪责；用不说话来逃避责任以保持
重要官位的，这是该说不说的罪责。君主使用臣下，对说话的臣
子，一定要了解他说话的头绪，并用它来责求他的办事实效；对
不说话的臣子，一定要问清他对某事是赞成还是反对，并把它作
为问责他的责任。这样的话，臣下就没有谁再敢乱说了，也不敢
沉默了，因为说话和沉默都有责任。

第六项，审合形名之后，要实行"必罚明威"和"信赏尽能"。
因为"刑罚不必则禁令不行"，"赏誉薄而谩者下不用"①，只有奖罚
分明，君主才能治理好官吏。

一方面，韩非子主张君主一定要做到"必罚明威"，对违反法
度的官员严惩不贷。"爱多者，则法不立；威寡者，则下侵上。是
以刑罚不必，则禁令不行。"②君主仁慈过分的，那么法制就不能建
立；君主威严不足的，那么臣下就会侵害主上。因此刑罚如果不坚

---

① 《韩非子·内储说上七术》。
② 《韩非子·内储说上七术》。

决地加以实施，那么禁令就不能实行。因此，对罪犯一定要加以严惩。

另一方面，韩非子也主张君主一定要做到"信赏尽能"，对有功者一定要奖赏表扬。"赏誉薄而谩者，下不用也；赏誉厚而信者，下轻死。"① 奖赏表扬轻微而又欺诈不能兑现的，臣民就不肯被君主使用；奖赏表扬优厚而又确实守信用的，臣民就会不惜牺牲为君主效劳。

第七项，君主所亲自考验和任用的贤能，必须通过自下而上的逐级考验和提拔，不宜单凭虚名就重用那些未经实际考验的人。"故明主之吏，宰相必起于州部，猛将必发于卒伍。夫有功者必赏，则爵禄厚而愈劝；迁官袭级，则官职大而愈治。夫爵禄大而官职治，王之道也。"②

第八项，君主所亲自任用和考验的贤能系由群臣推荐，明君不自举臣，推荐者应自负其责。君主既要考察任事者的功效，又要考察举贤者的功效。举贤者举得其人则与之俱得赏，举贤者举荐不得其人则与之俱罚。韩非子认为，明君治国的办法是：录用有才能的人，推崇忠于职守的人，奖赏有功劳的人。臣下推荐人才时所说的话合于法度，君主就高兴，推荐者与被推荐者一定都

---

① 《韩非子·内储说上七术》。
② 《韩非子·显学》。

得到奖赏；如果不合乎法度，君主就发怒，推荐者与被推荐者一定都要受到惩罚。正如韩非子所说："明主之道：取于任，贤于官，赏于功。言程（合标准），主喜，俱必利，不当，主怒，俱必害；则人不私其父兄而进其仇雠。"[①] "论之于任，试之于事，课之于功。故群臣公政（正）而无私，不隐贤，不进不肖。"[②] 只有这样才能保证荐举者的公正无私。

第九项，要防止大臣为避免负责而不说话——包括不议论、不请事、不荐贤。为此，君主应做到"使人臣言者必知其端以责其实，不言者必问其取舍以为之责，则人臣莫敢妄言矣，又不敢默然矣，言默皆有责也"[③]。官吏作为者"必知其端以责其实"；官吏不作为者"必问其取舍以为之责"。言不当者问责，不言者更要问责。唯有如此，才能保障臣下言行一致。

（四）君主的禁奸之术

韩非子所谓的禁奸之术，即是君主同"奸邪"作斗争以巩固其统治的方法和策略。禁奸之术与课能之术有着紧密的联系，不能决然分开。课能之术可以发现冒功诬能的奸邪；而禁奸之术亦

---

① 《韩非子·八经》。
② 《韩非子·难三》。
③ 《韩非子·南面》。

有助于达到课能的目的。有的术，如"众端参观"等，本身就既是课能之术又是禁奸之术，因为无论课能和禁奸都必须弄清事实真相。当然，这两类统治术还是有区别的：课能之术的侧重点在于"课能"，直接服务于选贤任能的组织原则；禁奸之术的侧重点则在于直接服务于巩固君主的权势和法制的政治斗争。禁奸术按其内容可分为奸情、察奸、防奸、自神等几类。①

1. 奸情种种

韩非子将奸邪可能发生危害君主的事情集中总结为"八奸""六微"。

这八项防范奸臣的办法在前面"君主的道术"中已经论述，此不赘述。

六微是指奸邪危害君主活动的六种微妙情形，其条目是："一曰权借在下，二曰利异外借，三曰托于似类，四曰利害有反，五曰参疑内争，六曰敌国废置。"韩非子说："此六者，主之所察也。"②六种隐微的情况：一是君主的权势转借给臣下；二是由于君臣的利益不同而臣下借助外国的势力来谋取私利；三是臣下依靠类似的事来欺骗君主谋取私利；四是人们的利害关系存在着相反

---

① 　参见孙实明著：《韩非思想新探》，湖北人民出版社 1990 年版，第 85—99 页。

② 　《韩非子·内储说下六微》。

的情况而臣下会危害君主和他人来谋取私利；五是臣下的势力互相匹敌而导致了统治集团内部的争权夺利的斗争；六是敌对的国家插手对大臣的废黜与任用。这六种情况，是君主应当明察并时刻要预防的。

2. 察奸

察奸之术可简要地概括为"参言以知其诚，易视以改其泽"[①]。

一方面，所谓"参言以知其诚"，即"众端参观"[②]与"听无门户"[③]。也就是说，君主对臣下所言之事，要通过比较研究多方面的情况予以考察、验证，而不要偏听一人。韩非指出："观听不参则诚不闻，听有门户则臣壅塞。"[④]韩非认为，即使对众人异口同声之言也必须加以参验而不能轻信，因为众人之言并非都是真实可靠的。有时，众人可能因考虑利害关系而一味附和于权臣。在这种情况下，君主如果相信众言，无异于偏听一人。

另一方面，韩非主张在"众端参观"的过程中，不仅要研究来自同一个观察角度的各种情况，而且还要研究来自不同观察角度的各种情况，以便更好地排除假象，获得真情。所以他进一步提出"易视以改其泽"，即变换视线以观其是否改变光泽，也就是

① 《韩非子·八经》。
② 《韩非子·内储说上七术》。
③ 《韩非子·八说》。
④ 《韩非子·内储说上七术》。

从不同的角度、通过不同的渠道以猎取对方的情况。其办法有：

第一，"举往以悉其前"①。即参考其往事以认识其现状。

第二，"设谍"。即设置间谍进行密察，以管理专任之人。

第三，"举错（措）以观奸动"②。即采取某些措施，引诱奸邪之人以观其动静。

第四，"卑（俾）适（敌）以观直谄"③。即使对方迎合己意，以观其人为直、为谄。

第五，"握明以问所闇"④。即心怀智故巧诈而发问，以探知对方诚实与否等隐情。

第六，"倒言反事以尝所疑"⑤。即对所疑之事用说倒话、做反事的方法加以试探。

3．防奸

察奸、除奸不如防奸于未然。所以韩非子说："禁奸之法，太上禁其心，其次禁其言，其次禁其事。"⑥防奸的办法有：

---

① 《韩非子·八经》。

② 《韩非子·八经》。

③ 《韩非子·八经》。

④ 《韩非子·八经》。

⑤ 《韩非子·内储说上七术》。

⑥ 《韩非子·说疑》。

第一，"宣闻以通未见""明说以诱避过"①。通过宣传申明法制，进行正面的告诫。

第二，"以三节持之"，用三种至关利害的制约手段把持大臣。韩非子说："其位至而任大者，以三节持之，曰质、曰镇、曰固。亲戚妻子，质（人质）也。爵禄厚而必，镇（安定）也。参伍贵帑，固（通锢）也。"②

第三，"勿使民比周"③，防止臣民结党营私。其具体做法有："比周而赏异也，诛毋谒而罪同。"④ 奖励迥异于朋党比周的正派言行，惩罚包庇犯罪而不告奸者；"渐更以离通比"，逐渐调换人员以离散比周相通者；"作斗以散朋党"⑤，挑起一些人之间的斗争以解散他们的朋党勾结。

第四，"疑诏诡使"⑥，"深一以警众心"⑦。"疑诏"，是指君主故意下达某种诏令，使群臣相猜疑而不敢为非。"深一以警众心"，是指君主拿某件事情做文章，严厉惩罚不守法度者。

---

① 《韩非子·八经》。
② 《韩非子·八经》。
③ 《韩非子·扬权》。
④ 《韩非子·八经》。
⑤ 《韩非子·八经》。
⑥ 《韩非子·内储说上七术》。
⑦ 《韩非子·八经》。

第五，"心藏""不漏"，要求君主将臣下的密奏藏之于心、不予泄露。韩非认为，君主若不善保密，则人臣必然有所顾忌而不敢直言实情。韩非子说："人臣有议当途之失、用事之过、举臣之情，人主不心藏而漏之近习能人，使人臣之欲有言者，不敢不下适近习能人之心而乃上以闻人主，然则端言直道之人不得见，而忠直日疏。"[①] 韩非子认为："浅薄而易见，漏泄而无藏，不能周密，而通群臣之语者，可亡也。"[②] 韩非子要求君主像韩昭侯那样周密："堂谿公每见而出，昭侯必独卧，惟恐梦言泄于妻妾。"[③] 对于执政者言，韩非子的这一思想，颇有可以借鉴的合理因素。

4. 自神

韩非认为，与君主进行防奸、察奸的同时，奸邪也在不断窥伺君主以利其活动。"篡臣"要了解君主的为人以作出其决策；"佞臣"要摸清君主的私意以投其所好；"奸臣"要窥探君主的内情以"谄主便私"，拉拢或构陷其同僚。因此，韩非子认为，君主禁奸，一方面要防奸察奸、了解奸邪的活动规律，另一方面还要避免奸邪对君主的窥伺。要达到这两方面的目的，君主必须讲究自神之

---

① 《韩非子·三守》。
② 《韩非子·亡徵》。
③ 《韩非子·外储说左上》。

术。所谓自神，就是把自己装扮得神秘无端、高深莫测。自神的要领是虚静无为。君主既不表现个人的欲望和意图，又不好强争胜、矜夸其贤智，"掩其迹，匿其端，下不能原；去其智，绝其能，下不能意"①，以避免奸邪的窥伺。君主如果表现自己的欲望和意向，则臣下必将为迎合其好恶而进行自我表现、自我掩饰；如果君主去好去恶，深自韬晦，则臣下为了自保就只好各行其素，现出本来面目来。

总之，韩非子的治吏主张给了我们如下启示：

第一，治理国家的关键在于治理官吏。一个国家无论是君主专制还是民主共和政体，总是要有人履行管理职能，官吏能力水平直接影响着国家的管理水平。

第二，治理国家需要有能力的官吏，用人之能用人之长。如果没有能吏来治理国家，国家既不能发展也不会稳定，更不会在国家之间的竞争中取得优势的地位，这是由国家事务的复杂性和国家之间的竞争的残酷性决定的，在混乱纷争的时代和社会变革时期更是如此。

第三，对官吏必须用法律制度加以制约和监督。官吏也是人，也好利，并不是因为爱君主而为君主做事，而是为了自己的利益而做事，官吏也是好利恶害。韩非子的态度是，一方面肯定人好

———————

① 《韩非子·主道》。

利的行为，另一方面主张对官吏要进行监督和约束，以使他们不得为非作歹。官吏不因为成了官吏，就改变自己为恶的可能，因而要在使用中加强监督约束。

第五章
如何做好一个综合型的领导

——《管子》：集诸子之长的领导智慧

在先秦诸子著述中，《管子》一书自成一家、别具特色。它虽然"简篇错乱，文字夺误"，"号称难读"，但又确为天下之奇文；它虽然丛集诸说，涉及百家，庞杂重复，但又是包罗宏富的思想宝库。《管子》涵盖政治、经济、军事、哲学、文化、法律、伦理、科技等领域，内容包罗万象，涉及面极广，尤其是以经世致用为核心，切合实际，论述精细，包含着大量的治国理政思想与智慧。作为一部反映春秋战国齐文化的皇皇巨著，《管子》所蕴含的政治思想与治国理念异常丰富，远非先秦时期其他一些政治思想著作所能及，可谓是春秋战国乃至秦汉时期的学术之宝藏。尽管班固将《管子》归入道家，刘歆在《七略》中将其列入法家，但都略嫌牵强。事实上，《管子》一书很难恰当地将其归入某一类政治学派，原因就在于《管子》兼有道、法两家之长而无其短，此外还掺以兵、农、阴阳、儒家的学说，可谓是中国历史上最大的杂家，其所包含的内容远非杂家的代表作《吕氏春秋》所能望其项背。在先秦诸子中，《管子》首先提出立国的根本在于有礼义廉耻四维维系的教化主张。同时提出"以法治国"和"以德治国"的治理理念，认为法出乎道，为治国的根本，具有至高无上性，强调"令尊于君"，主张"君臣上下贵贱皆从法"，执法者必须公正无私，等等。这些主张和认识在当时无疑是进步的，可谓是开先秦诸子百家争鸣之源头，至今仍具有借鉴意义，影响中国历史甚巨甚大，非常值得领导干部认真阅读与学习。

一、《管子》是一部什么样的书

《管子》的作者，相传为春秋齐桓公的名相管仲，然这种说法在后世学者中争论很大。

《管子》到底是借用管仲之名，还是管仲本人的著作？

从战国到两汉，《管子》一书一直很流行，没有人怀疑《管子》的作者是管仲。韩非子说："今境内之民皆言治，藏商、管之法者家有之。"[1]就是说，在战国末期，各诸侯国中关心国家政治的士大夫家中都藏有商鞅和管子的书籍，可见其作品在当时社会之普及，其影响力之大远非今日我们所能够想象。司马迁说："吾读管氏《牧民》、《山高》、《乘马》、《轻重》、《九府》，及《晏子春秋》，详哉其言之也。既见其著书，欲观其行事，故次其传。至其书，世多有之，是以不论，论其轶事。"[2]太史公只说《管子》在社会上流传很广，并没有否认管仲是《管子》一书的作者之事。另外，汉代《淮南子·要略》里也提到："桓公忧中国之患，苦夷狄之乱，欲以存亡继绝，崇天子之位，广文、武之业，故《管子》之书生焉。"可见，在西汉时期，并没有人认为《管子》是战国人

---

① 《韩非子·五蠹》。
② 《史记·管晏列传》。

依托管仲之名的集体创作。

那么，到什么时候才开始有人怀疑《管子》不是管仲所作呢？是晋代。

晋代的傅玄，因为《管子》书里记载有很多管仲死后的事情，他就认为"管仲之书，过半便是后之好事者所加，乃说管仲死后事。其《轻重篇》尤复鄙俗"①。这种说法听上去很有道理。一个人死了，他的书里的确不可能再记载他死后的事情。从这时候开始，很多人便开始怀疑。唐代的孔颖达、杜佑，宋代的周敦颐、叶适、苏辙、朱熹，明清的宋濂、朱长春、顾炎武、纪昀等都认为《管子》不是管仲所著。到了近代，疑古思潮盛行。从胡适开始，顾颉刚、郭沫若、冯友兰都认为《管子》是依托管仲题名的，书中的篇章不是来自一家一派，如郭沫若就认为："《管子》书乃战国秦汉时代文字之总汇，其中多有关于哲学史、经济学说史之资料。道家者言、儒家者言、法家者言、名家者言、阴阳家者言、农家者言、轻重家者言，杂盛于一篮。"② 又说："《管子》一书乃战国秦汉文字总汇，秦汉之际诸家学说尤多汇集于此。"③ 不过，不管学者怎样讨论，我想说的是，《管子》究竟属于谁的作品这件事并不

① 〔宋〕王应麟著：《汉书艺文志考证》，卷六。
② 郭沫若著：《管子集校·叙录》。
③ 郭沫若著：《管子集校·校毕书后》。

是那么的重要,《管子》就是管仲学派从春秋到战国代代积累起来的以总结管仲治国理政思想的一部论文总集而已。它既有管仲思想的记录和发挥,又有它在不同历史时期的发展和运用,是一部经邦治国的百科全书,具有包罗万象、宏博精深的鲜明特点。重要的是,我们应该向太史公司马迁那样学习汲取《管子》的智慧,而不必斤斤计较于这本作品的署名权究竟该归谁所有。

《管子》一书大概事实是,春秋战国流传下来的《管子》有564篇,到西汉时,刘向对当时散见阐释管子思想的文章进行了系统整理,删除了其中重复的478篇。最后删定86篇,到今天为止又散失了10篇,只存76篇,这就是我们今天所能够见到的《管子》一书的原型了。这留存下来的76篇共16万字,是《论语》的10倍,《老子》的32倍多,可以说是先秦时期规模最宏大的一部百科全书式的政治智慧著作。表面上看,《管子》是一部大杂烩。实际上,"《管子》是经过精心安排的:若干篇文章成一组,共分成八组。它的结构是很有系统的。第一组《经言》共9篇文章;第二组《外言》共8篇;《内言》7篇;《短语》17篇;《区言》5篇;《杂篇》10篇;《管子解》4篇;《管子轻重》16篇"。①

在《管子》诸篇章中,《经言》9篇应该是管仲自己所著,或

---

① 魏承恩著:《管子解读:领袖需要的智慧》,上海人民出版社2014年版,第4页。

者由他说出来，弟子们记载下来的，应该是管仲原创的内容，是全书的纲领，分别阐述了管子的哲学思想以及他对政治、经济、军事、法治、伦理道德等领域的主张。其余的篇章都是在这个基础上阐发、详述管子思想的。《外言》8 篇是用来说明和发挥《经言》的内容。至于《短语》17 篇，则比较复杂，内容很多，有问答，有记事，有议论。《区言》5 篇的"区"是"匿藏"的意思，也就是说这些言论很可能原先是秘而不宣的，不对公众发表的。《杂篇》言下之意就是没有一定的主题，无法归类。《管子解》失传的最多，只留下 4 篇，明显是后人解读管子的思想。从留下的篇名来看，也反过来证明《经言》是管仲本身的思想，因为它主要是解释《经言》的篇章。争论最大的是《轻重》。《轻重》16 篇主要讲经济，还有政治治理，最难讲的就是平衡。所谓"轻重"，其实就是权衡、平衡。《轻重》就是讲权衡、讲政治、经济政策利弊的平衡。①

　　武树臣、李力在《法家思想与法家精神》一书中统计说：《汉书·艺文志》将《管子》列于道家类，而《隋书·经籍志》始列于法家类。成书于战国中后期的《管子》所载齐法家著作甚多，而且理论价值颇丰：

---

① 参见魏承恩著：《管子解读：领袖需要的智慧》，上海人民出版社 2014 年版，第 4、5 页。

《法禁》篇，列举了 18 项事项，主要强调加强君权。

《君臣》（上、下）篇，主要讲君臣关系与君臣之道，兼有道家、儒家色彩。

《七臣七主》篇，主张法治，但不赞成繁重；主张君道有为，倡导节用。

《法法》篇，主要讲尚法、贵势、尊君、慎兵。

《权修》篇，强调经济对政治的决定作用，主张重本抑末，重法又兼及礼义。

《重令》篇，主要讲权势与命令的重要性，倡导重农抑末。

《治国》篇，强调重农抑末，认为粟是富国强兵的基础。

《正世》篇，主张变法，认为政治的关键是把握"齐"，即恰到好处，不可偏颇。

《禁藏》篇，认为法要适中，不能烦苛，很明显是受到阴阳家的影响。

《任法》篇，主张守法，反对变法，倡导文、武、威、德并重。

《乘马》篇，主要讲功利，兼收道家无为思想。

《版法》《版法解》篇，以法为主，综合各家，提倡兼爱。

《立政》《立政九败解》篇，基本为法家，同时兼收儒家；后者批评了九家，但没有儒家；主张限制工商，但不主张过分抑末。

《形势解》篇，以法为主，兼收道、儒，文中着重分析了各种事物之间的关系。

《明法》《明法解》篇，主张尚法主势，贵公去私，以法任人。

《九守》篇，为术家之作，九守，即君之九术。

《霸言》《霸形》《问》3篇，主要讲如何争霸以及外交、用兵之术。

《七法》《地图》《小问》《兵法》《制分》《势》《九变》《参患》等篇，主要讲用兵之道。[①]

作为一部反映春秋齐文化的皇皇巨著，《管子》所蕴含的政治思想与治国理念异常丰富，远非先秦时期其他一些政治思想的著作所能及，可谓是春秋战国乃至秦汉时期的学术之宝藏，至今仍具有借鉴意义和现实意义。

二、《管子》的"中国政治学"

《管子》是一部王霸之书，是记述管子教齐桓公如何成就霸业，如何实行王道的道理。《管子》一书中的"中国政治学"主要表现在：

---

① 参见武树臣、李力著：《法家思想与法家精神》，中国广播电视大学出版社1998年版，第47、48页。

1. 治国理政首在富国强兵

第一，君主治国理政的基础，就是实现富国强兵。

《管子·形势解》说：

> 主之所以为功者，富强也。故国富兵强，则诸侯服其政，邻敌畏其威，虽不用宝币事诸侯，诸侯不敢犯也。主之所以为罪者，贫弱也。故国贫兵弱，战则不胜，守则不固，虽出名器重宝以事邻敌，不免于死亡之患。故曰"主功有素，宝币奚为"。

君主最大的功业就是使国家富强。国富兵强，那么诸侯就会信服他的政治，敌国就会畏惧他的威势，即使不用珍贵的礼品去奉献各国诸侯，诸侯各国也不敢侵犯。君主最大的罪过就是在他的治理下，国家却积贫积弱。国贫兵弱，进攻就不能取胜，防守就不能坚固，即使拿出国中最贵重的宝物去侍奉敌国，也免不了亡国的忧患。因此说，君主的根基，就是实现富国强兵，这是民众"尊君"的基础。

第二，《管子》认为富国强兵的途径方法是三本、四固和五事。

三本是：

> 君之所审者三：一曰德不当其位，二曰功不当其禄，三

曰能不当其官。此三本者，治乱之原也。①

君主审查的问题有三个：一是臣下的品德和他的地位是否相称；二是臣下的功绩与他的俸禄是否相称；三是臣下的才能与他的官职是否相称。这三个根本问题是国家治乱的根源。

四固是：

> 君之所慎者四；一曰大德不至仁，不可以授国柄；二曰见贤不能让，不可与尊位；三曰罚避亲贵，不可使主兵；四曰不好本事、不务地利而轻赋敛，不可与都邑。此四固者，安危之本也。②

君主要慎重对待的问题有四个：一是对推崇道德而不力求做到"仁"的，不能交给他国家大权；二是对见贤而不能让贤的，不能给予他尊贵的职位；三是对执掌刑罚包庇亲戚、显贵的，不能让他统率军队；四是对不重视农业生产、不注意土地收益却随意征敛赋税的，不能让他做都邑的官吏。这四个必须慎重对待的问题，是决定国家安危的根本。安国的四固不仅有政治上的措施，还有经济上的方法。

---

① 《管子·立政》。
② 《管子·立政》。

五事是：

> 君之所务者五：一曰山泽不救于火，草本不植成，国之贫也；二曰沟渎不遂于隘，漳水不安其藏，国之贫也；三曰桑麻不植于野，五谷不宜其地，国之贫也；四曰六畜不育于家，瓜瓠荤菜百果不备具，国之贫也；五曰工事竞于刻镂，女事繁于文章，国之贫也。①

君主必须注意的事情有五件：一是山泽不能防止火灾，草木不能繁殖成长，国家就会贫穷；二是沟渠狭窄的地方不通畅，堤坝里的水泛滥成灾，国家就会贫穷；三是田野不种植桑麻，不能因地制宜播种五谷，国家就会贫穷；四是家里不饲养六畜，瓜果蔬菜也不齐备，国家就会贫穷；五是工匠在制作奢侈品上比高低，妇女在纺织刺绣上把文采花样搞得很复杂，国家就会贫穷。富国五事，主要是发展以农业为主的各种经济。

第三，《管子》认为，立法行令只有合乎民心才能畅通无阻。《管子》说：

> 明主之动静得理义，号令顺民心，诛杀当其罪，赏赐当

---

① 《管子·立政》。

其功，故……鬼神助之天地与之，举事而有福。①

明主的言行举止符合理义，发布号令顺应民心，赏罚分明，就会得民心而事无不成。

《管子·形势解》又说：

> 法立而民乐之，令出而民衔之，法令之合于民心，如符节之相得也，则主尊显。

君主推行法治，固然带有强制性，但是仅仅靠暴力及强制手段是不行的。只有合乎民心的法律才能取得令行禁止的效果，从而树立君主的权威。立法行令合乎民心的关键就是以民之好恶为出发点。

第四，人主之所以令则行、禁则止者，在于君主能让民众安居乐业。

《管子·形势解》说：

> 明主，救天下之祸安天下之危者也。夫救祸安危者，必待万民之为用也，而后能为之。故曰"安危者与人"。

所谓明主，就是能拯救天下灾祸、安定天下危难的人。拯救

---

① 《管子·形势解》。

灾祸、安定危难，必定要依靠万民的力量，然后才能做到。因此说，"安定危难，就要顺从人心"。

> 人主者，温良宽厚则民爱之，整齐庄严则民畏之。故民爱之则亲，畏之则用。夫民亲而为用，主之所急也。故曰"且怀且威，则君道备矣"。

君主温和善良，宽厚待人，百姓就喜爱他；君主号令整齐，态度严肃，百姓就畏惧他。百姓喜爱君主就亲近他，百姓畏惧君主就甘心被驱使。百姓既亲近又乐于被用，这是君主治民理想的境界。因此说"对百姓既给予关怀，又运用威势，这才是君主治国完备的方法"。

> 人主能安其民，则事其主如事其父母。故主有忧则忧之，有难则死之。主视民如土，则民不为用，主有忧则不忧，有难则不死。故曰"莫乐之则莫哀之，莫生之则莫死之"。

君主能使百姓安居乐业，那么百姓侍奉君主就像侍奉父母。因而君主有忧患，百姓为他担忧；君主有危难，百姓为他牺牲。君主对待百姓如同泥土，百姓就不愿被用；君主有忧患，百姓不为他担忧。

《管子》认为，法令与礼义道德可以相互补充、相辅相成，法制具有依赖于道德的一面，同时道德也对法制具有促进的一面。

《管子·任法》篇说：

　　仁义礼乐者皆出于法，此先圣之所以一民者也。

《管子》认为，所谓仁义礼法，都是由法产生的，这是先代的圣主用来统一民众的法。

《管子·枢言》又说：

　　法出于礼。

可见，《管子》十分重视法令在治理国家中的作用。

《管子·权修》篇说：

　　凡牧民者，欲民之可御也，欲民之可御，则法不可不审。法者，将立朝廷者也，将立朝廷者，则爵服不可不贵也。爵服加于不义，则民贱其爵服；民贱其爵服，则人主不尊；人主不尊，则令不行矣。法者，将用民力者也，将用民力者，则禄赏不可不重也。禄赏加于无功，则民轻其禄赏；民轻其禄赏，则上无以劝民；上无以劝民，则令不行矣。法者，将用民能者也，将用民能者，则授官不可不审也。授官不审，则民间其治；民间其治，则理不上通；理不上通，则下怨其上；下怨其上，则令不行矣。法者，将用民之死命者也，用民之死命者，则刑罚不可不审。刑罚不审，则有辟就；有辟就，则杀不辜而赦有罪；杀不辜而赦有罪，则国不免于贼臣矣。故夫爵服贱、禄赏轻、民间其治、贼臣首难，此谓败国之教也。

统治民众，就要使民众服从治理，要百姓服从治理，就不可不重视法律的地位。法律是用来树立朝廷权威的，要树立朝廷的权威，不可不重视爵位服饰的封授。爵位服饰授给不义之徒，百姓就要鄙视爵位服饰；百姓鄙视爵位服饰，君主就得不到尊重；君主得不到尊重，政令就不能推行。法律是用来使百姓出力的，要使百姓出力，不可不重视俸禄赏赐的分发。俸禄赏赐分给无功的人，百姓就要轻视俸禄赏赐；百姓轻视俸禄赏赐，君主就失去了勉励百姓的手段；君主失去了勉励百姓的手段，政令就不能推行。法律是用来发挥百姓才能的，要发挥百姓的才能，就不可不慎重对待委派官职。委派官职不慎重，百姓就要与官府隔阂；百姓与官府隔阂，正当要求就不能上达君主；正当要求不能上达，百姓就抱怨君主；百姓抱怨君主，政令就不能推行。法律是用来决定百姓生死的，要决定百姓的生死，就不可不慎重对待使用刑罚。使用刑罚不慎重，就会包庇坏人、冤枉好人；包庇坏人、冤枉好人，就会错杀无辜，赦免有罪；错杀无辜，赦免有罪，国家就难免被贼臣篡位。因此，百姓鄙视爵位服饰、轻视俸禄赏赐、与官府隔阂、贼臣带头作乱，这就是国家败亡的征兆。

凡牧民者，使士无邪行，女无淫事。士无邪行，教也；女无淫事，训也；教训成俗而刑罚省，数也。凡牧民者，欲民之正也，欲民之正，则微邪不可不禁也。微邪者，大邪之所生也，微邪不禁，而求大邪之无伤国，不可得也。凡牧民者，欲民之有礼也，欲民之有礼，则小礼不可不谨也。小礼不谨于国，而求百姓之行大礼，不可得也。凡牧民者，欲民之有义也，欲民之有义，则小义不可不行。小义不行于国，而求百姓之行大义，不可得也。凡牧民者，欲民之有廉也，欲民之有廉，则小廉不可不修也。小廉不修于国，而求百姓之行大廉，不可得也。凡牧民者，欲民之有耻也，欲民之有耻，则小耻不可不饰也。小耻不饰于国，而求百姓之行大耻，不可得也。凡牧民者，欲民之修小礼、行小义、饰小廉、谨小耻、禁微邪，此厉民之道也。民之修小礼、行小义、饰小廉、谨小耻、禁微邪，治之本也。[①]

统治百姓，就要使男子没有邪僻行为，女子没有淫乱行为。男子没有邪僻行为，要靠教育；女子没有淫乱行为，要靠训诫。经过教育和训诫成为习俗，就能少用刑罚，这是自然规律。统治百姓，就要百姓走正道，要百姓走正道，就不能不禁止小的邪恶。

---

① 《管子·权修》。

小的邪恶是大的邪恶产生的根源，不禁止小的邪恶，要想大的邪恶不危害国家，是不可能的。统治百姓，就要百姓遵守礼节，要百姓遵守礼节，就不可不重视小礼。国家不重视小礼，要想百姓遵守大礼，是不可能的。统治百姓，就要百姓实行仁义，要百姓实行仁义，就不可不推行小义。国家不推行小义，要想百姓实行大义，是不可能的。统治百姓，就要百姓做到清廉，要百姓做到清廉，就不可不修治小廉。国家不修治小廉，要百姓做到大廉，是不可能的。统治百姓，就要百姓懂得羞耻，要百姓懂得羞耻，就不可不整顿小耻。国家不整顿小耻，要百姓懂得大耻，是不可能的。总之，统治百姓，要百姓重视小礼、推行小义、修治小廉、整顿小耻、禁止小邪，这是教育百姓的方法。百姓能够重视小礼、推行小义、修治小廉、整顿小耻、禁止小邪，这就是治理国家的根本所在。

由此可见,《管子》虽然十分重视法治的作用，但并不以法势、刑罚排斥礼义道德，而是将礼义道德看作可以与法、势、刑、罚互相补充、相互完善、相互统一的要素。《管子》主张教育与惩罚相结合，恩德与威慑相补充，是典型的礼法兼重、德法并举。

《管子·法禁》篇说：

法制不议，则民不相私；刑杀毋赦，则民不偷于为善；爵禄毋假，则下不乱其上。三者藏于官则为法，施于国则成俗。

　　法制不准私自议论，百姓就不会相随行私；刑杀不准赦免，百姓就不敢苟且行善；爵禄不妄赐予，臣下就不敢扰乱君主。这三者收藏在官府就是公法，施行到全国就成为习俗，其余各方面的事不勉强也就能治理好了。这里，"三者"指的是"法制""刑杀""爵禄"，它们皆属于法的范畴。而"民不相私""不偷于为善""下不乱其上"三者属于礼义道德的范畴。它们相互联系，互相补充，缺一不可。维护法制的权威，坚决按照法制办事，民众就不敢相互营私，这就是所谓的"法制不议，则民不相私"。有过必罚，民众就不会行苟且之善，而是一贯为善，这就是所谓的"刑杀毋赦，则民不偷于为善"。授爵赐禄与功德相当，臣民就不会反叛君主，这就是"爵禄毋假，则下不乱其上"。这三种因果关系，说明法制可以维护与促进道德。"三者藏于官则为法，施于国则成俗"。这就是说，法的实施可以转化为习俗，反过来说，道德、习俗也依赖于法治实践的监督与落实。这说明，《管子》认为道德习俗对立法是有影响的，法与俗可以相互作用，相互依存。

　　2. 治国理政应重视融道入法，实现道法合流

　　在《管子》的治理思想中，存在着融道入法、将道家的"无为而治"引入法制领域，改造为一种明君臣之别的权力关系和一种上合天道、下合民意的以法令制度为治理重点的思想理论体系。

从《管子》的道论来看，道不远人，道为人用，治理国家完全可以做到援法入道。

道家思想由老子创立后，有两条思想发展的路线，一是庄子学派在心灵境界层面对老子思想的承继与发挥；一是黄老学派侧重现实社会层面的关注，而将老子的道论结合刑名、法术等内容以展现出新的政治思想面貌。

《史记》曾提及"黄老道德之术"，并且一再提及"黄帝老子之术""黄老之言"，赞赏黄老道家采各家之长，怀殊途同归的包容气度，并推崇黄老主逸臣劳的君道思想而批评儒家"主倡而臣和，主先而臣随，如此则主劳而臣逸"。司马谈论述道家的治身，主张"神本形具"，即视精神为生命之本而形体为生命之具现。在论述道家的治道时，指出黄老学说有这几项重要特点：一是主道"约"，即君主只需掌握国家重大的政策而委下以能。二是主"时变"，就是说掌握时代的命运，推动社会的变革。三是以"虚无为本，因循为用"，这是从认识论上强调治者行事，要摒除主观成见，以虚心去听从民意，顺从民心。从《论六家要旨》中，我们多少可以窥见黄老学派的治道宗旨。

顾名思义，"黄老"乃是黄帝与老子的合称。虽然是合称黄帝与老子，然而就其理论内容来看，黄帝仅为其依托的对象，老子的道论才是黄老之学的理论主轴。《老子》五千言紧扣治道而论，正可具体作为君道层面的指导。黄老之学虽以老学为理论基础，但也与其他各家学说交融而产生了新的道家思想。简言之，黄老之学是以老子道论思想为主轴，同时结合齐国法家"法"的思想，以及当时盛行的刑名观念而融会出的一种新道家思潮。这一思潮试图从社会政治层面提出一套君无为而臣有为的有效治国理政原则，集中于论述君道，即班固《汉书·艺文志》中所说的"君王南面之术"[①]。

第一，"道生法"。春秋时代，天下大乱，礼崩乐坏，周初社会所赖以维系的礼乐宗法制度早已经弊端丛生，大一统格局客观要求探索新的政治出路，着眼于政治制度的重建。

黄老道家一方面在人治问题上提出"无为"以求限制君权的膨胀，一方面继承管仲以来齐国优良的法制传统，以使君臣上下循名责实，做到各依其职、各尽所能。

马王堆帛书《黄帝四经·经法》开宗明义宣称："道生法。"

然而，帛书《黄帝四经》（《经法》《十大经》《称》《道原》）称道法治而未及言礼。保存在《管子》书中有关稷下黄老的作品《枢言》和《心术上》，除了援法入道之外，同时还又援礼义入道。

《管子·心术上》说：

> 道不远而难极也，与人并处而难得也。虚其欲，神将入

舍。扫除不洁，神乃留处。

大道可安而不可说。直人之言，不义不顾，不出于口，不见于色。四海之人，又孰知其则？

如果说道不远人而难及，虚空自身才能得到的话，那么，国家治理"大道可安而不可说"，就只有通过法术才能实现了。

天之道，虚其无形。虚则不屈，无形则无所位迕。无所位迕，故遍流万物而不变。德者，道之舍。物得以生生，知得以职道之精。故德者得也；得也者，其谓所得以然也。以无为之谓道，舍之之谓德，故道之与德无间，故言之者不别也。间之理者，谓其所以舍也。义者，谓各处其宜也。礼者，因人之情，缘义之理，而为之节文者也。故礼者谓有理也；理也者，明分以谕义之意也。故礼出乎义，义出乎理，理因乎宜者也。法者所以同出，不得不然者也，故杀谬禁诛以一之也。故事督乎法，法出乎权，权出乎道。

天道是虚空而无形的。虚空就不会穷尽，无形就不会有阻挡。没有阻挡，所以天道在万物中遍流而不变。德，是道施舍的。万物得而生成，智力得而认识道的精神。所以德就是得的意思，所谓得，大概是说所得的已经得到了。无为叫做道，以道施舍的叫做德，故道与德浑然一体没有差距，所以说道德的人是不加区别

的。要把道与德分开来的话，只能说道是用来施舍的。义，是说
各处于合宜的地方。礼，是按照人的感情，遵照义的道理，而为
此规定的制度条文。所以礼就是有理。所谓理，是用明确职分来
说明义的意思。所以礼是从义产生出来的，义是从理生出来的，
理是依照道的。法是为了统一世务，而不得不这样做的，所以用
杀戮禁诛来规范人们，所以用法来督察世事。法经过权衡制定出
来，权衡要根据道来进行。《管子》正是顺应时代环境之需，得出
了援礼、法以入道的政治主张。

《管子·枢言》篇说：

> 法出于礼，礼出于治，法、礼，道也。

《管子·心术上》对道、德、义、礼、法进行界说，在界说中
将传统的政治治理学说充实了新的内涵，对西周以来实施了数百
年而早已弊端丛生的礼制进行合理的改造。

《管子·心术上》说：

> 事督乎法，法出乎权，权出乎道。

这就是说，人们的行为以法为督导，法是由具有权威的人
（指君主）来设立制定的，而权又由道所生。可见，法是本于道
而生的。值得注意的是，这里"道"与"法"之间联系的桥梁是
"权"。所谓"权"，就是义、礼之和。也就是说，在道的大原则

下，法的实施要照顾到人的情感感受。

《管子·法法》篇说：

> 宪律制度必法道。

在这里，《管子》的法出乎道的"道"很可能具有这样两重含义：

其一，所谓"道"，就是无偏私之心和偏私之欲。《管子》认为，天因为其无限大所以才能兼覆万物，地大才能兼载万物。天兼覆而无外，其德无所不在；地兼载而无弃，故能生殖万物。君主圣人应该像天地那样兼覆、兼载万物，像日月那样普照万物，才能够清明审察，不遗善，不隐奸，从而达到劝善止奸、万民莫不为之所用的目的。所以《管子·心术下》说："是故，圣人若天然，无私覆也；若地然，无私载也。私者，乱天下者也。"又说："以法制行之，如天地之无私也……上以公正论，以法制断，故任天下而不重也。"可见，法首先要公正无私。

其二，"道"就是立法要顺应民心、民情和自然之理。

《管子》认为，圣明的君主"动静得理义，号令顺民心"，"必令于民之所好，而禁于民之所恶"。君主立法出言只有"顺于理，合于民情"，百姓才会"受其辞"，按照法令的规范去做。昏庸的君主则相反，其"动作失义理，号令逆民心"[1]，其结果只能是令不行，禁不止，天下大乱。慎到也认为法治原则就是因天地之道而得出的治国之道。

第二，"道贵因"。

《慎子·因循》说：

> 天道因则大，化则细。因也者，因人之情也。

所谓"因"，就是因循天道，顺应人心。

以法治国就是因循天道、顺应人情的自然表现。申不害则认为，法就是最重要的人道，也就是治国之道。

《商君书·错法》说：

> 古之明君，错法而民无邪，举事而材自练，赏行而兵强，此三者，治之本也。夫错法而民无邪者，法明而民利之也。

刑法赏罚是治国的根本。法治的作用就是禁邪去私，便民利民。

《慎子·逸文》说：

> 法之功，莫大使私不行；君之功，莫大使民不争……法

---

① 《管子·形势解》。

> 立则私议不行，君立则贤者不尊，民一于君，事断于法，是
> 国之大道也。

立公法，废私议，凡事皆断于法，不尊贤智机巧，使民统一于国君，这样才能避免动乱达到天下大治，因此法是治国的根本，也是道的表现形式之一。

总之，在《管子》中，道法并重、法道统一的思想在全书中占有重要的地位。

3. 治国理政关键在于以法治国

第一，《管子》指出，法为治国理政的大本。法出乎道具有至高无上性，但是法又生于君。那么法与君之间又是什么关系呢？《管子》说："威不两错（措），政不二门。以法治国则举错（措）而已。"[1] 君主出法制令，而一旦法令制定之后它就凌驾于君主之上，具有至高无上性。只有实行法治国家才能安定、富强。法是君主安邦定国的重要手段，是否实行法治是国家治乱兴衰的关键。

《管子·任法》说：

> 法者，天下之至道也，圣君之实用也。

《管子·法法》说：

---

① 《管子·明法》。

　　明王在上，道法行于国。

《管子·明法解》说：

　　法度行则国治，私意行则国乱。

《管子·明法解》又说：

　　故治国使众莫如法，禁淫止暴莫如刑。

　　第二，实行法治有助于建立君主至德至尊的权威地位。在君主专制的传统社会里，君主的绝对权威、地位是不可动摇的。动摇了君主的绝对权威就等于动摇了国家政治稳定的基础。对此，中国封建社会的政治家、思想家们有着共同的认识。但对于法与君之间的关系，儒家主张君主以德治天下，君主应是有德之君，"德"是建立君主权威的第一要素。法家则主张应当"法、术、势"相结合，以此作为维护君主权威的有效工具。《管子》一书中的治理思想特别突出法对君主治国理政过程中的重要性。

　　君主立法行令可以约束群臣百官，使群臣百官忠于职守，这样才能使君主居于至尊之位，更好地驱使群臣、控制百官。所以《正世》又说："法立令行，故群臣奉法守职，百官有常。"有了法律才可以使百官有所遵循，办事才有章程可遵。如果不行法治，则群臣各行其是，是非善恶就会失去衡量的标准。这样君主也就无从任用和管理群臣百官，国家必然混乱而不堪。因此，只有实行法治才可以有效地制约权贵，强化君权。

《管子·明法解》说：

> 明主者，使下尽力而守法分。故群臣务君尊主而不敢顾其家。臣主之分明，上下之位审，故大臣各处其位不敢相贵。

> 废法而行私，则人主孤特而独立，人臣群党而成朋。如此则主弱而臣强，此之谓乱国。

只有以法治国，才能使臣守法安分，不敢以权谋私，从而树立君主的权威。

《管子·重令》篇说：

> 凡君国之重器，莫重于令。令重则君尊，君尊则国安；令轻则君卑，君卑则国危。故安国在乎尊君，尊君在乎行令，行令在乎严罚。罚严令行，则百吏皆恐；罚不严，令不行，则百吏皆喜。故明君察于治民之本，本莫要于令。故曰：亏令者死，益令者死，不行令者死，留令者死，不从令者死。五者死而无赦，唯令是视。故曰：令重而下恐。

君主治理国家的重要工具，没有比法令更重要的了。法令有力量，君主就尊严，君主尊严国家就安全；法令没有力量君主就卑微，君主卑微国家就危险。所以要使国家安全，在于使君主尊严；要使君主尊严，在于施行法令；要施行法令，在于严明刑罚。刑罚严明，法令施行，百官就都恐惧谨慎；刑罚不严明，法令不施行，百官就都对工作懈怠。所以圣明君主认识到治民的根本，没有比法令更重要了。因此说：减少法令的处死，增添法令的处死，不执行法令的处死，扣留法令的处死，不服从法令的处死。有以上五种情况的处死，决无赦免，一切都只看法令。所以说：法令受重视，下面就敬畏了。

第三，以法治国是维护社会正常秩序的重要保障。

《管子·正世》说：

> 法治不行，则盗贼不胜，邪乱不止，强劫弱，众暴寡，此天下之所忧，万民之所患也。忧患不除，则民不安其居；民不安其居，则民望绝于上矣。

为了达到除暴安民的目的，就必须实行法治。

《管子·明法解》说：

> 凡人主莫不欲其民之用也。使民用者必法立令行也。故治国使众莫如法，禁淫止暴莫如刑。

实行法治可以使平民百姓安分守己，竭诚为国效力，也更有利于对百姓的统治。

《管子·禁藏》说：

> 法者，天下之仪也，所以决疑而明是非也。

这里所谓的"仪"，也就是规矩的意思。《管子·形势解》说："仪者，万物之程式也。法度者，万民之仪表也；礼义者，尊卑之仪表也。"所谓"决疑而明是非"，主要不是说人在认识上的对与错，而是指人的行为是否合乎规范。法是君主用以规范人们行为的工具，是判断人们行为是否合乎规范的标准。因此，《管子·七臣七主》说："法律政令者，吏民规矩绳墨也。"只有实行法治国家才能得到治理，才能富强。如果舍弃法国家就会动乱。正如《管子·法法》说的那样："虽有巧目利手，不如拙规矩之正方圆也。故巧者能生规矩，而不能废规矩而正方圆。虽圣人能生法，不能废法而治国。""法者，天下之治道也。"

《管子》不仅强调法治的重要作用，而且还从法律形式的三种类型上强调了法的规范意义。

> 夫法者所以兴功惧暴也；律者所以定分止争也；令者所以令人知事也。法律政令者，吏民规矩绳墨也。①

《管子》这种对法的规范性的认识是和后来的秦、晋法家一致

---

① 《管子·七臣七主》。

的。《商君书·修权》篇说："先王县权衡，立尺寸，而至今法之，其分明也。夫释权衡而断轻重，废尺寸而意长短，虽察，商贾不周，为其不必也。"《韩非子·有度》也说："巧匠目意中绳，然必先以规矩为度；上智捷举中事，必以先王之法为比。故绳直而枉木断，准夷而高科削，权衡县而重益轻，斗石设而多益少，故以法治国，举措而已矣。"这与《管子》对法的观点是一致的。

第四，法治贵在落实。

其一，"君臣上下贵贱皆从法。"《管子》认为法具有至高无上的权威性，因此它主张"君臣上下贵贱皆从法"。法律高于一切。无论是君主还是官员，无论是上层还是下层，无论是高贵者还是卑贱者，都必须遵守国家法律，违反了都应该受到法律的制裁。这一观点和商鞅提出的"刑无等级"思想是一致的，但它比商鞅的观点更具有彻底性。商鞅在《贵刑》篇中指出，统一刑罚就是执行法律不论等级，从卿相将军直到大夫平民，凡有不服从君主命令、违犯国家法令、破坏法制的，一律判处死刑，决不赦免。这虽然超越了儒家的"刑不上大夫"的宗法观念，但商鞅讲遵行法律却是把君主排除在外的。《管子》的"君臣上下贵贱皆从法"，将君主也包括在内，主张君主也必须按照法律办事，这显然比商鞅的观点更具有彻底性。

其二，执法必严。《管子》认为，严明的号令、严厉的刑罚、丰厚的赏赐是君主推行法制的三大法宝。"有功不必赏，有罪不必诛，令焉不必行，禁焉不必止，在上位无以使下，而求民之必用，不可得也。"① 所以明君执法必须 "如天地之坚，如列星之固，如日月之明，如四时之信，然故令往而民从之"②。只有严于执法才能使臣民奉法唯谨，收到令行禁止的效果。如果有法不依，执法不严，那么 "以法治国" 就成了一句空话。为了做到赏罚分明，《管子》认为执法者必须公正无私，"不知亲疏远近，贵贱美恶，以度量断之，其杀人者不怨也，其赏赐人者不德也，以法制行之如天地之无私也。"③《管子》反复告诫人们 "私" 字在执法中的危害性："私道行则法度侵。"④ "法度行则国治，私意行则国乱。"⑤ "私" 是公正执法的大敌，必须彻底清除。

其三，执法重在治吏。《管子》认为，各级官吏对于法律的维护与执行起着无可替代的重要作用，因此，必须以法治官，严以治吏。官吏的本分就是 "奉主之法，行主之令"⑥，奉公守法，廉洁勤政。各级官吏的执法严明与否直接影响着国家的安危。因此《管子》强调必须以法治官。"有法度之制，故群臣皆出于方正之

---

① 《管子·重令》。
② 《管子·任法》。
③ 《管子·任法》。
④ 《管子·七臣七主》。
⑤ 《管子·明法解》。
⑥ 《管子·明法解》。

治而不敢为奸。""百官之事，案之以法，则奸不生；暴慢之人，诛之以刑，则祸不起。"①"法立令行，故群臣奉法守职、百官有常。"②可见，以法治官对于官吏奉法守职、廉洁勤政的重要作用。因此，对于违法的官员必须严厉处罚。对于那些为政无政绩致使土地荒废、办案骄横轻惩者"有罪无赦"③。对于"言而无实者，诛；吏而乱官者，诛"④。对于"断狱，情与义易、义与禄易；（易）禄可无敛，有罪无赦"⑤。对于贯彻法令不力的官吏杀无赦。对于"亏令者死，益令者死，不行令者死，留令者死，不从令者死。五者死而无赦，唯令是视"。"罚严令行，则百吏皆恐。"⑥《管子》的这些以法治吏的措施，对于督促官吏奉公守法无疑具有重要的促进作用。

4. 治国理政重在教化官民

中国的传统政治，说白了就是如何有效实现对臣民的政治管理。这主要集中表现在：一是治民；二是治官两个方面。《管子》中的《牧民》《君臣》等篇都是集中论述这个重要问题的。《管

---

① 《管子·明法解》。
② 《管子·正世》。
③ 《管子·大匡》。
④ 《管子·明法解》。
⑤ 《管子·大匡》。
⑥ 《管子·重令》。

子》说：

> 国有四维，一维绝则倾，二维绝则危，三维绝则覆，四维绝则灭。倾可正也，危可安也，覆可起也，灭不可复错也。何谓四维？一曰礼，二曰义，三曰廉，四曰耻。礼不逾节，义不自进，廉不蔽恶，耻不从枉。故不逾节则上位安，不自进则民无巧诈，不蔽恶则行自全，不从枉则邪事不生。①

立国的根本在于有四维维系。一维断绝，国将倾倒；二维断绝，国将危险；三维断绝，国将翻覆；四维断绝，国将灭亡。倾倒可以扶正，危险可转安定，翻覆可再振起，灭亡就不能再恢复了。什么叫四维？一称为礼，二称为义，三称为廉，四称为耻。遵守礼，就不会超越规范；讲求义，就不会自行钻营；做到廉，就不会掩饰过错；懂得耻，就不会追随邪曲。因此，不超越规范，君主的地位就稳固；不自行钻营，百姓就不会投机取巧；不掩饰过错，品行就自然端正；不追随邪曲，坏事就不会产生。

"维"，就是绳索。《管子》用帐篷来比喻一个国家，用"礼义廉耻"四维来表示固定国家这个帐篷东南西北四个角的四根绳子。"四维"断了一根国家就倾斜，断了两根就危险，断了三根会颠覆，四根都断了，国家也就灭亡了。倾斜尚可扶正，危险可以

---

① 《管子·牧民》。

解除，颠覆还可翻身，灭亡就没办法起死回生了。由此可见，"四维"对一个国家政治是多么的重要。治理国家一定要从礼义廉耻道德教化入手，把官吏与民众引导到礼治的道路上来，让他们懂礼、尊礼、守礼。

总之，治理国家，统治百姓，就要从具体小处入手，通过教化，要百姓重视小礼、推行小义、修治小廉、整顿小耻、禁止小邪，这是教育百姓的方法。百姓能够重视小礼、推行小义、修治小廉、整顿小耻、禁止小邪，这就是治理国家的根本所在。

5. 治国理政以"顺民心"为依据

《管子》说：

> 政之所兴，在顺民心；政之所废，在逆民心。民恶忧劳，我佚乐之；民恶贫贱，我富贵之；民恶危坠，我存安之；民恶灭绝，我生育之。能佚乐之，则民为之忧劳；能富贵之，则民为之贫贱；能存安之，则民为之危坠；能生育之，则民为之灭绝。故刑罚不足以畏其意，杀戮不足以服其心。故刑罚繁而意不恐，则令不行矣；杀戮众而心不服，则上位危矣。故从其四欲，则远者自亲；行其四恶，则近者叛之。故知予之为取者，政之宝也。[1]

---

[1] 《管子·牧民》。

政令能够推行,在于它顺从民心;政令所以废弛,因为它违背民心。百姓厌恶劳苦忧患,我就要使他们安逸快乐;百姓厌恶贫困低贱,我就要使他们富足显贵;百姓厌恶危险灾祸,我就要使他们生存安定;百姓厌恶灭种绝后,我就要使他们生养繁衍。能使百姓安逸快乐,他们就会为此任劳任怨;能使百姓富足显贵,他们就会为此暂处贫贱;能使百姓生存安定,他们就会为此赴汤蹈火;能使百姓生养繁衍,他们就会为此献出生命。因此严刑重罚不足以使百姓心存畏惧,大量杀戮不足以使百姓心悦诚服。刑罚繁重而民意不畏惧,政令就不能推行;杀戮众多而民心不悦服,君主的地位就危险了。所以能顺应百姓的四种欲望,那么远方的百姓也会亲近归顺;使百姓陷于四种厌恶的境地,那么亲近的属民也会背离叛逃。可见懂得给予就是取得的道理,这是从政的法宝啊!

得民心者得天下。治理国家,就是替民众着想,选拔贤能廉洁之人为官,努力发展经济、富国强兵,开创一个和平、稳定、富足、祥和的社会秩序,满足民众"佚乐、富贵、存安、生育"四种愿望,这样就会天下归心。这就是管子治国的宝贵经验。

6. 治国理政以加强中央集权为根本

《管子》将尊君、行令、严罚作为政治治理成败的关键因素。

　　《管子》经言诸篇，主张施行中央集权君主政体，君主大权独掌，"出令布宪""出号令，明宪法"。也就是说，由君主主持制定和颁布成文的法律，并决定和发布各项政令，集中掌握国家的立法权、决策权及人事任免权于一身。

　　《管子·立政》篇较具体地论述了国君"出令布宪"的制度。文中说：

　　　　孟春之朝，君自听朝，论爵赏、校官，终五日。季冬之夕，君自听朝，论罪罚、刑杀，亦终五日。正月之朔，百吏在朝，君乃出令布宪于国，五乡之师、五属大夫皆受宪于太史。大朝之日，五乡之师、五属大夫皆身习宪于君前。太史既布宪，入籍于太府，宪籍分于君前。五乡之师出朝，遂于乡官，致于乡属，及于游宗，皆受宪。宪既布，乃反致令焉，然后敢就舍。宪未布，令未致，不敢就舍，就舍谓之留令，罪死不赦。五属大夫，皆以行车朝，出朝不敢就舍，遂行。至都之日，遂于庙，致属吏，皆受宪。宪既布，乃发使者致令，以布宪之日，蚤晏之时。宪既布，使者以发，然后敢就舍。宪未布，使者未发，不敢就舍，就舍谓之留令，罪死不赦。宪既布，有不行宪者，谓之不从令，罪死不赦。考宪而有不合于太府之籍者，侈曰专制，不足约亏令，罪死不赦。首宪既布，然后可以布宪。①

正月月初，君主临朝听政，评议对官吏的考核和赏赐，共用
5 天时间。十二月底，君主临朝听政，决定对罪犯的处罚和量刑，
也用 5 天时间。正月初一，所有官吏上朝，君主公布法令，并颁
行全国。五乡的乡师、五属的大夫，都到太史那里领受法令。朝
会的日子，五乡的乡师、五属的大夫都要亲自在君主面前熟习法
令。太史颁布法令后，将记载法令的简册在君主面前分发给乡师
和大夫，并将法令的底本存放进太府。五乡的乡师离开朝廷，回
到乡的治所，马上召集下属官吏，直到游宗，都来领受法令。颁
布法令后，就返朝回复命令，然后才敢回到住所。法令没有颁布，
命令没有回复，不敢回住所休息，否则就叫做留滞法令，罪行当
死，不碍赦免。五属的大夫，都坐车入朝，离开朝廷不敢回住所，
马上出发。回到属的治所的当天，立即前往宗庙，召集下属官吏，
让他们都来领受法令。颁布法令后，就派使者向君主回复命令，
使者要在颁布法令的当天不论时间早晚，马上出发。法令已经颁
布，使者已经派出，然后才敢回到住所。法令没有颁布，使者没
有派出，不敢回住所休息，否则也叫做留滞法令，罪行当死，不
得赦免。法令既已颁布，有不遵照执行的，叫做不服从法令，罪

① 《管子·立政》。

行当死，不得赦免。考核法令执行情况，有与太府所藏的法令底本不相符的，增多的叫做专断独行，不足的叫做削减法令，都罪行当死，不得赦免。因此，从君主年初的法令颁布之后，就应该遵照，不折不扣地执行。

"出令布宪"制度要点集中在：

（1）所有法令都由国君制定发布；

（2）地方官员如"五乡之师""五属大夫"要到中央政府接受并且学习法令政策；

（3）"五乡之师""五属大夫"受宪、习宪后返回各自的官署，必须马上向下属"布宪"，"宪未布，令未致"，不准到自己的住处休息，否则叫做"留令"，是"罪死不赦"的。

"出令布宪"制度的论述，说明大权独掌的国君自上而下地发布法令政策，通过各级官吏在全国统一实行；并且说明"出令布宪"的宪籍均系成文的简册，有发布、归档等制度。这种中央集权的君主制政体，国家权力集中于君主，自上而下发布的法令政策，具有统一性、强制性等特点。这种从中央朝廷到地方政府以至乡里组织建立起来的行政管理系统，施行分级管理，层层控制，中央集权的国君所发布的法令政策，便能及时贯彻到最基层的什伍组织，从而达到"令则行，禁则止，宪之所及，俗之所被，如百体之从心，政之所期也"① 的治国理政的目的。

7. 治乱在主

管子说："治官化民，其要在上。"② 也就是说，治乱的关键在君主的治理之法是否得当。对此《管子》一书中有较为详细的论述：

> 为人君者，坐万物之原，而官诸生之职者也。选贤论材，而待之以法。举而得其人，坐而收，其福不可胜也。官不胜任，奔走而奉，其败事不可胜救也。而国未尝乏于胜任之士，上之明适不足以知之。是以明君审知胜任之臣者也。故曰：主道得，贤材遂，百姓治。治乱在主而已矣。③

做君主要执掌万物的本原，而授予众人不同的职事。选拔贤能，考论才干，依照法度来对待奖惩诸事。如果举用人才得当，就能坐收其利，带来的福佑亦没有穷尽。如果所用之人不能胜任，即使奔走救弊，因此所导致的败局也难以挽回。国家实际并不缺少胜任职事的人才，只是君主的眼光还不能察觉，因此英明的君主要审慎地察觉那些胜任职事的臣子。所以说：君子审察人才，

---

① 《管子·立政》。
② 《管子·君臣上》。
③ 《管子·君臣上》。

贤能发挥才干，百姓得以治理。国家治乱的关键在于君主。

三、《管子》的管理艺术

1. 决策七法

决策的好坏往往决定事业的成败。《管子》说：

> 治民有器，为兵有数，胜敌国有理，正天下有分。则、象、法、化、决塞、心术、计数。[①]

中国古代政治家治国非常注重决策。

战国时期，齐威王同田忌赛马赌胜。由于田忌决策不当，屡赛屡败。后来，精通兵法的孙膑充当田忌的参谋，结果使田忌反败为胜，传为千古佳话。

齐威王与田忌各有 3 匹马，马分上、中、下 3 个档次，按双方的约定，每场比赛进行 3 局。由于齐威王是一国之君，好马都给他收去了，所以田忌按上、中、下为序同齐威王的上、中、下三等马比赛，结果没有一场不输的。孙膑成为田忌的谋士后，改变原来的常规思路，重新进行决策，结果田忌获胜。

这到底是怎么回事呢？

---

① 《管子·七法》。

　　原来，孙膑在赛前对比赛的几个方案进行了一番比较：第一种方案是以田忌的上、中、下等马分别对齐王的上、中、下等马，由于田忌之马逊齐王之马一筹，所以田忌以 0 比 3 败北；第二种方案是以田忌的下、中、上等马，分别对齐王的上、中、下等马，结果田忌下等马负于齐王上等马，中等马负于齐王中等马，上等马胜齐王下等马，比赛结果会是 1 比 2，田忌也要输；第三种方案是田忌的下、上、中等马分别对齐王的上、中、下等马，这样田忌的下等马负于齐王的上等马，上等马和中等马胜齐王的中等马和下等马，结果将是田忌以 2 比 1 战胜齐王。因此，通过比较分析，孙膑就叫田忌以第三种方案与齐王对抗，终于赢得了胜利。在这里，孙膑从几个备选方案中挑选一个最佳方案的过程，也就是决策的过程了。

　　赛马如此，治理国家又何尝不是如此呢？

　　作为一个政治家，管子当然十分注重对决策的研究。根据齐国的实际情况以及他的治理国家的实践经验，管子提出了决策中必须掌握的"则、象、法、化、决塞、心术、计数"七项具体方法。

　　什么叫"则"呢？

　　管子说：

　　　　根天地之气，寒暑之和，水土之性，百姓、鸟兽、草木之生，物虽不甚多，皆有均焉，而未尝变也，谓之则。

管仲认为：基于宇宙万物的本原，寒暑的变化，水土的性能而产生人类、鸟兽、草木。物类虽然很多，但它们都有一个共同不变的法则，这就叫做规律，也就是"则"。简言之，"则"就是要懂得事物发展变化的规律，按客观规律办事。

何谓"象"？

管子说：

　　义也，名也，时也，似也，类也，比也，状也，谓之象。

事物的外形、名称、时间、相似物、类别、并列物、状貌等，都称作情况，即所谓"象"。换言之，所谓"象"，就是要了解事物变化过程中的各种具体状况。

何谓"法"？

管子说：

　　尺寸也，绳墨也，规矩也，衡石也，斗斛也，角量也，谓之法。

或者说，法就是指尺寸、绳墨、规矩、秤石、斗斛、平量之器。意思是说要懂得做事情的行为规范。

何谓"化"？

管子说：

> 渐也，顺也，靡也，久也，服也，习也，谓之化。

就是说，渐进、顺应、琢磨、熏陶、服从、习惯等都可以称作教化。也就是说，"化"就是要懂得教化的作用。

何谓"决塞"？

管子说：

> 予夺也，险易也，利害也，难易也，开闭也，杀生也，谓之决塞。

换言之，或予或夺，或险或夷，或利或害，或难或易，或开或闭，或杀或生，这就叫做决塞。所谓"决塞"，就是要懂得控制的方法。

何谓"心术"？

管子说：

> 实也，诚也，厚也，施也，度也，恕也，谓之心术。

也就是说，待人信实、忠诚、宽厚、博施、气度、容让，这就叫做"心术"。再直白一点说，"心术"就是要懂得人情世故及其处事的手段。

何谓"计数"？

管子说：

> 刚柔也，轻重也，大小也，实虚也，远近也，多少也，谓之计数。

换句话说，是刚是柔，是轻是重，是大是小，是实是虚，是远是近，是多是少，这叫做"计数"。"计数"，要想保证做事的成功，就必须要懂得谋略的重要性。

纵观古今中外历史，决策方法是否科学，不仅影响决策质量，而且也影响到决策能否顺利实施，影响着事业的成败、国家的兴亡。因此，决策方法对于决策行动至关重要。正因为如此，管子认为决策"七法"中的任何一项，都含有它自身的特殊的功能，都涉及决策的行动。管子说：

> 不明于则，而欲出号令，犹立朝夕于运均之上，檐竿而欲定其末。不明于象，而欲论材审用，犹绝长以为短，续短以为长。不明于法，而欲治民一众，犹左书而右息之。不明于化，而欲变俗易教，犹朝揉轮而夕欲乘车。不明于决塞，而欲驱众移民，犹使水逆流。不明于心术，而欲行令于人，犹倍招而必拘之。不明于计数，而欲举大事，犹无舟楫而欲经于水险也。故曰：错仪画制，不知则不可；论材审用，不知象不可；和民一众，不知法不可；变俗易教，不知化不可；

驱众移民，不知决塞不可；布令必行，不知心术不可；举事必成，不知计数不可。①

　　不寻求规律，要想制定法令制度，就好像要在转动的陶轮上树立标杆，又好像要固定摇动的竹竿的末端一样。不了解情况，要想量材用人，就好像把长材截短、短材接长一样。不掌握标准，要想治理百姓、统一民众，就好像用左手写字，而用右手阻止一样。不施行教化，要想改变风俗习惯，就好像早晨造出车轮、晚上就要乘车一样。不善于权衡，要想驱赶迁移百姓，就好像让河水倒流一样。不把握思想，要想对别人发号施令，就好像背对靶子却要射中目标一样。不精于计算，要想举办大事业，就好像没有船和桨却要渡过急流险滩一样。因此说：制定法令制度，不寻求规律不行；量材用人，不了解情况不行；治理百姓、统一民众，不掌握标准不行；改变风俗习惯，不施行教化不行；驱赶迁移百姓，不善于权衡不行；公布政令必定推行，不把握思想不行；举办事业必定成功，不精于计算不行。因此，决策"七法"就是寻求规律，了解情况，掌握标准，施行教化，善于权衡，把握思想，精于计算。做好这"七法"，决策就不会发生太大的错误，国家就会得到正常的治理。

---

① 《管子·七法》。

2."四伤"防范

在《管子》中,"四伤"是指百匿、奸吏、奸民、盗贼四种对国家有严重危害的人。管子说:

> 百匿伤上威,奸吏伤官法,奸民伤俗教,贼盗伤国众。威伤,则重在下;法伤,则货上流;教伤,则从令者不辑;众伤,则百姓不安其居。重在下,则令不行;货上流,则官徒毁;从令章不辑,则百事无功;百姓不安其居,则轻民处而重民散;轻民处重民散,则地不辟;地不辟,则六畜不育;六畜不育,则国贫而用不足;国贫而用不足,则兵弱而士不厉;兵弱而士不厉,则战不胜而守不固;战不胜而守不固,则国不安矣。故曰:常令不审,则百匿胜;官爵不审,则奸吏胜;符籍不审,则奸民胜;刑法不审,则盗贼胜。国之四经败,人君泄见危。人君泄,则言实之士不进;言实之士不进,则国之情伪不竭于上。①

朝廷中坏人当政,就会损害君主的权威;奸吏掌权,就会破坏国家的法令;百姓中奸民得势,就会败坏风俗和教化;盗贼逞强,就会伤害国内的民众。君主的权威受到损害,朝廷的大权就会落到佞臣手中;国家的法令受到破坏,贿赂的财货就会上流进

---

① 《管子·七法》。

奸吏的腰包；风俗教化被败坏，臣民不能和睦团结；国内民众被伤害，百姓不能安居乐业。大权下移，政令就不能推行；财货上流，道德就遭到毁坏；臣民不和睦团结，任何事也做不成；百姓不安居乐业，做工经商的人和无业游民就会增多，从事农业的人就会离散。末业、游民增多，本业、农民离散，土地就无人耕种；土地无人耕种，六畜就不得繁育；六畜不得繁育，国家就贫困，财用就不足；国家贫困，财用不足，军队就衰弱，战士不勇猛；军队衰弱，战士不勇，攻战就不胜，守卫就不牢；攻战不胜、守卫不牢，国家就不能安定。因此说：国家法令不严格，坏人就会当政；官爵升迁不严格，奸吏就会掌权；户籍登记不严格，奸民就会得势；刑罚法律不严格，盗贼就会逞强。国家的四种根本制度被破坏，君主的权力就会分散，地位就会危险。君主的权力分散，忠诚直言的臣下就不能进谏，忠诚直言的臣下不能进谏，国家的真实情况君主就无法全面掌握。如此下去，国家与君主就危险了。

在国家治理中，最害怕的就是发生奸邪犯法乱政的事情。坏人当政，君主的权威就会损害；奸吏掌权，国家的法令就会破坏；奸民得势，民众的风俗和教化就会败坏；盗贼逞强，社会正常秩序就会遭到破坏。权臣当国，吏治腐败，奸民猖獗，盗贼横行，这"四伤"严重危害到国家、君主与民众的利益与安全。防范这四种人，是当政者时刻应当注意的重要事情啊。

3. "法、术、权、势"有机结合

"法、术、权、势"有机结合是《管子》政治学说中一个颇具特色的部分，相关内容集中体现在《任法》《法法》《明法》三篇文章中。胡家聪在《管子新探》中将其表述为如下"法术结合""权势结合"两个方面：[①]

第一，"法、术"结合。

《管子·任法》说：

　　圣君任法而不任智，任数而不任说，任公而不任私，任大道而不任小物，然后身佚而天下治。失君则不然，舍法而任智，故民舍事而好誉；舍数而任说，故民舍实而好言；舍公而好私，故民离法而妄行。舍大道而任小物，故上劳烦，百姓迷惑，而国家不治。

圣明的君主依靠法制而不依靠才智，依靠政策而不依靠空说，依靠公法而不依靠私情，依靠大原则而不依靠小事例，这样就能保障自身安逸而天下安定。失职的君主却不是这样，舍弃法制而依靠才智，所以百姓就不讲事实而好求名誉；舍弃政策而依靠空说，所以百姓就不讲实际而好说空话；舍弃公法而喜好私情，所

[①] 参见胡家聪著：《管子新探》，中国社会科学出版社 1995 年版，第 58、59 页。

以百姓就背离法制而胡作非为；舍弃大的原则而依靠小的事例，所以君主就劳累烦杂，百姓就迷惑不解，国家就不会安定。这里明确表述了国君"任法"与"任术"的结合，而以厉行法治为主导。

"任数"，则是指国君制御并督责诸臣百官推行法令政策的"术数"。《管子·明法解》对"术数"解释是："主无术数，则群臣易欺之。"又说："明主者，兼听独断，多其门户；群臣之道，下得明上，贱得言贵，故奸人不敢欺。乱主则不然，听无术数，断事不以参伍，故无能之士上通，邪枉之臣专国。"可见"任数"的"数"指术数，或写作"数"。据韩非的解释："术者，藏之于胸中，以偶众端而潜御群臣者也。"①"任法"与"任术"的关系是，前者为主，后者为辅，前者是公开的，后者是秘密的。君主对两者兼用，从而达到以法治国，操纵群臣，推行法令政策的目的。

第二，"权、势"兼用。"权、势"兼用在《管子·任法》等篇中有明确表述。

权，指权柄。"故明王之所操者六：生之、杀之；富之、贫之；贵之、贱之。此六柄者，主之所操也。"权柄是由国君独操，应牢牢掌握，不能"借人以其所操"；如果"借人以其所操"，那就会大权旁落。"生杀之柄专在大臣，而主不危者，未尝有也。故治乱不以法断而决于重臣，生杀之柄不制于主而在群下，此寄生之

① 《韩非子·难三》。

主也。"①《管子》提出"寄生之主"，是对那些麻痹大意的君主敲警钟。

势，指势位。"夫尊君卑臣，非计亲也，以势胜也。"②"主之所处者四：一曰文，二曰武，三曰威，四曰德。"并强调："此四位者，主之所处也。借人以其所操，命曰夺柄。借人以其所处，命曰失位。夺柄失位，而求令之行，不可得也。"③君主专司文之生、武之杀，独处于任免文官、武将并进行考核、给予刑罚（威）或赏赐（德）的势位，这种势位至高无上。如果"借人以所处"，国君就不成其为国君了。《管子·法法》说："凡人君之所以为君者，势也。故人君失势，则臣制之矣。"《管子·明法解》的解释更是清楚："明主在上位，有必治之势，则群臣不敢为非。是故群臣之不敢欺主者，非爱主也，以畏主之威势也。"这话真是一针见血。

4. 正确用人的原则

把握正确用人的原则，是《管子》的管理艺术中的一项重要内容，这在前面"管子的中国政治学"一题的论述汇总已经有所涉及，这里则再详细加以说明一下。《管子》提出了朝廷用人三原则：德、功、能。并分析了贯彻这三原则的益处及不落实这三原

---

① 《管子·明法解》。

② 《管子·明法》。

③ 《管子·任法》。

则的祸端。

《管子》说：

> 君之所审者三：一曰德不当其位，二曰功不当其禄，三
> 曰能不当其官。此三本者，治乱之原也。故国有德义未明于
> 朝者，则不可加于尊位；功力未见于国者，则不可授以重禄；
> 临事不信于民者，则不可使任大官。故德厚而位卑者谓之过，
> 德薄而位尊者谓之失。宁过于君子，而毋失于小人。过于君
> 子，其为怨浅；失于小人，其为祸深。是故国有德义未明于
> 朝而处尊位者，则良臣不进；有功力未见于国而有重禄者，
> 则劳臣不劝；有临事不信于民而任大官者，则材臣不用。三
> 本者审，则下不敢求；三本者不审，则邪臣上通，而便辟制
> 威。如此则明塞于上，而治壅于下，正道捐弃，而邪事日长。
> 三本者审，则便辟无威于国，道途无行禽，疏远无蔽狱，孤
> 寡无隐治。故曰：刑省治寡，朝不合众。①

君主用人必须注意三方面：一是他的品德必须与爵位相称；
二是他的功绩必须与俸禄相称；三是他的才能必须与官职相称。
这三个根本问题是国家治乱的根源。因而道义品德没有在朝廷显
露出来的人，不能给予尊贵的爵位；功绩能力没有在国内表现出

---

① 《管子·立政》。

来的人，不能授给优厚的俸禄；治理政事不能取得百姓信任的人，不能担任重要的官职。品德淳厚而爵位卑微，这叫做用人失当；品德低劣而爵位尊贵，这叫做用人错误。宁可安排君子失当，也不可错误使用小人。安排君子失当，招来的怨恨浅；错误使用小人，造成的祸患深。如果有人道义品德没有在朝廷显露出来，却处于尊贵的爵位，那么贤良的大臣就得不到引荐；如果有人功绩能力没有在国内表现出来，却拥有优厚的俸禄，那么勤奋的大臣就得不到勉励；如果有人处理政事不能取得百姓的信任，却担任重要的官职，那么有才能的大臣就得不到重用。认真注意这三个根本问题，小人就不敢谋求高爵要职。这三个根本问题处理不当，阿谀奉承的邪佞之徒就会上通君主，专权逞威，这样君主会受蒙蔽，政令不能推行，治国的正路被抛弃，坏事日益滋长。这三个根本问题处理得当，邪佞之徒不敢滥施淫威，道路上见不到囚犯，边远地区不会产生冤狱，孤儿寡母不会无处申冤。因此说，刑罚少用了，政事减少了，朝廷就不用经常召集群臣议事。这三项用人原则，影响到国家的治乱，治国理政者不能不详细加以斟酌采用啊。

据《管子》记载：

正月之朝，乡长复事，公亲问焉，曰："于子之乡，有居处为义、好学、聪明、质仁、慈孝于父母、长弟闻于乡里者？有则以告。有而不以告，谓之蔽贤，其罪五。"有司已于事而竣。公又问焉，曰："于子之乡，有拳勇、股肱之力、筋骨秀出于众者？有则以告。有而不以告，谓之蔽才，其罪五。"有司已于事而竣。公又问焉，曰："于子之乡，有不慈孝于父母、不长弟于乡里、骄躁淫暴、不用上令者？有则以告。有而不以告，谓之下比，其罪五。"有司已于事而竣。于是乎乡长退而修德，进贤。桓公亲见之，遂使役之官。公令官长，期而书伐以告，且令选官之贤者而复之。曰："有人居我官有功，休德维顺，端悫以待时使，使民恭敬以劝。其称秉言，则足以补官之不善政。"公宣问其乡里，而有考验，乃召而与之坐，省相其质，以参其成功，成事可立，而时。设问国家之患而不肉，退而察问其乡里，以观其所能，而无大过，登以为上卿之佐，名之曰三选。①

正月国君听朝，乡长报告政事。桓公亲自问他，说："在你的乡内，有平时行义、好学、聪明、品性仁爱、对父母慈孝、敬爱兄长而闻名乡里的人吗？有这样的人就要报告。如果有这样的人而不报告，就叫做埋没人才，就有罪五种。"官吏报告完毕而退。桓公又问他，说："在你的乡内，有勇气、四肢和筋骨的力量超群

---

① 《管子·小匡》。

的人吗？有这样的人就要报告。如果有这样的人而不报告，就叫做埋没人才，就有罪五种。"官吏报告完毕而退。桓公又问他，说："在你的乡内，有对父母不慈孝、在乡里不敬爱兄长、骄横暴虐、不听国家法令的人吗？有这样的人就要报告。如果有这样的人而不报告，就叫做与有罪之人相勾结而加以包庇，就有罪五种。"官吏报告完毕而退。这样，乡长们回去就加强建设德政，把贤才选送上来。桓公亲自召见他们，就命他们在官府试职。桓公命令官长，满一年以后，记录并报告试用官员的功绩，按令办好把优秀的试用官员选择出来上报。报告说："有人在我官府有功，有美德而能顺从，能端正诚实地待命使用，能使人端庄有礼而受到鼓舞。至于他宣扬的非议言论，也能补救官府政事的不完善。"桓公遍问他的乡里，对他的行迹加以验证，然后召见他，与他坐在一起，察看他的素质，检验他的功绩，事实确可成立，于是就令他待命，又考问他国家的难事，如回答没有什么毛病，到他的乡里调查了解，观察他的能力，如果没有大的过失，就把他提做上卿的辅佐，这叫做三选。

选才制度在春秋时期就很兴盛，各诸侯国为使国家强盛，纷纷推出吸引人才的制度、政策以招揽天下贤士，还突破世卿制度的规定，不拘一格起用人才。到了战国时期更是如此。魏国的李悝按照"食有劳而禄有功"的原则任用有劳、有功之人；赵国实行"选练举贤，任官使能"的政策；韩国申不害采用授官于贤能的政策以确保用人的纯洁；秦国商鞅更是改革原有人事制度，规定无论贵族、贫民，均按功行赏、封官晋爵。

应该说，在中国古代统治者中，尊重人才、重视人才、精于选拔人才者不在少数，但像齐桓公不分贵贱等级自下而上逐级遴选的严格选才方式却是极为罕见的。这种选才方式在制度保障下，运用严格标准与尺度，大大避免了形式化的倾向和主观随意性，确保了高质量人才的发掘与起用。更为难能可贵的是，执政者亲临现场，对选出的人才"省相其质""察问其乡里"，逐个过问，以防疏漏。这种选拔人才要经过举荐、不断检验与考课等程序的严格标准，非常值得当代管理者学习、研究与借鉴。

5. 正定万物

《管子》说：

> 政者，正也。正也者，所以正定万物之命也。是故圣人精德立中以生正，明正以治国。故正者，所以止过而逮不及也。过与不及也，皆非正也，非正则伤国一也。勇而不义伤兵，仁而不法伤正。故军之败也，生于不义；法之侵也，生于不正。故言有辨而非务者，行有难而非善者。故言必中务，不苟为辩；行必思善，不苟为难。规矩者，方圆之正也。虽有巧目利手，不如拙规矩之正方圆也。故巧者能生规矩，不能废规矩而正方圆；虽圣人能生法：不能废法而治国。故虽

有明智高行，倍法而治国，是废规矩而正方圆也。①

政，就是正。正，就是用来公正地确定万物的命运的。因此圣人精心地修德树立中正的榜样来培养公正，明确公正的态度来治理国家。所以正是用来禁止过分和补充不足的。过分与不足，都不是公正的，不公正有害治国。勇敢而不合乎正义有害军队，仁慈而不合乎公正有害于法度。所以军队的失败，在于不合乎正义；法度的破坏，在于不合乎公正。言论雄辩并不一定就务实际，行动谨慎很可能就没有实效。因此言论一定要中正务实，不苟且于雄辩；行动一定要考虑实效，而不苟且于谨慎。规矩，是校正方圆的。人虽有巧手利目，却不如笨拙的规矩能校正方圆。所以灵巧的人虽能制作规矩，却不能废弃规矩来校正方圆；圣人虽能制定法令，却不能废弃法令来治理国家。所以虽有智力非凡、德行高尚的君主，如果背弃法令来治国，这也是与废弃规矩来校正方圆是一样的结果。

《管子》又说：

> 制断五刑，各当其名，罪人不怨，善人不惊，曰刑。正之，服之，胜之，饰之，必严其令，而民则之，曰政。如四时之不忒，如星辰之不变，如宵如昼，如阴如阳，如日月之

①《管子·法法》。

明，曰法。爱之，生之，养之，成之，利民不德，天下亲
之，曰德。无德无怨，无好无恶，万物崇一，阴阳同度，曰
道。刑以弊之，政以命之，法以遏之，德以养之，道以明
之。刑以弊之，毋失民命；令之以终其欲，明之毋径；遏之
以绝其志意，毋使民幸；养之以化其恶，必自身始；明之以
察其生，必修其理。致刑，其民庸心以蔽；致政，其民服信
以听；致德，其民和平以静；致道，其民付而不争。罪人当
名曰刑，出令时当曰政，当故不改曰法，爱民无私曰德，会
民所聚曰道。立常行政，能服信乎？中和慎敬，能日新乎？
正衡一静，能守慎乎？废私立公，能举人乎？临政官民，能
后其身乎？能服信政，此谓正纪。能服日新，此谓行理。守
慎正名，伪诈自止。举人无私，臣德咸道。能后其身，上佐
天子。①

专断五刑，各与罪名相当，犯罪的人就不会怨恨，善良的人
就不会惊恐，这叫做刑。匡正百姓，折服百姓，强制百姓，整饬
百姓，必定要命令严格，叫百姓遵守，这叫做政。像四季的转换
那样不会发生差误，像星辰那样不会发生变化，像昼夜，像阴阳，
像日月那样分明，这叫做法。爱护百姓，增多百姓，供养百姓，

---

① 《管子·正》。

成全百姓，有利于百姓而不让百姓感恩戴德，天下的百姓都来亲附，这叫做德。无恩德无仇怨，无所好无所恶，万物都发生于一，阴阳的变化都有共同的规律，这叫做道。刑罚用来裁断百姓，政令用来命令百姓，法制用来遏制百姓，恩德用来养育百姓，大道用来启发百姓。用刑罚来裁断百姓，是为了不要错丧人命；命令百姓是为了终结他们的私欲，不要使百姓走上邪路；遏制百姓是为了杜绝他们的非分之想，不要使百姓有侥幸的心理；养育百姓改变他们的恶行，必从自身开始；启发百姓了解自己的性情，必定按照道的原理。施用刑罚，百姓就会用心敬畏；施用政令，百姓就会诚实听从；施用恩德，百姓就会平和安静；施用大道，百姓就会亲附不争。判罪与罪名相当叫做刑，出令与季节相当叫做政，合乎已有的成规而不改变叫做法，爱护百姓而无私心叫做德，合乎全民所需的叫做道。立常法行政令，能使百姓信服吗？心中平和谨慎敬肃，能日新其德吗？政治平稳安定统一，能坚持谨慎小心吗？废私立公，能推举人才吗？执政治理百姓时，能先人后己吗？能使百姓信服，这叫做纲纪端正。能日新其德，这叫做按理行事。坚持谨慎小心辨正名称，虚伪和奸诈自然禁止，推举人才能废私立公，他的为臣之德值得大家都来称道。能做到先人后己，就可辅佐天子。

"正"，即匡正。按照管子的认识，"刑、政、法、德、道"即是"正"，即是"规矩"，是专门用来治国理政匡正臣民的思想和行为的。"正能定物。"政治家、管理者要想达到治理的目的，就应该从正己正人角度，一切以"正"为嚆矢。从一定意义上说，规矩，就是"正"，就是治国理政的标准。规矩，是用来矫正方圆的。政治家虽然有锐利的眼睛和灵巧的双手，也不如用笨拙的规矩来矫正方圆。巧匠能制造规矩，但不能弃掉规矩来矫正方圆。虽然圣人能制定法律，却不能废止法律而治理国家。即使治国者头脑明智，行为高尚，但如果违背法律而治国，还是如同废弃规矩而矫正方圆一样达不到目的。《管子》用巧者、规矩与方圆的关系，恰如其分地表达了法或规矩对人的行为约束的重要性和不可替代性。总之，以法律、规则为标志的"正"是用以约束人们行为的，而法律与规则又为人所制定，必定有人为的因素，不过一旦法律或规则制定下来，就应该切实遵守和执行，这自然包括制定这些规则的人。卢梭说过"遵守法律是最重要的一条法律"，我们也可以说，遵守规矩就是最重要的规矩，无论有多大理由、多大权力都不能以自己的尺度行事。政治家治国、管理者实施管理，都要从立规矩入手，因为，"没有规矩，就没有方圆"，立了规矩，就应严格按照规矩办事，如果制定了制度而未实施，或人为地破坏而使制度束之高阁，形同虚设，制度再多也失去了意义。归根结底，制度要产生约束力还在于使用与落实上。就某种意义而言，使用规矩比制定规矩显得更为重要。这正如《管子》所说："法立令行，则民之用者众矣；法不立，令不行，则民之用者寡矣。"①

四、《管子》的领袖素质与帝王术

1. 领袖最重要的品质

在《管子·小匡》中有这样一个有趣的故事：

  初，桓公郊迎管子而问焉，管仲辞让，然后对以参国伍鄙，立五乡以崇化，建五属以厉武，寄兵于政，因罚，备器械，加兵无道诸侯，以事周室。桓公大说，于是斋戒十日，将相管仲。管仲曰："斧钺之人也，幸以获生，以属其腰领，臣之禄也。若知国政，非臣之任也。"公曰："子大夫受政，寡人胜任；子大夫不受政，寡人恐崩。"管仲许诺，再拜而受相。三日，公曰："寡人有大邪三，其犹尚可以为国乎？"对曰："臣未得闻。"公曰："寡人不幸而好田，晦夜而至禽侧，田莫不见禽而后反。诸侯使者无所致，百官有司无所复。"对曰："恶则恶矣，然非其急者也。"公曰："寡人不幸而好酒，日夜相继，诸侯使者无所致，百官有司无所复。"对曰："恶则恶矣，然非其急者也。"公曰："寡人有污行，不幸而好色，

①《管子·法法》。

而姑姊有不嫁者。"对曰："恶则恶矣，然非其急者也。"公作
色曰："此三者且可，则恶有不可者矣？"对曰："人君唯优
与不敏不可。优则亡众，不敏不及事。"公曰："善。吾子就
舍。异日请与吾子图之。"对曰："时可将与夷吾，何待异日
乎？"公曰："奈何？"对曰："公子举为人博闻而知礼，好
学而辞逊，请使游于鲁，以结交焉。公子开方为人巧转而兑
利，请使游于卫，以结交焉。曹孙宿其为人也，小廉而苛忕，
足恭而辞结，正荆之则也，请使往游。以结交焉。"遂立行三
使者，而后退。

当初，桓公在京郊迎接管子归来时就向他咨询治理国家的事
情，管仲推辞拒绝，以后才提出建立三国五鄙的制度，建立五乡
用来推崇教化，建成五属来训练军事，把军事训练隐藏在内政管
理之中，依靠赎罪制度，备足军用器材，然后对无道诸侯施加武
力，以事奉周王朝。桓公听了十分高兴，因此虔诚地斋戒10天，
要立管仲为相。管仲说："我是该杀之人，幸获生存，能够苟全性
命，这已是我的福分了。如果要授予我承担国家的政事，这不是
我所能胜任的。"桓公说："你接受国家的政事，我就能胜任国君；
你如果不接受国家的政事，我恐怕就要崩溃了。"管仲最后才答
应，再拜而接受相国的职务。三天以后，齐桓公对管仲说："我有
三大毛病，那还能管理国家吗？"管仲回答说："说来听听。"桓

公说："我不幸而喜好打猎，在黑夜时就来到禽兽出没的湖泽草野之地，直到田野寂静不见禽兽时才迟迟回来。这样，诸侯使者无法向我传达他们的使命，百官人员无法向我报告他们的职事。"管子回答说："这件事虽然是很坏，但不是十分紧要的。"桓公说："我不幸而喜好饮酒，日夜相继，诸侯使者无法向我传达他们的使命，百官人员无法向我报告他们的职事。"管仲回答说："这件事虽然很坏，但不是十分紧要的。"桓公说："我还有一件丑事，就是不幸喜好女色，姑表姐妹因此也有不嫁给人的。"管仲说："这件事坏虽然很坏，但不是十分紧要的。"桓公变色说："这三件事尚且可以允许，哪里还有什么不可以允许的事呢？"管仲回答说："国君惟有优柔寡断与不敏于事为不可允许的。优柔寡断就失去众人，不敏于事就办不成事。"桓公说："好。你回家吧，改日再请你一块来讨论国事。"管仲回答说："此时就可与我谈，何必要等待另日呢？"桓公说："要谈什么呢？"管仲回答说："公子举为人知识广博又懂礼仪，好学而说话谦逊，请派他出游到鲁国，以便同鲁国结交。公子开方为人圆滑而锐利，请派他出游到卫国，以便同卫国结交。曹孙宿为人，小事能细察，态度十分恭敬，又善于辞令，正合乎荆人的风格，请派他前往交游，以便同荆人结交。"这样就立即派出了三位使者，管仲而后才告退出来。

这个故事很有意思，全文回顾了齐桓公和管仲初次见面时发生的事情。齐桓公对管仲交心，既然信任、重用了管仲，就把自己的缺点告诉了管仲，说自己有三种大毛病。管仲认为这都不是最坏的毛病。于是齐桓公翻脸，以为管仲是在敷衍自己。管仲认真回答说："对于君王来说，左右摇摆，举棋不定和反应迟钝，这些才是最致命的弊病。性格犹豫不决就会失去大家的支持。反应迟钝则不仅会错过取得成功的良机，而且还可能使潜在的危机因得不到及时解决而爆发，造成一发而不可收拾的局面。"可见，"对一个领袖的素质要求和对普通人的要求不同，他可以在私德上有些瑕疵，但反应快、判断准和敢决断乃是最重要的领袖素质，因为这涉及国家的安危"。① 管仲对齐桓公说明完毕领袖最需要的素质后，马上就向桓公提出建议，将他推荐的人才落实到实处。事实也证明齐桓公在大事上确实不犹豫，马上答应了管仲的要求，决策果断而明晰，从而为这对君臣遇合留下了一段美妙的千古佳话。

2. 国君的六种权力及其重要性

《管子》说：

桓公曰："六秉者何也？"管子曰："杀、生、贵、贱、

---

① 魏承恩著：《管子解读：领袖需要的智慧》，上海人民出版社 2014 年版，第55 页。

贫、富，此六秉也。"①

桓公问管仲："国君的六种权力是哪些？"管子说："杀人，使人生，使人尊贵，使人卑贱，使人贫困，使人富足，这就是国君的六种权力。"

《管子》又说：

> 凡人君之德行威严，非独能尽贤于人也，曰人君也，故从而贵之，不敢论其德行之高卑。有故为其杀生急于司命也，富人贫人使人相畜也，贵人贱人使人相臣也。人主操此六者以畜其臣，人臣亦望此六者以事其君。君臣之会，六者谓之谋。六者在臣期年，臣不忠，君不能夺；在子期年，子不孝，父不能夺。故《春秋》之记：臣有弑其君，子有弑其父者，得此六者，而君父不智也。六者在臣则主蔽矣；主蔽者，失其令也。故曰令入而不出谓之蔽，令出而不入谓之壅，令出而不行谓之牵，令入而不至谓之瑕。牵瑕蔽壅之事君者，非敢杜其门而守其户也，为令之有所不行也。此其所以然者，由贤人不至而忠臣不用也。故人主不可以不慎其令。令者，人主之大宝也。②

---

① 《管子·小匡》。
② 《管子·法法》。

　　管子认为，君主的威严，并不是因为他的德行比别人好，而是因为他是君主，因而人们尊重他，不敢评论他德行的高下。因为他是君主，掌握着生杀的大权，比掌管命运之神还威严，掌握着使人贫富、让人供养的大权，掌握着使人贵贱、教人服从的大权。君主操持这六种大权来管理他的臣子，臣子也看着这六种大权来侍奉他们的君主。君主臣子的聚合，就是以六种大权作为媒介的。六种大权旁落在臣子手中满一年，臣子虽然不忠，君主也不能剥夺；旁落在儿子手中满一年，儿子虽然不孝，父亲也不能剥夺。所以《春秋》上记载：臣子中有杀了君主的，儿子中有杀了父亲的，是因为他们获得了这六种大权，而做君主做父亲的还不知道。六种大权在臣子手中，君主就受蒙蔽了；君主受蒙蔽，就是失去了政令。所以说，政令只能报入而不能发出称为蔽，政令只能发出而不能报入称为雍，政令只能发出而不能施行称为牵，政令只能报入而不能到君主手中称为格。有牵格蔽雍现象的君主，并不是因为有人堵塞了他的门，封锁了他的家，而是因为政令不能施行的缘故。这种情况之所以出现，是由于贤人不来，忠臣不用。所以君主对政令不能不谨慎。权柄与政令，是君主的大宝啊。

　　凡人君之所以为君者，势也。故人君失势，则臣制之矣。势在下则君制于臣矣，势在上则臣制于君矣。故君臣之易位，势在下也。①

大凡君主之所以能成为君主，是因为他有权势。所以君主失去权势，臣子就能控制他了。权势在下面，君主就被臣子控制了；权势在上面，臣子就被君主控制了。所以君臣位子颠倒，是因为君主的权势旁落。

总之，对于君王来说，法令的施行比任何珍宝都重要，国家应该要优先于亲戚，法令比人民重要，权势比爵禄贵重。不能把珍宝置于号令之上，珍宝可以送人，号令权责不能松手。为了国家的安定，君主就要牢牢掌握住权力，不能顾及亲情，尤其是不能随便把权力分给亲戚。不要相信什么"以仁治天下"，而随便宽赦，破坏法制。对于臣属，宁可封官，宁可重奖，给他们高官厚禄，但不能把威势权力分出去。总而言之，什么都可以送人，权势是不可以送人的。要实行以法治国，必须首先保证君主的绝对权势。

3. 细究国家祸乱的根源
《管子》说：

是故别交正分之谓理，顺理而不失之谓道。道德定而民有轨矣。有道之君者，善明设法而不以私防者也。而无道之

---

① 《管子·法法》。

君，既已设法，则舍法而行私者也。为人上者释法而行私，则为人臣者援私以为公。公道不违，则是私道不违者也。行公道而托其私焉，浸久而不知，奸心得无积乎？奸心之积也，其大者有侵逼杀上之祸，其小者有比周内争之乱。此其所以然者，由主德不立，而国无常法也。主德不立，则妇人能食其意；国无常法，则大臣敢侵其势。大臣假于女之能，以规主情；妇人嬖宠，假于男之知，以援外权。于是乎外夫人而危太子，兵乱内作，以召外寇。此危君之征也。[①]

管子说：区别上下关系，厘正君臣职分，就称为"理"，顺应"理"而没有过失，就称为"道"。君主的道德确立，百姓就有轨道可以遵循。有道的君主，善于明白设立法制而不因私心对抗；无道的君主，在法制设立之后，常常舍弃法制而谋取私利。做君主的抛弃法制而谋取私利，做臣子的就援引私利而当作公道。所谓不违背公道，也就变成了不违背私利。表面推行公道而实质寄托私利，时间长了不被发现，奸邪之心能不累积起来吗？奸邪之心日渐累积，大的会招来犯上杀君的祸患，小的也会造成钩心斗角的内乱。所以会形成这种后果，在于君主德行不能树立，国家法制没有权威。君主德行不能树立，连妇人也能窥测他的意图；

---

① 《管子·君臣上》。

国家法制没有权威，连大臣也敢侵夺他的权势。大臣利用妇人的才能来刺探君主的心思，受宠幸的妇人利用大臣的智谋来引入宫外的势力，这样就会导致废除夫人和危及太子。国内发生兵变，由此引来外敌。这些都是危害君主的征兆。

"别交"，是指区别上下级交往的规范。君臣有别，当然不能平起平坐；"正分"，是指纠正君臣各自的名分，也叫做理。遵循道理，确立道德规范秩序，民众做事就有规矩可循。有道的君主习惯明确法度，而不是靠手段伎俩去防备臣下。如果虽然表面上制定了制度和规矩，但实际上另有一套私下的"潜规则"，这样做的就是无道的君主。作为君主，抛弃法度而行私权，下面的人就会假公济私，拉帮结派，争权夺利，甚至最终野心膨胀，另立君主，篡夺政权。"此其所以然者，由主德不立，而国无常法也。"这种"亡国乱政"情况，在中国历代王朝屡见不鲜。之所以造成这种局面的原因，就在于君主失德，国家缺法。至此，管子所指的国家祸乱的根源即是在君主本身。在《管子·君臣下》中，管子也表达过同样的意思：

> 夫君人者有大过，臣人者有大罪。国所有也，民所君也，有国君民而使民所恶制之，此一过也。民有三务，不布其民，非其民也。民非其民，则不可以守战。此君人者二过也。夫臣人者，受君高爵重禄，治大官，倍其官，遗其事，

穆君之色，从其欲，阿而胜之，此臣人之大罪也。君有过而不改，谓之倒；臣当罪而不诛，谓之乱。君为倒君，臣为乱臣，国家之衰也，可坐而待之。是故有道之君者执本，相执要，大夫执法以牧其群臣，群臣尽智竭力，以役其上。四守者得则治，易则乱。故不可不明设而守固。昔者，圣王本厚民生，审知祸福之所生。是故慎小事微，违非索辨以根之。然则躁作、奸邪、伪诈之人，不敢试也。此礼正民之道也。

做君主的会有大过错，做臣子的会有大罪行。国家为君主所有，百姓受君主所治，拥有国家、统治百姓，却使百姓受所憎恶之人的管制，这是君主的第一个过错。百姓有春、夏、秋三季农事，君主不及时发布政令而耽误了农时，使百姓不成其为百姓，这样也不可能执行守卫或征战的任务，这是君主的第二个过错。臣子领受了君主赐予的高贵爵位和优厚俸禄，担任了大官，却背弃自己的职守，丢下自己的职事，一味取悦君主的颜色，顺从君主的私欲，巧言令色奉承君主进而控制君主，这是臣子最大的罪行。君主有过错而不改正，称为"倒"；臣子有罪行而不诛杀，称为"乱"。君主成了"倒君"，臣子成了"乱臣"，国家的衰亡马上就会到来。因此有道的君主要执掌治国的根本，宰相要执掌治国的纲要，大夫则执掌具体的法令，来统治好所有臣下，臣下则要竭尽智谋和才力来侍奉君主。做到这四项职守，国家就能治理，毁弃了国家就会混乱，因而不可不明确规定和严格遵守。古时候，圣王将提高百姓生活作为治理天下的根本，慎重地了解祸福产生的原因。因而对于关涉民生的微小事情也谨慎对待，认真办理，并努力辨明是非，追根穷源。这样，那些躁进、奸邪、伪诈的小人就不敢乱法作坏。这就是制定礼法匡正百姓的方法。

在管子看来，君主和大臣都可能犯错。对君主来说，所用非人，政治腐败，这是第一大过错。不发展经济，不全心全意为人民，这是第二大过错。对大臣来说，君主给你高官厚禄，委以重任，结果你却背弃职责，撒手不管，只知道揣摩上意，讨好君主，纵容其声色犬马，靠阿谀奉承而取信，这是臣子的大罪。君主有罪过而不改，叫做"倒"。大臣有罪过而不杀，叫做"乱"。君臣如此，国家的衰亡可以预见。只有君主抓根本，宰相握纲要，官吏尽职尽责，民众勤奋生产，国家才会稳定，社会才能进步。

至于怎样才能拨乱反正，实现国家大治，管子在《明法》篇中就说得更为具体了：

> 所谓治国者，主道明也。所谓乱国者，臣术胜也。夫尊君卑臣，非计亲也，以执胜也。百官识，非惠也，刑罚必也。

故君臣共道则乱，专授则失。夫国有四亡：令求不出谓之灭，出而道留谓之拥，下情求不上通谓之塞，下情上而道止谓之侵：故夫灭、侵、塞、拥之所生，从法之不立也。是故先王之治国也，不淫意于法之外，不为惠于法之内也。动无非法者，所以禁过而外私也。威不两错，政不二门，以法治国则举措而已。是故有法度之制者，不可巧以诈伪；有权衡之称者，不可欺以轻重；有寻丈之数者，不可差以长短。今主释法以誉进能，则臣离上而下比周矣；以党举官，则民务交而不求用矣。是故官之失其治也，是主以誉为赏，以毁为罚也。然则喜赏恶罚之人，离公道而行私术矣。比周以相为匿，是忘主死交，以进其誉。故交众者誉多，外内朋党，虽有大奸，其蔽主多矣。是以忠臣死于非罪，而邪臣起于非功。所死者非罪，所起者非功也，然则为人臣者重私而轻公矣。十至私人之门，不一至于庭；百虑其家，不一图国。属数虽众，非以尊君也；百官虽具，非以任国也，此之谓国无人。国无人者，非朝臣之衰也，家与家务于相益，不务尊君也；大臣务相贵，而不任国；小臣持禄养交，不以官为事，故官失其能。是故先王之治国也，使法择人，不自举也；使法量功，不自度也。故能匿而不可蔽，败而不可饰也；誉者不能进，而诽者不能退也。然则君臣之间明别，明别则易治也。主虽不身下为，而守法为之可也。①

　　所谓安定的国家，是因为君道显明；所谓动乱的国家，是因为大臣专权代替了君道。臣子以君主为高贵而自以为卑下，并非臣子对君主亲善，而是君主的权势压倒了臣子。百官奉法供职，并非是因为君主对臣子有恩惠，而是因为施行刑罚的结果。所以君道和臣道混淆，国家就会发生混乱；君主把权力授给臣子，就有亡国丧身之祸。国家的危亡有四种表现：政令在朝廷里发不出去叫做灭，政令发出而在中途滞留叫做拥，下情不能向上反映叫做塞，下情向上反映而在中途受阻叫做侵。灭、侵、塞、拥这类情况的发生，是由于法制没有确立的缘故。因此先王治理国家，在法度之外不再多考虑人治，在法度之内严禁另行私惠。大凡行动无非就是执行法度，以之用来禁止过错和排除私术。天无二日，民无二主。君权不能授予两人，政令不能出自两门，以法治国只是运用法度而已。因此有了法度的规定，就不能用诈伪来行骗；有了权衡的称量，就不能用轻重来相欺；有了寻丈的计数，就不会有长短的差错。如今君主如果放弃法度而用空头名声进用人，那么臣子就背离君主而在下面结党营私；君主如果听信朋党之言而举用官吏，那么臣下就会专务结交朋党而不追求治理的实绩。

---

① 《管子·明法》。

因此，官吏失去治理的权力，这正是君主按空名行赏，依毁谤惩罚的结果。这样喜得赏赐而厌恶受罚的人，就会背离公法而行徇私情。人们结党营私而作奸，君主就会被蒙蔽。如果忠臣常常无罪而被杀，奸臣常常无功而起家。被杀的人无罪，起家的人无功。这样，做人臣的也就都重视私交而轻视公法了。他们会因私欲奔走于私家的豪门，而不到朝廷上来秉公办事。这样，君主的属臣数量虽然众多，却都不是用来敬奉君主的；百官虽然具备，却都不是为了承担国事的，这叫做国家无人。国家无人，并非朝臣大减，而是私家间相互求得发展，却不敬奉君主；大臣们相互求得器重，却不承担国事；小臣们拿着俸禄培养私交，却也不把官职当作大事，所以官职就丧失了它的职能。因此明君治理国家，使用法度选择人才，不私自推举；使用法度衡量功绩，不私自度量。因此智能之士不被埋没，不肖之徒也不能伪饰；有空头名誉的人不能进用，而遭诽谤的人也不会废退。这样君主臣下的权势就有了明显的区别，有了明显的区别国家就容易治理了。君主虽不亲自到下面办事，坚持法度办事就可以了。由此可见，管子认为国家的治乱之道的关键在于君主能否独掌大权，以法度治国；在于君主是否能正确用人，秉公办事；在于君主能否以法度监督奖惩臣下尽职尽责；在于君主能否真正防范好"灭、侵、塞、壅"这四种危情。以法治国，不在法律范围外考虑问题，不在法外问题上施加恩惠。只有这样，才能够杜绝官吏过错，让他们控制私欲，

尽职尽责做好自己的工作。这就是管子所谓防范国家与政治发生
祸乱的办法。

　　4. 君臣各自角色定位

　　如何正确处理君臣关系是管子政治学说中的一个重要部分。
管子学说的目的就是帮助齐桓公全面实现强君、强国和争霸诸侯。
管子政治论中的君臣关系，也就是统治集团内部的关系，主要是
讲近臣对百官的驾驭管理即所谓"为人上者，制群臣百姓，通中
央之人和"① 也。这些内容主要集中在《心术》《君臣上》《君臣下》
等篇章中。

　　《管子》说：

　　　　心之在体，君之位也；九窍之有职，官之分也。心处其
　　道，九窍循理。嗜欲充益，目不见色，耳不闻声。故曰：上
　　离其道，下失其事。毋代马走，使尽其力；毋代鸟飞，使弊
　　其羽翼；毋先物动，以观其则。动则失位，静乃自得。②

　　心在人体之中，正像国君的地位；九窍的功能，正像百官的
职能各有区分。心以道相处，九窍就能按各自的功能起作用。心
里充满嗜好和欲望，眼就不能看见色彩，耳就听不到声音。所以

---

① 《管子·君臣上》。
② 《管子·心术上》。

说，君主背离了道，臣下就失去了职事。不要代替马去跑，要使马能尽自己的力；不要代鸟去飞，要使鸟能增强自己的羽翼；不要先于物而动，以便观察物的发展规律。动就失去了君主的位置，静才自有所得。

古人以心为思维的器官，是身体其他器官的主宰。管子把君主比作心，把百官比作九窍，以此来说明君臣关系在治国理政中的各自角色与地位，这就是所谓"心术者无为而制窍者也"。

君主的角色与地位，就像心在人体中的角色与地位一样，是统揽全局，掌握"道"，掌握大方向的。百官的角色与地位，就像人身上的器官，是各司其职，做具体工作的。那么君主、领导人应该怎么做呢？"无为而制窍者也。""无为而治"不是不治、不作为，而是要抓大放小，做好方向引领与决策正确即可，具体事务让下面的文武百官辛劳，所谓"主逸臣劳"。这就需要君主有一套办法去"制九窍"，去驾驭臣属。《君臣上》《君臣下》等篇章就是具体告诉统治者这套办法的。管子称之为"心术"，其实就是统治术。这套统治术无非围绕一个"势"字，教君主如何守势、借势、造势，用势，从而达到治国理政的最佳效果。

5. 智慧君臣之道

第一，智慧的君主之道就是君臣要做好本职之内的事情，而不要超越自己的职务分工范围。

为人君者，修官上之道，而不言其中；为人臣者，比官中之事，而不言其外。君道不明，则受令者疑；权度不一，则修义者惑。民有疑惑贰豫之心而上不能匡，则百姓之与间，犹揭表而令之止也。是故能象其道于国家，加之于百姓，而足以饰官化下者，明君也。能上尽言于主，下致力于民，而足以修义从令者，忠臣也。上惠其道，下敦其业，上下相希，若望参表，则邪者可知也。①

做君主的要研究总领百官的方法，而不去插手百官的具体权责；做臣子的要管好本职范围内的事情，而不要超越自己的职务范围。君主的原则不明确，接受命令的人就有疑虑；权限法度不统一，遵循法度的人就有迷惑。百姓有了疑惑犹豫的心理，而君主又不能清除，那么百姓与君主之间就隔碍难通，就像举标告示又下令制止一样。因而，能有一套治国、治民的方法，用来达到整饬百官、教化下民的，就称得上明君。能上对君主尽言，下对百姓尽力，做到遵循法度、服从政令的，就称得上忠臣。君上依从为君的原则，臣下勤于为臣的职责，上下相互监督，就像望着标杆来检测日影一样，曲邪不正的就一目了然地加以辨别与排除。

---

① 《管子·君臣上》。

第二，做君主的，最贵重的是号令；做臣子的，最珍惜的是才力。

> 是故君人也者，无贵如其言；人臣也者，无爱如其力；言下力上，而臣主之道毕矣。是故主画之，相守之；相画之，官守之；官画之，民役之；则又有符节、印玺、典法、策籍以相揆也。此明公道而灭奸伪之术也。①

做君主的，最贵重的是号令；做臣子的，最珍惜的是才力。对下颁布号令，对上贡献才力，君主、臣子的关系就完全了。因此君主谋划，宰相执行；宰相谋划，官吏执行；官吏谋划，百姓服役；又用符节、印玺、典法、策籍进行管理。这些就是阐明公道、杜绝奸伪的方法。

第三，考评才能，衡量德行，举拔使用，这是君主的职责；一心一意，谨守职务，不生疑惑，完成任务，这是臣子的职事。

> 论材量能，谋德而举之，上之道也；专意一心，守职而不劳，下之事也。为人君者，下及官中之事，则有司不任；为人臣者，上共专于上，则人主失威。是故有道之君，正其德以莅民，而不言智能聪明。智能聪明者，下之职也；所以

---

① 《管子·君臣上》。

用智能聪明者，上之道也。上之人明其道，下之人守其职，上下之分不同任，而复合为一体。①

考评才能，衡量德行，举拔使用，这是君主的职责；一心一意，谨守职务，不生疑惑，完成任务，这是臣子的职事。君主向下干涉了臣子的职事，有关官吏就无法负责；臣子向上侵夺了君主的权力，君主就失去威严。因此掌握了君道的君主，总是端正自己的德行来君临百姓，而不要弄自己的智能聪明。因为运用智能聪明为君主出力，是臣下的职事；而使用智能聪明的臣子，是君上的职责。君上明确自己的职责，臣下谨守自己的职事，上下职分不同，各有其任，而又复合为一个整体。

第四，控制官吏，教化百姓，关键在君主。

> 主身者，正德之本也；官治者，耳目之制也。身立而民化，德正而官治。治官化民，其要在上。是故君子不求于民。是以上及下之事谓之矫，下及上之事谓之胜。为上而矫，悖也；为下而胜，逆也。国家有悖逆反迕之行，有土主民者，失其纪也。②

---

① 《管子·君臣上》。
② 《管子·君臣上》。

管子说：君主自身是端正德行的根本，官吏受制于君就如耳目受制于心。君主立身，百姓受教化；德行端正，官吏得控制。控制官吏，教化百姓，关键在君主，因而君主不向百姓求助。所以君上干涉臣下之事称作违背君道，臣下干预君上之事称作凌驾君主。君主违背君道是悖谬，臣下凌驾君主是叛逆。国家如果发生悖谬叛逆的行为，那说明君主的治理失去了纲纪。

第五，"道德出于君，制令传于相，事业程于官"。

> 夫为人君者，荫德于人者也；为人臣者，仰生于上者也。为人上者，量功而食之以足；为人臣者，受任而处之以教。布政有均，民足于产，则国家丰矣。以劳受禄，则民不幸生。刑罚不颇，则下无怨心。名正分明，则民不惑于道。道也者，上之所以导民也。是故道德出于君，制令传于相，事业程于官，百姓之力也，胥令而动者也。①

做君主的就要用道德来庇护百姓，做臣子的就要仰仗君主而生存。君主要考量功绩，公正地给予俸禄；臣子要接受任命，恭敬地履行职责。君主施政均平，百姓产业丰足，国家就富裕。依据劳绩授予俸禄，百姓就不会侥幸偷生。刑罚公正不偏，百姓就没有怨恨之心。刑名正，职分明，百姓对治国之道就不会疑惑。

---

① 《管子·君臣上》。

所谓道，就是君主用来导引百姓的方法。因此，道德出自于君主，制度法令由宰相传布，各项事业由官吏考核，百姓的力量就是等待命令而付诸行动。

6. 君主最应防范的两种危险

> 古者有二言："墙有耳，伏寇在侧。"墙有耳者，微谋外泄之谓也。伏寇在侧者，沉疑得民之道也。微谋之泄也，狡妇袭主之请，而资游慝也。沉疑之得民也者，前贵而后贱者为之驱也。明君在上，便僻不能食其意，刑罚亟近也；大臣不能侵其势，比党者诛，明也。为人君者，能远谗谄，废比党，淫悖行食之徒无爵列于朝者，此止诈、拘奸、厚国、存身之道也。①

古时候有两句话："墙上有耳朵，身旁有暗藏的敌人。"墙上有耳朵，是说机密的谋划会被泄露；身旁有暗藏的敌人，是说阴险僭越的大臣会得民心。机密的谋划被泄露，是由于狡猾的妇人刺探君主的内情，去帮助奸邪之徒；阴险僭越的大臣得民心，是由于那些先前贵幸后来失宠低贱的人愿被他驱使。英明的君主在位，宠幸的近臣不能伺察他的心思，这是因为刑罚先加于近臣；掌权的大臣不能侵夺他的权势，这是因为结党营私者必被诛杀是

---

① 《管子·君臣下》。

明白无疑的。做君主的，能做到斥退谗佞谄媚之流，废除结党营私之辈，淫邪悖逆的游食之徒就不会混入朝廷大臣之列，这就是防止伪诈、限制奸邪、巩固国家、保全自身的方法。

管子认为，君主是一国政治利益的核心和枢纽，所有臣子的聪明智慧都集中指向君主。所以，如果君主的个人好恶表现出来，就给臣下玩弄手段提供了凭借。在众多臣子的手段面前，君主很难有防范的能力。古时候，有两句话：一是"隔墙有耳"，二是"伏寇在侧"，祸患就潜伏在你的身边。"隔墙有耳"说的是非常机密的、只有很少几个人知道的谋划，被泄露出去了。"伏寇在侧"说的是那些善于欺诈的人往往狐假虎威，借君主的名义欺压老百姓，或者煽动民众对上不满而收买人心。

为什么会"隔墙有耳"呢？是因为皇帝身边的狡猾女人偷听了君主的机密，通过泄密去帮助外面的奸细。也就是说，内外勾结，才会隔墙有耳。

为什么会"伏寇在侧"呢？是因为有那些破落户，那些从高位上跌落下来的失势之人，容易被他们驱使。

如果是明君的话，身边的这些嫔妃、太监、侍卫们就没法把他当傀儡。为什么？因为他对这些人绝不客气，如果身边有危害君主的情况，即使喜欢宠爱，也重罚不误。大臣不敢侵夺君主的威势，因为只要拉帮结派，就必死无疑。这些都明确地有言在先。君主能警惕身边的"在床""在旁""父兄""养殃"那些宵小之辈，权柄就不会旁落，法度既不会摈弃，君主也就没有最大的祸患了。

7. 治理者准则

《管子》说：

> 错国于不倾之地，积于不涸之仓，藏于不竭之府，下令于流水之原，使民于不争之官，明必死之路，开必得之门，不为不可成，不求不可得，不处不可久，不行不可复。错国于不倾之地者，授有德也；积于不涸之仓者，务五谷也；藏于不竭之府者，养桑麻、育六畜也；下令于流水之原者，令顺民心也；使民于不争之官者，使各为其所长也；明必死之路者，严刑罚也；开必得之门者，信庆赏也；不为不可成者，量民力也；不求不可得者，不强民以其所恶也；不处不可久者，不偷取一世也；不行不可复者，不欺其民也。故授有德，则国安；务五谷，则食足；养桑麻、育六畜，则民富；令顺民心，则威令行；使民各为其所长，则用备；严刑罚，则民远邪；信庆赏，则民轻难；量民力，则事无不成；不强民以其所恶，则诈伪不生；不偷取一世，则民无怨心；不欺其民，则下亲其上。①

管子认为，治国理政者必须懂得和遵守如下准则：

---

① 《管子·牧民》。

（1）"错国于不倾之地者，授有德也。"

（2）"积于不涸之仓者，务五谷也。"

（3）"藏于不竭之府者，养桑麻、育六畜也。"

（4）"下令于流水之原者，令顺民心也。"

（5）"使民于不争之官者，使各为其所长也。"

（6）"明必死之路者，严刑罚也。"

（7）"开必得之门者，信庆赏也。"

（8）"不为不可成者，量民力也。"

将国家建立在稳固的基础之上，将粮食积聚在取之不尽的粮仓中，将财富贮藏在用之不竭的府库里，将政令下达在水流的源头上，将百姓安置在互不相争的行业里，向百姓指明犯罪必死的道路，向百姓敞开有功必赏的大门，不从事不能成功的事业，不追求难以达到的目标，不留恋不能长久的利益，不去干不可重复的行为。将国家建立在稳固的基础之上，就要授政于有德行的人；将粮食积聚在取之不尽的粮仓中，就要致力于种植五谷；将财富贮藏在用之不竭的府库里，就要栽桑种麻、繁殖六畜；将政令下达在水流的源头上，是为了让政令顺应民心；将百姓安置在互不相争的行业里，是为了让他们发挥各自的特长；向百姓指明犯罪必死的道路，就要严格执行刑罚；向百姓敞开有功必赏的大门，就要及时兑现奖赏；不从事不能成功的事业，因为要度量百姓的承受能力；不追求难以达到的目标，因为不能用百姓厌恶的去勉强他们；不留恋不能长久的利益，因为不可只图一时的苟安；不去干不可重复的行为，因为不可欺骗自己的百姓。因此，授政于有德行的人，国家就安定；致力于种植五谷，粮食就充足；栽桑种麻、繁殖六畜，百姓就富裕；政令顺应民心，威信就树立；让百姓发挥各自的特长，器用就完备；严格执行刑罚，百姓就远避邪恶；及时兑现奖赏，百姓就不怕死难；度量民力而行，事业没有不成功的；不勉强人去做他所厌恶的事，欺诈虚伪就不会发生；不图一时的苟安，百姓就没有怨恨之心；不欺骗自己的百姓，百姓就会亲近自己的君主。

《管子》又说：

> 以家为乡，乡不可为也；以乡为国，国不可为也；以国为天下，天下不可为也。以家为家，以乡为乡，以国为国，以天下为天下。毋曰不同生，远者不听；毋曰不同乡，远者不行；毋曰不同国，远者不从。如地如天，何私何亲？如月如日，唯君之节。[①]

管子说：用治家的办法去治乡，乡不可能治理好；用治乡的办法去治国，国不可能治理好；用治国的办法去治天下，天下不可能治理好。要以治家的办法去治家，治乡的办法去治乡，治国

_____

[①] 《管子·牧民》。

的办法去治国，治天下的办法去治天下。不要因为不同姓，就不听取关系疏远者的意见；不要因为不同乡，就不采纳关系疏远者的建议；不要因为不同国，就不遵从关系疏远者的主张。君主治理天下的准则，就要不分亲疏，要像天地那样覆载万物，要像日月那样普照寰宇。

海纳百川，有容乃大。

作为一个领导人，就应该做到：对于国家有利的意见，就采纳；对于民众疾苦之事，就应当去关心。

政治家的目的与准则，就是要实现国家太平、政治清明，社会稳定，民众富裕，国家强大，步步扎实，使国家与政权建立在坚如磐石的基础之上。

8．君主治国用术的九条守则

（1）主位。君主居于主宰地位的总则。

（2）主明。君主掌握明察事物的原则。

（3）主听。君主掌握听事、听政的原则。

（4）主赏。君主掌握刑、赏的原则。

（5）主问。君主掌握问事咨询的原则。

（6）主因。君主掌握部署任务的原则。

（7）主周。君主掌握保密的原则。

（8）主参。君主掌握参验考察的原则。

（9）督名。君主掌握审合形名的原则。

第一，主位。管子说："安徐而静，柔节先定，虚心平意以待须。"就是说，安定沉着，温和克制，虚心平气地对待臣下的谏说。君主做到这些，就是"主位"。

第二，主明。管子说："目贵明，耳贵聪，心贵智。以天下之目视则无不见也，以天下之耳听则无不闻也，以天下之心虑则无不知也。辐辏并进，则明不塞矣。"就是说，眼要看得清楚，耳要听得明白，心要智商高。使用天下人所有的眼睛来看就没有看不见的东西，使用天下人所有的耳朵来听就没有听不到的事情，使用天下人所有的心来思虑就没有理解不了的问题。集中天下人的智能去共同谋事，聪明就不会被蒙蔽了。君主做到这些，就是"主明"。

第三，主听。管子说："听之术曰：勿望而距，勿望而许。许之则失守，距之则闭塞。高山，仰之不可极也；深渊，度之不可测也。神明之德，正静其极也。"就是说，君主听闻的方法是：不要一听到就轻易拒绝，不要一听到就轻易许可。轻易许可就会失去原则，轻易拒绝就会造成闭塞。要像高山那样，仰望它不能看到顶；要像深渊那样，测量它不能量到底。要像神明的德性那样，端正虚静是准则。君主做到这些，就是"主听"。

第四，主赏。管子说："用赏者贵诚，用刑者贵必。刑赏信必于耳目之所见，则其所不见，莫不暗化矣。诚，畅乎天地，通于神明，见奸伪也?"管子说："使用赏赐贵在信实，使用刑罚贵在坚决。刑赏的信实坚决是在人们的耳目所能看到听到的，而它看不到的作用，在于没有人不被它潜移默化。信实，能畅行在天地之间，通达到神明的境界，更何况对奸邪的人们呢？"君主做到这些，就是"主赏"。

第五，主问。管子说："一曰天之，二曰地之，三曰人之。四曰上下左右前后，荧惑其处安在？"一是天道，二是地道，三是人道。君主如果四方上下、左右前后都咨询清清楚楚，治国理政就不会发生太大的缺失。

第六，主因。管子说："心不为九窍，九窍治；君不为五官，五官治。为善者，君予之赏；为非者，君予之罚。君因其所以来，因而予之，则不劳矣。圣人因之，故能掌之。因之修理，故能长久。"心不代替九窍的功能，九窍就安定；君主不代替五官的职事，五官就安定。做得好的，君主就给予赏赐；做得坏的，君主就给予刑罚。君主依据他们的功过，而给予赏罚，就不烦劳了。圣人因势利导，所以能掌管国家。因势利导能符合事理，所以能长久。君主做到这些，就是"主因"。

第七，主周。管子说："人主不可不周，人主不周则群臣下乱。寂乎其无端也，外内不通，安知所怨？关闭不开，善否无原。"君主不可不保密，君主不保密，群臣就在下面发生混乱。秘密地不见因由，内外不通，怎么会有怨恨呢？紧闭着嘴巴不开口，好坏的说法就无发源地。君主做到这些，就是"主周"。

第八，主参。管子说："一曰长目，二曰飞耳，三曰树明。明知千里之外，隐微之中，曰动奸，奸动则变更矣。"一是能看得远，二是能听得远，三是能做到明察。能清楚地了解千里之外，明察隐微之中的情况，便能洞察奸邪。奸邪能洞察到，动乱就能被制止了。君主做到这些，就是"主参"。

第九，督名。管子说："修名而督实，按实而定名。名实相生，反相为情。名实当则治，不当则乱。名生于实，实生于德，德生于理，理生于智，智生于当。"根据名称来考察实际，按照实际来确定名称。名称和实际相互促进，反过来又相互作为根据。名实相称就安定，不相称就混乱。名称产生于实际，实际产生于道德，道德产生于理念，理念产生于智慧，智慧产生于名实相称。君主做到循名责实，就是"督名"。

附录　主要参考书目

《史记》

《汉书》

《国语》

《说苑》

《新序》

《管子》

《老子》

《周易》

《论语》

《诗经》

《尚书》

《礼记》

《荀子》

《论衡》

《商君书》

《韩非子》

《战国策》

《竹书纪年》

《吕氏春秋》

《孔子家语》

《春秋繁露》

《朱子语类》

《太平广记》

《太平御览》

《孔子全集》

《春秋左传》

《春秋公羊传》

《春秋穀梁传》

皮锡瑞著：《经学通论》，中华书局 1954 年版。

郭沫若著：《管子集校》，科学出版社 1956 年出版。

范文澜著：《范文澜历史论文选集》，中国社会科学出版社 1979 年版。

周勋初著：《〈韩非子〉札记》，江苏人民出版社 1980 年版。

童书业著：《先秦七子思想研究》，齐鲁书社 1982 年版。

陈鼓应著：《老子注释及评介》，中华书局 1984 年版。

余英时著：《士与中国文化》，上海人民出版社 1987 年版。

刘泽华主编：《士人与社会》（先秦卷），天津人民出版社 1988 年版。

刘俊田、林松、禹克坤译注：《四书全译》，贵州人民出版社 1988 年版。

杨鹤皋主编：《中国法律思想史》，北京大学出版社 1988 年版。

郑树良著:《商鞅及其学派》,上海古籍出版社 1989 年版。

郭志坤著:《秦始皇大传》,上海三联出版社 1989 年版。

孙实明著:《韩非思想新探》,湖北人民出版社 1990 年版。

梁启超著:《饮冰室诸子论集》,江苏广陵古籍刻印社 1990 年版。

杨向奎著:《宗周社会与礼乐文明》,人民出版社 1992 版。

晁福林主编:《中国古代史》(上册),北京师范大学出版社 1994 年版。

俞荣根著:《儒言治世——儒学治国之本》,四川人民出版社 1995 年版。

张曙光著:《〈荀子〉与中国文化》,河南大学出版社 1995 年版。

胡家聪著:《管子新探》,中国社会科学出版社 1995 年版。

谢浩范、朱迎平译注:《管子全译》,贵州人民出版社 1996 年版。

卫东海著:《中国法家》,宗教文化出版社 1996 年版。

郭沫若著:《十批判书》,东方出版社 1996 年版。

任继愈主编:《中国哲学史》1—4 册,人民出版社 1996 年版。

白钢主编,王宇信、杨升南著:《中国政治制度通史》第 2 卷,先秦,人民出版社 1996 年版。

武树臣、李力著:《法家思想与法家精神》,中国广播电视大学出版社 1998 年版。

冯友兰著：《冯友兰选集》，北京大学出版社 2000 年版。

苏南著：《法家文化面面观》，齐鲁书社 2000 年版。

刘泽华、葛荃主编：《中国古代政治思想史》，南开大学出版社 2001 年版。

王国维著：《观堂集林·殷周制度论》，河北教育出版社 2001 年版。

徐复观著：《两汉思想史》，华东师范大学出版社 2001 年版。

施觉怀著：《韩非子评传》，南京大学出版社 2002 年版。

于智荣译注：《新书译注》，黑龙江人民出版社 2003 年版。

唐帼丽著：《传统中国的文化精神》，中国社会科学出版社 2003 年版。

齐涛主编，王和著：《中国政治通史——从邦国到帝国的先秦政治》，泰山出版社 2003 年版。

张宗舜、李景明著：《孔子大传》，山东友谊出版社 2003 年版。

钱穆著：《中国历代政治得失》，生活·读书·新知三联书店 2005 年版。

丁小萍著：《中国古代政治智慧》，浙江大学出版社 2005 年版。

吴怀祺主编，吴怀祺、林晓平著：《中国史学思想通史》（总论，先秦卷），黄山书社 2005 年版。

曾宪年著：《老子领导思想研究》，湖南师范大学出版社 2005 年版。

［意］马基雅维利著，冯克利译：《论李维》，上海人民出版社 2005 年版。

韩星著：《儒法整合——秦汉政治文化论》，中国社会科学出版社 2005 年版。

易中天著：《品人录》，上海文艺出版社 2006 年版。

晁堪生、李学林著：《周公评传》，四川大学出版社 2006 年版。

吴德新著：《法家简史》，重庆出版社 2008 年版。

邵先锋著：《〈管子〉与〈晏子春秋〉治国思想比较研究》，齐鲁书社 2008 年版。

刘泽华著：《中国政治思想史集》（1—3），人民出版社 2008 年版。

李锡炎主编、罗振宇副主编：《中国古代、近代领导思想述评》，人民出版社 2008 年版。

薛永武著：《礼记·乐记研究》，光明日报出版社 2010 年版。

黄勇军著：《儒家政治思维传统及其现代转化》，岳麓书社 2010 年版。

秦敬修著：《周易卦解》，社会科学文献出版社 2010 年版。

孙映逵、杨亦鸣著：《〈周易〉对话录——"六十四卦"中的人生哲理与谋略》，社会科学文献出版社 2010 年版。

赵小雷著：《"早熟路径"下的法家与先秦诸子》，中国社会科学出版社 2010 年版。

孙开泰著：《先秦诸子精神》，凤凰出版社 2010 年版。

〔宋〕朱熹撰：《四书章句集注》，中华书局 2011 年版。

钱穆著：《周公》，九州出版社 2011 年版。

杨琥编：《夏曾佑集》，上海古籍出版社 2011 年版。

张锡勤著：《儒学在中国近代的命运》，人民出版社 2011 年版。

刘烈著：《重构孔子——历史中的孔子与孔子心理初探》，中国国际广播出版社 2011 年版。

武才娃著：《中国传统思想文化论衡》，社会科学文献出版社 2011 年版。

陈戍国著：《中国礼制史》（先秦卷），湖南教育出版社 2011 年版。

杨义著：《韩非子还原》，中华书局 2011 年版。

关健英著：《先秦秦汉德治法治关系思想研究》，人民出版社 2011 年版。

杨向奎著：《大一统与儒家思想》，北京出版社 2011 年版。

陶希圣著：《中国政治思想史》（上下册），中国大百科全书出版社 2011 年版。

陈占国著:《先秦儒学史》人民出版社 2012 年版。

赵伯雄著:《〈春秋〉经传讲义》,人民出版社 2012 年版。

王立仁著:《韩非的治国方略研究》,中国社会科学出版社 2012 年版。

王威威著:《韩非思想研究:以黄老为本》,南京大学出版社 2012 年版。

许建良著:《先秦法家的道德世界》,人民出版社 2012 年版。

何新著:《论孔学》,同心出版社 2012 年版。

时殷弘著:《〈史记〉早该这样读》,江苏人民出版社 2012 年版。

戚文、陈宁宁著:《两汉人物论》,东方出版中心 2013 年版。

余秋雨著:《中国文脉》,岳麓书社 2013 年版。

王斐弘著:《治术与权谋:韩非子典正》,厦门大学出版社 2013 年版。

蔡尚思著:《孔子思想体系》,上海古籍出版社 2013 年版。

廖明春著:《〈荀子〉新探》,中国人民大学出版社 2014 年版。

王亚军著:《法家思想小史》,安徽人民出版社 2014 年版。

谭正璧著:《国学概论讲话》,当代中国出版社 2014 年版。

魏承恩著:《管子解读:领袖需要的智慧》,上海人民出版社 2014 年版。

田昌五著：《华夏文明的起源》，中国书籍出版社 2015 年版。

金春峰著：《先秦思想史论》，东方出版社 2015 年版。

王宁、褚斌杰等著：《十三经说略》，中华书局 2015 年版。

池万兴著：《先秦文化和〈管子〉研究》，人民出版社 2015 年版。

陈鼓应著：《管子四篇诠释》，中华书局 2015 年版。

关万维著：《先秦儒法关系研究：殷周思想的对立性继承及流变》，上海人民出版社 2015 年版。

宋洪兵著：《循法成德：韩非子真精神的当代诠释》，生活·读书·新知三联书店 2015 年版。

周桂钿著：《秦汉思想研究》(1—7)，福建教育出版社 2015 年版。

卞朝宁著：《〈论语〉人物评传》，江苏人民出版社 2015 年版。

王觉仁著：《王阳明心学》，民主与建设出版社 2015 年版。

陆永胜著：《心学集大成者王阳明》，西南交通大学出版社 2015 年版。

王月清主编：《影响中国文化的十大哲人》，江苏人民出版社 2016 年版。

窦玉玺著：《读〈史记〉说智慧》，中国社会科学出版社 2016 年版。

《文史知识》编辑部编：《名家讲〈史记〉》，中华书局 2016

年版。

王京龙著：《管子与孔子的历史对话》，齐鲁书社 2016 年版。

郭建主编：《中国法律思想史》，复旦大学出版社 2016 年版。

周桂钿著：《中国政治智慧》，福建教育出版社 2016 年版。

顾荩臣著，金歌校点：《经史子集概要》，上海科学技术出版社 2016 年版。

张振学著：《领导力 18 项修炼》，九州出版社 2017 年版。

逯宏著：《中国五帝时代——北方传说时代多元文化融合研究》，中国社会科学出版社 2017 年版。

高专诚著：《荀子传》，北岳文艺出版社 2017 年版。

王建著：《〈易经〉心解——与文王面对面》，作家出版社 2017 年版。

武树臣著：《法家法律文化通论》，商务印书馆 2017 年版。

邵东海著：《读古人书之韩非子》，北京大学出版社 2017 年版。

强中华著：《秦汉荀学研究》，人民出版社 2017 年版。

林义正著：《公羊春秋九讲》，九州出版社 2018 年版。

周萌著：《〈春秋〉的牢骚与梦想》，北京大学出版社 2018 年版。